Fabian Vogt

Die Kunst des Schenkens

Von der Lust,
Freude
zu bereiten

Insel

Einbandabbildung:
Pablo Picasso. Farbstiftzeichnung für das Plakat des Kongresses für Abrüstung
und Internationale Zusammenarbeit in Stockholm, 1958.
© Succession Picasso/VG Bild-Kunst, Bonn 1997

Erste Auflage 1997
© Insel Verlag Frankfurt am Main und Leipzig 1997
Alle Rechte vorbehalten
Satz: Satz-Offizin Hümmer, Waldbüttelbrunn
Druck: Wagner, Nördlingen
Printed in Germany

Inhalt

Für Melanie,
die Beschenkende

Vorwort

Keiner glaube, er könne das Schenken jemals verstehen. Schenken ist ein liebenswürdiges, aber unfaßbares Phänomen. Sogar die großen Meister der »Ars donandi«, der Kunst des hingebungsvollen Darbietens, träumen davon, diese beziehungsreiche Wissenschaft einmal vollendet zu beherrschen. Es gelingt nicht. Geschenke zeigen sich nämlich immer als überraschende Unterbrechungen des Alltags, als persönliche Gesten, die kleine Momente aufwerten und neue Bindungen zwischen den Menschen herstellen. Könnte man das Schenken vollständig durchschauen, so wäre sein Reiz dahin.

Wie die Liebe braucht das Schenken immer zwei Persönlichkeiten, und die Gaben, die zwischen ihnen hin- und herwandern, sind eigentlich nur äußere Zeichen; gegenständliche Versuche, auch die unsagbarsten Gefühle in eine ansprechende Form zu bringen. Wer Geschenke ernsthaft betrachtet, ist deshalb nicht nur von ihrer äußeren Gestalt fasziniert, sondern von den Gefühlen und Gedanken, die sie transportieren. Die Kunst des Schenkens fragt nach dem, was hinter den gegebenen Dingen liegt. Wer schenkt, der kommuniziert nämlich, und diese geheimnisvolle Kommunikation, die nach ganz eigenen Regeln funktioniert, begeistert Menschen, seit sie die Stärken des Miteinander entdeckt haben.

Die verbindende Spannung zwischen zwei aneinander interessierten Individuen eröffnet eine einzigartige, bunte »Welt der Gaben«, die jeden einlädt, über sich hinauszudenken. Eine Welt voller Phantasie, Freigebigkeit, Freundlichkeit, Achtung und Freude; aber auch mit dem verpackten Hang zu Bestechung, Prestige und

Eitelkeit. Verstehen kann man dieses Reich der Sinne wohl nicht, miterleben und genießen aber jederzeit. Und ab und an inspirieren die einwickelnden Überraschungen dann auch zu einem grundsätzlichen Weiterdenken, wie denn nun ein wahrhaft gelungenes Geschenk beschaffen sein sollte und was einen guten Geber ausmacht. Ein solcher Ausflug in die Welt des Schenkens lohnt sich auf jeden Fall. Schon Seneca war überzeugt, daß nur derjenige zu einem reifen und lebensfähigen Individuum wird, der ein wirklicher Geschenke-Künstler ist und die hintergründige Sprache des hingebungsvollen Miteinanders gelernt hat. Und ein weiser Rigveda-Text verkündet sogar: »Ich betrachte den als König der Menschen, der zuerst ein Geschenk darbrachte.«

Dem geheimnisvollen Phänomen gegenseitiger Wohltaten nachzuspüren schenkt selbst viel Vergnügen, weil sich die Reise in die Welt der Gaben als charmanter Streifzug durch Philosophie, Literatur, Soziologie, Kulturgeschichte und Theologie enthüllt. »Welche Verführung zu schenken«, schrieb Brecht und spielte dabei auf die reizvolle Tiefgründigkeit aller Darbietungen an. Die Vielseitigkeit der Geschenkerscheinungen ist jedenfalls ein gegebener Anlaß, das menschliche Miteinander und Dasein durch die bunte Maske freundlicher Zuwendungen zu betrachten: Wenn man beobachtet, was, warum und wie zu verschiedenen Zeiten und in verschiedenen Kulturen geschenkt wurde, dann begreift man zum Beispiel die Eigenarten der Epochen oft leichter als mit umfassenden geschichtstheoretischen Erläuterungen. Jeweils typische Gaben lassen auf den inneren Zustand einer Gesellschaft und ihre eigentlich markanten Merkmale schließen, weil sich im Akt des Schenkens sehr deutlich offenbart, welche inneren Werte ein Mensch besitzt und welche Ziele und welche Wünsche ihn bewegen. Denn ein Geschenk ist nun einmal ein Spiegel des persönlichen Wollens. Jede gelungene Überraschung hat deshalb eine eigene Persönlichkeit, die sich aus den zeitgebundenen Charaktereigenschaften und Absichten des Gebers und des Empfängers zusammensetzt.

Erst seit der Neuzeit ist Schenken eine Massenerscheinung, die wirklich im Belieben des Individuums steht. Vorher nahmen Geschenke vor allem eine wichtige soziale, merkantile und kulturelle Funktion ein, die sie zu einem unverzichtbaren Element jeder Gesellschaft machte. Grundlegende soziale Sicherungssysteme wurden durch das Schenken abgedeckt. Natürlich läßt sich dem ritualisierten Geben – das sich als Bezahlung, Armenpflege, Kaufhandlung, religiöses Opfer oder Machtmittel manifestierte – vorwerfen, es habe noch nicht den eigentlich Geist der Freigebigkeit besessen. Und trotzdem existierten solche Bräuche neben den normalen marktwirtschaftlichen Strukturen einer Gesellschaft mit gutem Grund. Es macht nun einmal einen Unterschied, ob ein Zunftmeister den anklopfenden Gesellen auf der Walz einfach Geld in die Hand drücken oder ob er sie laut Innungssatzung zu einem Abendessen einladen muß. Im zweiten Fall entstehen aus den Gaben neue Beziehungen und Möglichkeiten für Gespräche und Kontakte. Ein unbewußtes Gefühl dafür, daß Geschenke mehr sind als materielle Zuwendungen, sorgte dafür, daß die liebevoll aneinanderkettende Macht des Schenkens auch genutzt wurde. Das Mehr einer Gabe, dieser unfaßbare Hauch von Nächstenliebe und Freundlichkeit, verzauberte die Menschen in allen Kulturen.

So existierten jahrhundertelang neben den Regeln der offiziellen Handelskreisläufe andere, meist ungeschriebene Gesetze, die auf der Ebene des Schenkens galten und durch ihre soziale Komponente ganz anders funktionierten als der gewöhnliche Handel. Geschenke wurden zu einer alternativen Möglichkeit, eine Gesellschaft zu strukturieren und ihre mitmenschlichen Dimensionen nicht aus den Augen zu verlieren. Ohne die Existenz eines auf harmonischer Gegenseitigkeit basierenden Austauschs hätten die meisten Kulturen nicht überleben können, oder sie wären in einem berechnenden Materialismus der Unmenschlichkeit verfallen.

Natürlich haben sich Menschen zu allen Zeiten auch ganz persönliche Geschenke gemacht, und befreundete Zeitgenossen haben viel Liebe, Kreativität und Arbeit in ihre Gaben investiert. Die Tatsache, daß im zwanzigsten Jahrhundert nur noch wenige, ausschließlich festliche Anlässe zu Geschenken verpflichten (Hochzeiten, Geburtstage usw.), konnte der Lust am privaten Austausch sinnstiftender Artigkeiten keinen Abbruch tun. Nach einer Umfrage des »Sample-Instituts in Mölln« hat im Jahr 1992 jeder (!) Bundesbürger im Durchschnitt 655 Mark allein für Weihnachtsgeschenke ausgegeben; von den vielen übrigen Gelegenheiten des feiergetränkten Jahresablaufs ganz zu schweigen, hochsummiert dürften dabei pro Person alljährlich mehrere tausend Mark für emotionale Investitionen zusammenkommen. Denn: Jeder schenkt gern und wartet sehnsüchtig darauf, beschenkt zu werden. Natürlich auch wegen des überraschenden Gewinns, vor allem aber weil im Austausch greifbarer Erinnerungen Gemeinschaft über alle kommunikativen Schwierigkeiten hinweg feierlich zelebriert werden kann – und weil das Schenken immer noch einer der schönsten Wege ist, sich um andere zu bemühen und bei der lustvollen Vorbereitung selbst an der späteren Ergriffenheit des anderen teilzuhaben. Als Grundbedürfnis ist Schenken ein Genuß, als vermarktetes Zwangsereignis eine masochistische Freude, die alle vorstellbaren Gefühle in sich vereint. Wer schenkt, denkt: an sich, andere, seinen Geldbeutel, vor allem aber an seine wahre Einschätzung des zu Beschenkenden. Denn würdige Geschenke fordern eine intensive Auseinandersetzung mit dem »Opfer« der Gelüste, die schon an sich wertvoll ist. So können manche Gaben auch auf beiden Seiten urplötzlich zu unerwarteten Erkenntnissen über den anderen führen.

Diese Kulturgeschichte des Schenkens betrachtet den uralten und doch jedem Menschen vertrauten Brauch des Gabenbringens in unterhaltsamer Form. Dabei stehen die Hintergründe und Erscheinungsformen des Schenkens im Mittelpunkt, wobei kleine Ausblicke auf kuriose und ungewöhnliche Geschenke der Weltgeschichte und der mondänen Gegenwart nicht fehlen können.

Zuerst einmal geht es darum, phänomenologisch zu fragen, was ein Geschenk überhaupt ist! Welche Eigenschaften braucht ein Schenkender? Warum schenken wir überhaupt? Welche kulturelle Bedeutung hat ein Geschenk? Und wie wird man zu einem König der Geschenke? Glücklicherweise haben sich viele bedeutende Philosophen über das Wunder des Schenkens Gedanken gemacht – von Aristoteles bis Derrida! Ihre Gedanken kreisen sowohl um die Kriterien für ethisch hochwertige Geber und Gaben als auch um die Frage, ob nicht der freiwillige Austausch von materiellen und immateriellen Gaben ohnehin die beste Grunderklärung für alle menschlichen Zusammenhänge und Kulturerscheinungen dieser Welt darstellt; da, wo der Mensch schenkt, zeigt er seine eigentliche Begabung.

Genauer soll die historische Bandbreite des Schenkens dann anhand eines kulturgeschichtlichen Überblicks über die Gepflogenheiten vergangener Jahrhunderte betrachtet werden. Was hat man zu welcher Zeit am liebsten geschenkt? Womit wurde Odysseus beglückt? Wonach sehnten sich mittelalterliche Burgfräulein oder aufgeklärte Mönche? Was zeichnet die Geschenke des verspielten Barock aus? Worüber freuten sich die Kinder des neunzehnten Jahrhunderts? Und warum mußte der Weihnachtsmann erfunden werden?

Geschenke sind bereits in den frühesten Aufzeichnungen der Menschheit überliefert, und die Tatsache, daß aus allen Kulturen Berichte über das Schenken überliefert sind, zeigt die durchgehende Bedeutung dieser Form des Miteinanders. Religiöse Texte versuchen dabei oft, den Aspekt des Schenkens in seiner ganzheitlichen Bedeutung zu erkennen. Von der Erde als Geschenk Gottes, wie die Schöpfung der Welt und aller Lebewesen in vielen Mythologien beschrieben wird, bis hin zu den modernen Standardmitbringseln – Blumen, Wein oder Bücher – spannt sich anhand der Darreichungen ein ganz eigener, farbenfroher Bogen Menschheitsgeschichte. Nebenbei entdeckt man beim Forschen in der Vergangenheit auch die Wurzeln vieler kaum noch verständlicher Geschenk-Bräuche unserer Zeit wieder.

Die Tatsache, daß im Vergleich mit europäischen Sitten andere Kulturen oft ein gänzlich abweichendes Verständnis von Geschenken und dazugehörigen Gegengeschenken besitzen, wird dann in einem ethnologischen Vergleich betrachtet. Ein neugieriger Blick auf die unterschiedlichen Vorstellungen von der Bedeutung und der Funktion eines Geschenks – als Bestechung, Kaufpreis, Anerkennung, Liebeserklärung, Verpflichtung oder religiöses Opfer – enthüllt das Schenken in seiner ganzen Artenvielfalt. Seit dem gefeierten Essay von Marcel Mauss über »Die Gabe« haben Soziologen und Ethnologen Geschenke als konstituierende Elemente von Gesellschaftsstrukturen entdeckt und dabei von ihren Forschungsexpeditionen immer wieder unerwartete Bräuche als Reiseandenken mitgebracht.

Ein Meister des Schenkens weiß allerdings, daß er nicht nur in fremden Ländern beim Geben alles falsch machen kann. Darum wird die Betrachtung des Phänomens »Schenken« mit einem liebevollen Geschenkknigge abgerundet, der das korrekte und gelingende Aussuchen, Überreichen und Annehmen von Gaben nahebringt. Gesetz, Aberglauben und viele andere Miß-Bräuche haben nämlich für zahlreiche bereitgestellte Fettnäpfchen gesorgt, in die ein tugendhafter Schenker natürlich niemals treten will.

Die innige Bedeutung, die das Schenken für die meisten Menschen hat, und die Emotionen, die damit verbunden sind, entführen in die Tiefe allzumenschlicher Größe und Schwäche und in die Freude am Dasein. »Das Thema verlockt durch seinen Reiz«, begründete Seneca die Fortsetzung seines eigentlich nur auf wenige Bände angelegten Tugendführers durch die römische Welt der Freigebigkeit. Er befand, es sei unendlich viel Wichtiges und Interessantes über die geheimnisvolle Welt der Gaben zu sagen. Recht hat er!

Von der Lust, sich mitzuteilen
Die Freuden des Schenkens

Schon immer haben unbefriedigte Empfänger die lose These verbreitet, es gebe gar keine echten Gaben! Geschenke seien nichts anderes als bargeldlose Zahlungsmittel; in Tarnpapier eingeschlagene Wertgegenstände, die genau wie bei einem gewöhnlichen Geschäft mit Gegengeschenken »bezahlt« werden müßten und am Ende anstatt Liebenswürdigkeit nur Berechnung offenbarten. Für die Zuwendungen dieser Leute mag das vielleicht zutreffen, die Wirklichkeit aber sieht doch ein wenig anders aus.

Erich Kästner erzählt eine Geschichte seines Romanhelden »Fabian«, die alle Zweifler eines Besseren belehren sollte. Als die Mutter des Protagonisten ein paar ruhige Tage bei ihrem Sohn in der Stadt verbringt, traut sich dieser nicht, ihr seine Arbeitslosigkeit einzugestehen. Also stellt er sich jeden Morgen den Wecker, geht aus dem Haus, als müsse er zum Dienst, empfängt seine Mutter einmal sogar an der Pforte seiner alten Arbeitsstätte, spielt einige Tage den wohlhabenden Mann und bringt die alte Dame bald wieder an einen Zug, der sie nach Hause bringen soll: »Er lachte, kletterte ins Abteil, schob ihr heimlich einen Zwanzigmarkschein in die Handtasche und kletterte wieder auf den Bahnsteig.« Als Fabian dann nach Hause kommt, sieht er, daß seine Mutter dort noch einmal alles ordentlich aufgeräumt hat:
Auf dem Tisch standen Blumen. Ein Brief lag daneben. Er öffnete ihn. Ein Zwanzigmarkschein fiel heraus, und ein Zettel. »Wenig mit Liebe, deine Mutter«, war daraufgeschrieben. Er steckte den Zwanzigmarkschein

ein. Jetzt saß die Mutter im Zug, und bald mußte sie den anderen Zwanzigmarkschein finden, den er ihr in die Handtasche gelegt hatte. Mathematisch gesehen, war das Ergebnis gleich Null. Denn nun besaßen beide dieselbe Summe wie vorher. Aber gute Taten lassen sich nicht stornieren. Die moralische Gleichung verläuft anders als die arithmetische.

Das, was ein Geschenk ausmacht, sind nämlich der Wille, die Idee, das Wohlwollen und vielleicht auch das eigene Opfer. Mutter und Sohn gehen bei Kästner finanziell leer aus (wenn man davon absieht, daß sie beide damit rechneten, eigentlich zwanzig Mark weniger zu besitzen), und trotzdem passiert zwischen den beiden viel mehr; eine emotionale Bereicherung ihres Daseins, die kaum in Worte zu fassen ist. Der eigentlich einfallslose Zwanzigmarkschein, den zwei selber bedürftige Menschen einander gegenseitig geben, um dem anderen zu helfen und ihm eine luxuriöse Freude zu bereiten, wird zu einem markigen Botschafter der Menschlichkeit. Er vermittelt Zusammengehörigkeit und Zuneigung, wie es eben ausschließlich ein Geschenk kann. Auf einer nur schwer faßbaren Ebene kommunizieren Geber und Empfänger miteinander und überreichen sich dabei viel mehr als nur einen Gegenstand! Das Geschenk wird zum Träger, zum Symbol der hineingelegten Gefühle. Darum lassen sich auch Gabe und Geber nicht trennen. Im Geschenk kulminieren all die Wünsche, Gefühle und Träume, die jemand für einen anderen ausdrücken möchte. Diesem Geheimnis der Verdinglichung von Beziehungen gilt es auf die Spur zu kommen. Wenn man das Schenken als eine Kommunikationsform betrachtet, die es ermöglicht, auf eine etwas andere Art zu sprechen, dann nähert man sich bei einer eindringliche-

ren Betrachtung vielleicht auch ein wenig dem Rätsel der
Menschlichkeit. Denn in jeder Gabe steckt die Sehnsucht
nach einem erfüllten Leben. In der Hoffnung, daß in der
Beziehung zu den Freunden etwas von dieser Erfüllung
faßbar wird, dient jedes Geschenk als Bote und Bittsteller; und es symbolisiert die Erkenntnis, daß es »nicht
gut ist, daß der Mensch allein sei«.

Die Fähigkeit, freigebig von sich abzusehen und einen
anderen in den Mittelpunkt zu stellen, scheint im Reife-
prozeß der Evolution relativ weit an dem für uns erkenn-
baren Ende zu stehen. Leopold Ziegler vermutet sogar:

Einzig den Menschen vermag der Mensch mit dem Geschenk zu bedenken, zu beglücken; in diesem Betracht
ist Schenken der menschliche Vorgang schlechtweg –
der Mensch ganz er selber, ganzer Mensch weder wo
er arbeitet, noch wo er spielt, sondern, wo er schenkt,
und mehr noch im Schenken sich selber verschenkt.

Die vollendeten Exemplare der Krone der Schöpfung
zeichnen sich also durch ihre Fähigkeit aus, reif und
überlegt das eigene Wohl hinter das der anderen zu stellen. Im Schenken nimmt diese Gabe Gestalt an. Gegen
viele denkerische Versuche, das Sein des Menschen
über bestimmte Handlungen oder intellektuelle Eigenschaften zu definieren, setzt Ziegler das Schenken, das
in seiner würdigen Form als Akt des gegenseitigen
Glücklichmachens nur dem kultiviertesten Geschöpf
möglich sei. Weil Geselligkeit eine Grundvoraussetzung
für die Hochformen der Gemeinschaft darstellt, liegt der
Verdacht zumindest nahe, daß Ziegler recht hat, denn der
Austausch von Liebenswürdigkeiten spielt nun einmal
eine verbindliche Rolle.

Nach Sigmund Freud besteht schon das erste menschliche Vergnügen darin, in der analen Phase etwas von sich

geben zu dürfen, seine Fäkalien darreichen und präsentieren zu können. Dieses anrüchige Erlebnis gebe dem
kindlichen Menschen die Befriedigung, nicht nur immer
zu empfangen (Muttermilch), sondern über das Ausscheiden an einer wechselseitigen Kommunikation teilzuhaben. Aus dem Haufen kleiner Geschenke erwächst
dann wohl das lebenslängliche Bedürfnis, andere Menschen zu beglücken. Eine Vermutung, die sich schnell
in höchster Qualität bewahrheitet: Kinder haben nicht
nur sehr früh den Wunsch, ihre Nächsten mit kleinen Geschenken zu erfreuen, sie kommen auch gar nicht auf die
Idee, die Gabe von der darin verpackten Liebe zu trennen. »Für sie ist sowohl der Akt des Gebens wie die
Gabe selbst Liebe«, wie es der Ethnologe Claude Lévi-
Strauss ausdrückt. Daher rühre auch der wenig später
aufkeimende, niedliche Gedanke, möglichst große Geschenke machen zu wollen, einen echten Eisbären etwa,
ein ganzes Märchenland oder eine Lokomotive. Unverzogen ahnten Kinder, daß die eigentliche Macht im Leben derjenige hat, der geben kann, nicht derjenige, der
bekommt: »Geben ist ein viel größerer Segen als nehmen,
denn in der Lage sein, zu geben, heißt, nicht selbst Not zu
leiden.« In seiner Fähigkeit, anderen eine Freude zu machen, erlebt sich das Kind erstmals als eigenständiges Individuum, das Beziehungen aufbauen und pflegen kann.
Ein freigebiges Urvertrauen, das stark macht. Geben
gibt Leben. »Ich gebe, also bin ich«, lautet sinngemäß
die zur Formel gewordene Erkenntnis des Philosophen
Derrida, der damit die kartesische Schlußfolgerung
über das Sein des Menschen vom Denken auf das gebende
Handeln verlagert. Der Mensch des zwanzigsten Jahrhunderts versteht sich demnach nicht mehr durch sein
Grübeln, sondern durch sein betörendes Sozialverhalten.

Da, wo der Mensch etwas von sich geben kann, erfährt er sich als existent, wo er es nur noch mit sich selber zu tun hat, als tot. Eine gewagte These, die bei einer Zustimmung unsererseits für die Frage nach dem, was Menschlichkeit bedeutet, große Auswirkungen hätte. Der französische Dichter André Frenaud zumindest dichtete sich folgende literarische Identität:

Ich gebe mich, also bin ich, einen Augenblick
befreie ich mich, ich lebe verzweifelt.

Ich gebe und empfange, ich gebe, also bin ich.

Ob der Mensch sein markantestes Merkmal im Akt des Schenkens offenbart, sei noch dahingestellt (die Voten der Philosophen geben dabei tiefe Einblicke), eines aber ist sicher: Wie und was einer schenkt, ist oft für seine Persönlichkeit entlarvender als alles, was er an Worten von sich gibt. Ein Geschenk sagt mehr als tausend Worte, denn es verrät meist sehr deutlich, welche Gedanken den Geber bewegt haben. Marcel Mauss führt in diesem Sinn in seinem Essay über die Gabe fünf Motive des Schenkens auf, und wahrscheinlich entscheidet die Gewichtung dieser Beweggründe über den Charakter der Geber. Der Ethnologe, der an dieser Stelle selber aus orientalischen Schriften zitiert, faßt seine motivierenden Erkenntnisse so zusammen: 1. Pflicht, 2. Eigennutz, 3. Furcht, 4. Liebe, 5. Mitleid. Spontan wird jeder aufgeklärte Geschenkkünstler nur der 4. Kategorie volle Daseinsberechtigung zugestehen, doch Mauss recherchiert nicht nur über die unterschiedlichsten Bräuche sogenannter primitiver Kulturen, er versucht auch, ein allgemein gültiges Instrumentarium für die Bewertung von Gaben zu erstellen. Und daß alle Motivationen in der Realität zu beobachten sind, kann man dem empirischen Wissenschaftler nicht anlasten. Auch derjenige, der aus

Pflicht, Eigennutz, Furcht oder Mitleid schenkt, verbindet mit seinen Geschenken private Vorlieben oder Nöte und stellt sich so, sicherlich mit negativem Vorzeichen, in die Reihe der engagierten Schenker. Denn wie bei ganz uneigennützigen Anliegen wird auch hier das Geschenk zum Mittler, zum Überbringer stimmungsvoller Nachrichten, die allerdings nicht die Interessen des Empfängers, sondern die des Gebers im Auge haben.

Soviel aber kann schon jetzt verraten werden: Fast alle gabenorientierten Philosophen sind sich einig (sieht man einmal von dem sehr utilitaristischen Cicero ab), daß eigentlich nur diejenigen Geschenke als wahre, schöne und gute gelten dürfen, die das Wohl des Empfängers verfolgen. Natürlich gibt es zu dieser Erkenntnis unendlich viele Modifikationen, im Kern aber stimmen ihr alle weisen Moralisten zu. In Verbindung mit der Frage nach dem Glück der Menschen wird dabei aber auch deutlich gesagt, daß letztlich nur ein altruistischer Lebensstil die Glückseligkeit eines Individuums garantiert. Wer nicht an andere denken kann, der kann auch nicht wirklich er selber sein, weil ihm ein Bewußtsein für Beziehungen und damit ein Gegenüber fehlt. Nach dem Vorbild des biblischen »Nur wer sein Leben hingibt, der wird es gewinnen« läßt sich für viele Denker Lebenssinn eigentlich nur im Schenken finden. Baudelaire variiert diese Erkenntnis dahingehend, daß man, solange man geben könne, auch nicht sterben könne, und Seneca faßt seine Theorien einfach und doch ein wenig beunruhigend zusammen: »Nichts kann ich mit in den Tod nehmen, als das, was ich gegeben habe.«

Goethe macht die Weisheit vom Schenken als höchstes Lebensziel vielleicht etwas anschaulicher. Auch er ist überzeugt, daß ein Mensch nur im schenkenden Teilen

auch die Früchte seiner Arbeit ernten kann, ja mehr noch:
Auch das Gewonnene bekommt erst als Geschenk seinen
eigentlichen Wert. In den »Unterhaltungen deutscher
Ausgewanderten« erzählt der Dichter von einem altern-
den Handelsmann, der spät zu der Erkenntnis kommt,
daß es ein Fehler war, Reichtum anzuhäufen und nie etwas zu verschenken:

> O ich Unglückseliger! warum gehn mir so spät die Au-
> gen auf? Warum erkenne ich erst im Alter jene Güter,
> die allein den Menschen glücklich machen. So gebieten
> sie mir schon die ganze Zeit meines Lebens, und erst
> spät fühle ich, daß mir in allem diesem kein Genuß be-
> reitet ist. Leider jetzt, da die Jahre kommen, fange ich
> an zu denken und sage zu mir: Du genießest diese
> Schätze nicht und niemand wird sie nach dir genießen!
> Hast du jemals eine Frau damit geschmückt? Hast du
> eine Tochter damit ausgestattet? Hast du einen Sohn
> in den Stand gesetzt, sich die Neigung eines guten
> Mädchens zu gewinnen? Niemals! Von allen deinen
> Besitztümern hast du, hat niemand der Deinigen etwas
> besessen, und was du mühsam zusammengebracht
> hast, wird nach deinem Tode ein Fremder leichtfertig
> verprassen.

Verzweifelt sucht der unglückliche Millionär nun eine
Frau, und als er endlich die richtige gefunden hat, wird
ihm plötzlich deutlich, daß erst jetzt – durch das Verschenken – die Arbeit seines Lebens sinnvoll wird. Im
Teilen und Genießen von Reichtum, nicht im entwerten-
den Anhäufen bringt das mühsam Erworbene fühlbaren
Gewinn:

> Von diesem Tage an fühlte sich unser Handelsmann
> erstmals im wirklichen Besitz und Genuß seiner
> Reichtümer. Nun verwandte er mit Freuden die schön-

sten und reichsten Stoffe zur Bekleidung des schönen
Körpers (seiner Frau), die Juwelen glänzten ganz anders an der Brust und in den Haaren seiner Geliebten
als ehemals im Schmuckkästchen, und die Ringe erhielten einen unendlichen Wert von der Hand, die sie
trug. So fühlte er sich reicher als bisher, indem seine
Güter sich durch Teilnehmung zu vermehren schienen.
Alles, was der Mensch für sich selber sammelt, bringt nur
eine schwache Genugtuung, erst in der gemeinsamen, ge-
teilten Freude erhält ein Gegenstand Bedeutung. Dabei
kommt es auf den eigentlichen Marktwert einer Gabe
überhaupt nicht an: Ein fast »wertloser« Schluck Wasser
wird zum Schatz, wenn er einem Ertrinkenden dargeboten wird. In dem Augenblick, in dem eine Sache ihren
Weg von einem zum anderen antritt, wird sie für jemanden wertvoll. Dieser Grundsatz aller Handelsgeschäfte
ist beim Schenken noch viel charakteristischer, weil hier
der Wert der Gaben nicht sofort ausgeglichen wird.
Hier hängt die eigentliche Qualität der Dinge vom Wollen des Gebers und von der Wertschätzung des Empfängers ab. Vorsatz und Annahme entscheiden über die
Qualität eines Geschenks. Da, wo ein Gegenstand mit
persönlicher Anteilnahme und Bedeutung gefüllt wird,
da ist er wertvoll, wo er zur Pflichterfüllung dient, bleibt
er bei aller äußeren Kostspieligkeit wertlos. Und weil der
persönliche Bezug eine solche Bedeutung hat, gehören
die faszinierenden Dimensionen des Schenkens eigentlich in den Bereich der Soziologie; denn die Qualifizie-
rung einer Gabe findet in den Menschen statt, sie ist nicht
an sich objektiv zu ermitteln oder festzuhalten. Der persönliche Genuß eines Empfängers kann nun einmal bei
dem selbstgemalten Bild eines unbegabten Künstlers wesentlich höher sein als bei einem unerwünschten Sport-

wagen. Denn letztlich verschenkt man nicht die Gaben, sondern seine Gefühle.

Wo vordergründig ein Gegenstand den Besitzer wechselt, verschenkt ein Mensch sein Paket innerer Befindlichkeit und seine Wünsche für den anderen. Der Beschenkte aber entnimmt der Verpackung meist sehr genau, ob und wie ihn der Geber einschätzt; und er füllt das Erhaltene noch mit den eigenen Gefühlen und Erwartungen und bewertet es dementsprechend. Der Schenkende hat also keine leichte Aufgabe, er muß den Empfänger so gut einschätzen können, daß er auch das passende Geschenk auswählen kann. Ein chinesisches Sprichwort zeigt dabei allerdings ermutigend, wie wenig es darauf ankommt, möglichst großartige oder beeindruckende Ideen zu haben: »Für einen einsamen Menschen ist ein freundlicher Gruß ein wertvolleres Geschenk als tausend Goldstücke.«

Daß einer, der beim Schenken schon an die Erwiderung denkt, den eigentlichen Charakter einer Gabe nicht verstanden hat, bedarf keiner Erklärung. Über die Frage, wie selbstlos denn nun ein Geschenk sein müsse, zerbrechen sich aber viele Denker den Kopf. Schließlich ist es nicht illegitim, für ein in Freundschaft gegebenes Mitbringsel zumindest auch ein wenig Anerkennung zu erwarten. Nicht jeder hat die Lockerheit, einen undankbaren Einkassierer von Wohltaten immer weiter mit Geschenken zu überhäufen; wer will schon ein Märtyrer der Gaben sein. Die Philosophen beurteilen die Frage der Selbstlosigkeit sehr unterschiedlich; einig sind sie sich aber darüber, daß ein wahres Geschenk dann gegeben ist, wenn der Freigebige mit seiner ganzen Person daran beteiligt ist. Eine persönliche Gabe überreichen heißt, etwas von sich selbst dazuzutun. Unabhängig von jeder

Erwartung einer Erwiderung sollte die Gabe mit dem Leben des Gebers zu tun haben, so daß die größte Gabe die des Lebens selber ist. Wer seine Existenz für einen anderen hingibt, der erreicht den höchsten Grad der Tugend. Natürlich hat er sich dann selbst verloren, aber das stellt bei einem würdigen Empfänger kein Risiko dar. Sein Leben opfern wird man hoffentlich ohnehin nur für einen Menschen, der es wert ist. Doch auch wenn der Beschenkte den Geber enttäuscht, hat sich der märtyrerhafte Einsatz gelohnt, weil er von einem außergewöhnlichen Willen und großer Weisheit zeugt.

Seneca berichtet in seiner Abhandlung »Von den Wohltaten« über das ungewöhnlichste Geschenk, das Sokrates je erhalten hat:

Als viele Schüler dem Sokrates, ein jeder nach Maßgabe seiner Mittel, viele Geschenke brachten, sagte Aeschines, ein armer Schüler, zu ihm: »Ich habe dir nichts deiner Würdiges zu bieten, und nur darin fühle ich mich arm. Daher schenke ich dir das einzige, was ich besitze: mich selbst. Nimm dieses Geschenk mit Wohlwollen entgegen, wie es auch sei, und bedenke, daß die anderen, die dir viel geben, noch mehr zurückbehalten.« »Glaubst du nicht«, antwortete Sokrates, »mir ein wertvolles Geschenk gemacht zu haben, oder solltest du es etwa gering schätzen? Ich werde dafür Sorge tragen, es dir besser zurückzuerstatten, als ich es erhalten habe.« Mit dieser Gabe obsiegte Aeschines über Alkibiades, dessen Herz seinen Reichtümern nicht nachstand, und über die Freigebigkeit der gesamten übrigen Jugend.

Mit der Möglichkeit, sein Leben für eine angeblich gute Sache zu opfern, haben unverfrorene Regime schon häufiger für den Einsatz ihrer Soldaten geworben, aber nur

den großen Helden der Dichtung wird ernsthaft zuge-
traut, daß sie tatsächlich über sich selbst hinausdenken
und für etwas Größeres als den eigenen Egoismus den
Geist aufgeben. Beim selbstlosen Schenken ist das Größere mein Freund, den ich bedenken will, und schon wieder äußert sich dazu Seneca, der weise bemerkt, wir
schenkten letztlich all unsere Gaben doch nicht einer bestimmten Person, sondern der Menschlichkeit an sich.
Dem Ideal einer gelungenen Beziehung. Der Schüler
des Sokrates aber verband diesen Gedanken mit der
Frage nach der Würde einer Gabe und erkannte zu Recht,
daß ein Geschenk, das einen Geber nicht mehr kostet als
ein bißchen Geld, wesentlich weniger bedeutet als ein
Stück Selbstaufopferung. Natürlich können wir uns nicht
pausenlos selbst an andere verschenken, es bliebe wenig
von uns übrig. Doch die Idee, daß ein Geschenk mit meiner eigenen Person mindestens ebensoviel zu tun haben
muß wie mit dem Empfänger, sollte allen wohlwollenden
Gebern einleuchten.

Letztlich verschenke ich bei jeder Gabe meine Zeit,
meine Mühe und meine Gedanken für den anderen.
Wenn der andere dem Geschenk diesen Einsatz entneh-
men kann, ist es vollkommen. Zuerst einmal wird daran
deutlich, daß jedes Geschenk nur die Kulmination eines
innigen Prozesses ist, den der Bescherende durchdenkt
und hoffentlich auch genießt. Er richtet sein Denken
auf den Empfänger aus und überlegt so lange, bis der
gute Wille zu einer mitbringbaren Idee wird. Natürlich
muß ein Geschenk nach diesem Verständnis nicht immer
ein Gegenstand sein: Ein Lachen, eine hilfreiche Ermahnung, eine Unterlassung, ein Gruß, ein Nicht-weiter-
Nerven oder eine Handreichung können den kommunikativen und hingebungsvollen Charakter einer Gabe

auch auf anderer Ebene verdeutlichen. Sigmund Graff etwa ermahnt: »Man kann auch Zeit schenken, zum Beispiel Zeit für einen Brief. Die Zeit sorgt dafür, daß diese Zeit ein immer selteneres und vornehmeres Geschenk wird.«

Es ist sicherlich kein Zufall, daß sich in der Moderne viele Wortkombinationen mit dem Grundbegriff »Schenken« entwickelt haben, die alle ein Anbieten geistiger Gemeinsamkeit meinen. Schenken kann man heutzutage zum Beispiel: Liebe, Anteilnahme, Freundschaft, Aufmerksamkeit, Anerkennung oder gleich das ganze Herz. Die Sprache erkennt sehr gut, was beim Schenken vor sich geht, wenn sie unabhängig von faßbaren Dingen auch Emotionen und menschliche Nähe als schenkbare Objekte versteht. Das Englische geht in dieser Beziehung noch weiter. Da es den Begriff »gift« sowohl für Geschenk als auch für Begabung benutzt, ist alles, was ein Individuum sich nicht selbst erarbeitet, sondern erhält, in irgendeiner Form eine bereichernde Zuwendung. Wieland etwa bedankte sich bei Gott für alles, was der ihm gegeben hatte: »Du weißt es, wie innig ich dir dies beste Geschenk deiner Gnade verdanke.« Die sich selbst mit Worten und Geschichten beschenkenden Dichter hatten überhaupt überdurchschnittlich oft eine Ahnung von der Kostbarkeit glücklichmachender Gaben. Butschky schrieb mutig: »Ein frohes Weib ist ein Geschenk des Herrn, wie ein böses Weib eine Bestrafung Gottes ist.« Christian Fürchtegott Gellert betrachtete das Ganze etwas abgeschwächter: »Sehen wir einen Freund als ein kostbares Geschenk aus der Hand der Vorsehung an.« Rist abstrahierte ein wenig: »Die Schönheit ist ein himmlisches Geschenk.« Und Schiller mahnte artig, man solle das, was man unverdient erhalten habe, auch entspre-

chend behandeln. In der »Braut von Messina« bekommt
ein Vater über den Umgang mit seinem Sohn zu hören:

> Und jetzt, da ihn die heilige Natur dir gab, dir in der
> Wiege schon ihn schenkte, trittst du, ein Frevler an
> dem eigenen Blut, mit stolzer Willkür ihr Geschenk
> mit Füßen.

Schenken, dieses so weitreichende Phänomen, ist also ein
allzumenschliches Bedürfnis auf der Suche nach Anerkennung, Zuneigung und Horizonterweiterung. Zusam-
menfassend läßt sich sagen: Es hat über den dinglichen
Austausch von Werten hinaus eine wichtige emotionale
Funktion, deren Gestaltung eben in erster Linie nicht
von der Erwartung des Gegengeschenks geprägt sein
darf, und es gibt auch den Dingen, die ein Geber besitzt,
im Geschenkakt einen ganz neuen Wert. Betrachtet man
das Schenken in umfassendem Sinn, so wird deutlich,
wie sehr sich der eigentliche Vorgang von dem übermit-
telnden Gegenstand löst. Wesentlich sind bei wirklichen
Geschenken nur die Intentionen des Gebers und sein Bewußtsein für die Bedürfnisse und Freuden des Empfängers, die sich beim Auspacken der Dinge enthüllen. Die
Komplexität dieser seelischen Prozesse zu betrachten,
unterhält auf- und anregend zugleich. Und weil die Absicht, das Wollen des Gebers, bei einem Geschenkakt
nun einmal wertvoller ist als die Ausführung, schreibt
Goethe stolz:

> Hätt' ich irgend wohl Bedenken
> Bochara und Samarkand,
> Süßes Liebchen, dir zu schenken?
> Dieser Städte Rausch und Tand.
>
> Aber frag einmal den Kaiser,
> Ob er dir die Städte gibt?

Er ist herrlicher und weiser;
Doch er weiß nicht, wie man liebt.

Herrscher! zu dergleichen Gaben
Nimmermehr bestimmst du dich!
Solch ein Mädchen muß man haben
Und ein Bettler sein wie ich.

Vom Begrüßungstrunk zur Ehrengabe
Der Begriff des Schenkens

1848 hält Jacob Grimm vor der Akademie der Wissenschaften in Berlin seinen grundlegenden Vortrag »Über schenken und geben«, der noch heute allen Gabenfetischisten den Einstieg in die Wissenschaft des Schenkens erleichtert. Der Bruder, der von Hause aus Jurist war, nahm die Unsicherheit der »Rechtslehrer« über die Auslegung des Begriffes »Schenkung« zum Anlaß, sich ausführlich mit den sprachlichen Wurzeln dieser Gesellschaftserscheinung zu beschäftigen. Daß der unermüdliche Wort-Sammler dabei nicht nur etymologische, sondern auch soziale und kulturhistorische Perspektiven des Schenkens aufzeigt, gibt seiner mit Gaben gefüllten Abhandlung ihre eigentliche Bedeutung.

Über das Schenken selbst machten sich die Deutschen erst in der nachklassischen Zeit des Mittelhochdeutschen Gedanken. Vorher wurden Dinge nicht geschenkt, sondern schlichtweg gegeben, was vor allem deshalb von Bedeutung ist, weil es zeigt, daß es über Jahrtausende für das völlig freiwillige und liebevolle Überreichen von Gaben gar keinen Begriff gab. Schenken, wie wir es heute verstehen, war zumindest sprachlich von Geben, Tauschen, Verkaufen, Ausleihen und Bestechen nicht unterschieden. Ob er als Geber erwartete, für seine Geschenke in welcher Form auch immer entschädigt zu werden oder nicht, konnte ein mittelalterlicher Freudenspender vielleicht wissen, aber nicht ausdrücken. Erst mit dem Aufkommen merkantiler Strukturen, in denen nach und nach das Geld den Wert einer Naturalie bestimmte, wurde es plötzlich interessant, den nichtkommerziellen

Austausch von Dingen mit einem eigenen Begriff benennen zu können. Jetzt erhielt das Schenken im Bewußtsein der Menschen einen eigenen Bereich, es wurde erstmals als eigenständige Tätigkeit entdeckt. Eine Erkenntnis, die Richard Meyer in seinem Aufsatz »Zur Geschichte des Schenkens« sogar veranlaßte zu vermuten, allen vorhergehenden Kulturstufen sei das Schenken an sich fremd gewesen. Möglicherweise ist dieser These sogar insofern zuzustimmen, als jedes Geschenk in irgendeiner Form auch soziale Erwartungen in sich trägt und fast immer vor einem bestimmten kulturellen Hintergrund überreicht wird. Das aber trifft auf moderne Gesellschaften genauso zu. Und die umfangreichen Quellen und die mythische Sehnsucht nach göttlichen Gaben zur Lebensgestaltung lassen vermuten, daß nicht alle unsere Vorfahren unbeschenkt blieben; sie konnten es eben nur noch nicht anständig in Worte fassen.

Jetzt aber muß endlich gesagt werden, was es denn mit dem Geben auf sich hat: Das Wort »Schenken« findet sich in allen germanischen Sprachen, nur nicht im Gotischen. Und überall wurde es im Altertum nur in der Bedeutung von »einschenken, zu trinken geben« gebraucht; eine Konnotation, die noch heute im Begriff »Mundschenk« weiterlebt. In diesem Sinne ging es damals tatsächlich nur um das Füllen eines Bechers, aber schon das Einschenken selber war mehr als nur Flüssigkeitsverlagerung, es hatte schon immer eine herausragende soziale Bedeutung. Und diese Hintergründigkeit des Gläserfüllens machte es möglich, das Verb später umzudeuten. Es gab nämlich in fast allen Kulturen den beliebten Brauch, einem wegmüden, staubigen und durstigen Gast, wenn er durch die Tür trat, als erstes einen frischen Trunk zur Labung einzugießen. Nicht um ihn in überflüssiger

Form zu hofieren, sondern in der Funktion eines bedeu-
tungsvollen Rituals, das eine freundschaftliche Beziehung zwischen dem Hausherren und seinem Besucher
herstellte. Im Einschenken wurde der Gast geehrt, als offensichtlich friedvoller Zeitgenosse in die Hausgemeinschaft aufgenommen und vor allen Anwesenden willkommen geheißen. In der Gruppe wurde der Brauch
des Einschenkens deshalb auch häufig erweitert: durch
gegenseitiges Zutrinken, durch die Erfindung geistreicher Trinksprüche, durch das Kreisenlassen des Bechers
und durch den dabei automatisch stattfindenden Begrü-
ßungsplausch, der die neuesten Nachrichten enthielt. In
bestimmten Regionen wurde es daher bald auch üblich,
wichtige Geschäftsabschlüsse, Gespräche oder sonstige
Entscheidungen symbolisch zu begießen: »Darauf müssen wir einen trinken«. Das gemeinsame Stillen von
Grundbedürfnissen verband die Menschen schneller
und besser als alle Worte. Wenig später wurde es darüber
hinaus Sitte, dem Gast als Zeichen der Verbundenheit den
Becher, aus dem er seinen Durst gestillt hatte, zu überlassen. Schon in der »Odyssee«, in Pindars »Siegesgesängen«
und in vielen anderen Texten verbinden sich gemeinsames
Gelage und Überreichen der Trinkgefäße zu einer sinn-
stiftenden Einheit. Selbst Cleopatra gestattete bei einem
großen für Antonius veranstalteten Festmahl jedem Anführer, die ihm vorgesetzten Becher mitzunehmen.
Grimm schloß daraus, daß »das Einschenken die älteste
Form der Ehrung oder Ehrengabe« darstelle.

Das kommunikative und Beziehung schaffende Verständnis von »Ein-Schenken«, wie es bei jeder Begegnung
von Menschen zu erleben war, war die beste Voraussetzung für eine positive Verallgemeinerung des Begriffs.
Der mit Intuition reich beschenkte Sprachwissenschaft-

ler schrieb dazu: »Aus dem begriff des spendens von ge-
tränk zur bewillkommnung und bewirtung entwickelte
sich dann allmählich der des unentgeltlichen willigen
darreichens.« Sieht man davon ab, daß Grimm leider die
Klärung vieler Zwischenschritte klein schreibt, so leuchtet seine These doch ein, mehr noch, sie zeigt, wie sehr
von Anfang an bei der Definition eines Geschenkes der
verbindende Akt und nicht die Gabe im Mittelpunkt
stand. Die erste offizielle Benutzung des gewandelten Begriffs findet der Forscher übrigens bei dem spätmittel-
alterlichen Dichter Reinmar von Zweter, der in seinem
»Gottfried« die ungewöhnliche Wortkombination »Rat
schenken« anstatt des gebräuchlichen Topos »Rat geben«
gebraucht. So wurde aus dem süffigen Wort »Schenken«,
das eigentlich das gesellige Umwandeln von Fremden
in Freunde durch den Akt des gemeinsamen Trinkens
meinte, der Oberbegriff für jede Form gemeinschaftsbil-
dender Gaben. Die eigentliche Bedeutung des Vorgangs
hat sich im Ideal demnach gar nicht geändert, sie wurde
nur auf Feststoffe ausgedehnt. Denn auch wer einen Gegenstand verschenkt, will damit letztlich aus Fremden
Freunde machen.

Im Lauf der Zeit gewöhnten sich die Sprecher an die
neue Bedeutung des Wortes »Schenken«, und bis heute
hat die Flut der Dinge, die man in diesem Sinne weitergeben kann, immer weiter zugenommen. Um so schwieriger ist es, das Phänomen wirklich einzugrenzen, weil es
eben in sich ganz eigene Gesetze und Formen entwickelt
hat. Noch immer gilt aber der Grundsatz, daß ein Geschenk in erster Linie eine Ehrung und ein Willkom-
mensgruß für den Empfänger sein sollte.

Von kleinen Listen und unfeinen Absichten
Die Tücken des Schenkens

Schon der Versuch, den Rahmen von Freigebigkeit und Zuwendung zu beschreiben, zeigt die Unfaßbarkeit dieses weitverbreiteten Phänomens. Geschenkt wird zwischen Partnern, Freunden, Verwandten, Familien, Gemeinschaften, Interessengruppen, Staaten, Stämmen, Völkern und Feinden. Äußere Kriterien wird man also nur schwer zur verständigen Betrachtung nutzen können. Darüber hinaus sind nicht alle Geschenke Zeichen inniger Zuneigung. Als Bestechung, Liebesersatz, Druckmittel oder Opfergabe verliert jedes Geschenk seine wohlwollende Gutmütigkeit, entartet sozusagen zu einer Gabe zweiter Klasse. Dennoch erfüllt es die bisher angelegten Kriterien: es stellt Beziehungen zwischen Menschen her, dient als verdinglichtes Kommunikationsmittel und existiert auf einer eignen sozialen Ebene.

Ein guter, wohl der beste Grund für das Schenken ist und bleibt die Liebe, ersatzweise darf noch ihre jüngere Schwester, die Freundschaft, ihren Platz behaupten. Wer es gut mit seinem Nächsten meint, der überlegt sich, was er ihm an wunderbaren Dingen zukommen lassen und wie er das Leben des anderen verschönern kann. Dann wird jedes Geschenk zu einem Botschafter der Zuneigung, der es zwei Menschen ermöglicht, sich gegenseitig ihre Gefühle zu gestehen, ohne dafür lange nach Worten suchen zu müssen. Welch ein Traumbild!

Aber nur ein naiver Idealist würde ernsthaft glauben, daß alle Geschenke dieser Welt ausschließlich von guten und würdigen Gebern dargebracht werden. Wer seine Umgebung oder sich selbst etwas genauer betrachtet, der erkennt schnell, daß unter der glänzenden Verpakkung nicht immer das reine Wohlwollen steckt. »Außen hui, innen pfui« nennt der Volksmund solche scheinheiligen Möchtegerngaben, vor denen er dann aber doch nicht zurückschreckt. Bevor die großen Philosophen zu Wort kommen und berichten, was sie über das wahre Schenken denken, lohnt es daher auf jeden Fall, eine Übersicht über die verbreitetsten unschönen Geschenkmotivationen vorzustellen. Gerade weil das Beachten der eigenen Intentionen so wichtig ist, schafft die Erkenntnis, daß es eine große Bandbreite möglicher Beweggründe für das Schenken gibt, die Grundlage für eine tiefergehende Betrachtung. Natürlich ist letztendlich nur die Liebe ein akzeptables Motiv für eine Gabe, doch wer die schlechten Gründe kennt, der kann sich vorsehen und es besser machen.

Für das Gelingen eines Geschenkes hat ein echter Freund meist einiges investiert, wobei es weniger um Geld als um Ideen und Engagement geht. Ein Sprichwort sagt zwar: »Der gibt doppelt, der schnell gibt«, doch damit ist wohl nur die Möglichkeit zur gänzlich uneigennützigen Gabe gemeint: Wer nämlich über die Motivation seines Geschenkes zu lange grübelt, der gerät in Verdacht, seine eigenen Vorteile auszurechnen. Vierfach jedenfalls gibt der, der spontan von einer inneren Eingebung getrieben, weder Zeit noch Mühe scheut, lustvoll und ohne Hintergedanken ein Präsent vorzubereiten.

Bedauerlicherweise ist es meist einfacher zu sagen, wie etwas nicht sein soll, als sich darüber klar zu werden, welche positiven Merkmale und Visionen damit verbunden sind; das wissen Oppositionelle nur zu gut. Darum seien hier nun einige fehlgeleitete Gefühle aufgezeigt, die unverständige Geber in der trügerischen Larve verzierter Verpackung herüberbringen.

Bösartigkeit

Nicht jeder, der schenkt, bezweckt damit nur Gutes! Und nicht jeder, der einen Wunsch frei hat, wünscht sich etwas, das ihm letztendlich auch zugute kommt. Sowohl beim Geber als auch beim Empfänger kann Bösartigkeit oder Unwissenheit eine Gabe völlig verderben. Wer bei der Vorbereitung von Geschenken letztlich den Schaden des Empfängers im Sinn hat, überbringt und kommuniziert aber nicht weniger als ein fröhlicher Geber: Er sendet seinen Haß. Die Weltgeschichte jedenfalls liebt Erzählungen, in denen falsche Geschenke sich gegen den Empfänger richten, gerade weil kein Mensch beim Annehmen einer bunten Gabe an Schlechtes denken mag. Das trojanische Pferd, das Gewand von Herkules (siehe Geschichte der Geschenke) oder der vorgetäuschte Liebeskuß des Judas stehen stellvertretend für viele solcher unfreundlichen Unaufmerksamkeiten. Aber auch wer im privaten Rahmen auschließlich seine negativen Gefühle Gestalt annehmen läßt und sie zu pflichtmäßigen Terminen überreicht, darf sich jederzeit in die Reihe dieser unfeinen Gesellen stellen. Ein Vater, der seinen Sohn regelmäßig mit Briefmarkenalben überhäuft, um ihm endlich gegen seinen Willen die Liebe zu dieser markigen Wohnzimmerbetätigung einzurichten, ist dabei nicht besser als die Mutter, die ihrer emanzipierten Schwiegertochter regelmäßig Putzmittel zukommen läßt, um sie an ihre Hausfrauenpflichten zu erinnern. Und es behaupte keiner, es durchzucke ihn nicht ab und an beim Erspähen eines besonders schaurigen Dekorationsstückes in einer Schaufensterauslage der gehässige Gedanke an eine Person, die sich darüber sicher besonders ärgern würde.

Die Welt der Märchen und Mythen kann von bösartigen Gebern und Empfängern ein garstiges Lied singen: der Bursche, der sich ein steinernes Herz wünscht, Midas, der ob seiner Goldgier fast verhungert, oder Hans im Glück, dem unfeine Kameraden nach und nach im Tausch gegen angeblich hochwertige Gaben alles abnehmen, was er besitzt. Sie alle unterliegen dem gewaltigen Mißverständnis vieler Geber: Einen Menschen zu übervorteilen kann zwar in die Riten eines allgemeinen Gabentausches eingeflochten werden, bestehen aber die dazugehörigen Gefühle nicht, dann ist das üble Stück eben auch kein Geschenk. Wenn sich Schenken über den seelischen Vorgang, der dahinter steht, definiert, dann bedarf es eines Vorganges, der die beiden beteiligten Personen betrifft. Dinge, die nicht verbinden, sondern trennen, disqualifizieren sich selbst. Wo Geschenken jede Freigebigkeit fehlt, weil sie mit einem bösartigen Vorhaben gekoppelt sind, da bleibt am Ende nur Egoismus, der nicht verbindet, sondern in die Einsamkeit treibt. Der naive Wonneproppen Hans im Glück ist allerdings gleichzeitig ein Garant für die Tatsache, daß ein sonniges Gemüt stärker ist als alle schattigen Anliegen übelwollender Zeitgenossen.

Die bösartigste märchenhafte Gabenbringerin bleibt wahrscheinlich die Stiefmutter von Schneewittchen, die sich immer heimtückischere Geschenke einfallen läßt, um ihre allzuschöne Tochter hinter den sieben Bergen loszuwerden. Zuerst versucht sie es mit einem verzauberten Kamm, und als dieser Versuch fehlschlägt, mit einem vergifteten Apfel. Um das unfeine Früchtchen auch auf jeden Fall loszuwerden, preist sie es in den höchsten Tönen an, was seither das allzu enthusiastische Beweihräuchern von Gaben an sich verdächtig macht. Wer Gutes im Schilde führt, hat es nicht nötig, seine Geschenke auch noch übermäßig anzupreisen; eine Lehre, die sich vor allem Vertreter zu eigen machen sollten, die einem pausenlos suggerieren, man bekäme unglaublich viel geschenkt, wenn man den neuen Ozonsauger mit Tiefenschmutzgarantie kaufte.

Der bösartigste Empfänger aber ist wohl Jago, der neiderfüllte Gegenspieler des Othello, der das von Desdemona erhaltene Taschentuch nutzt, um seinen Konkurrenten so zur Eifersucht zu treiben, daß dieser sich schwarz ärgert. Die treue Gattin kann den Gemahl nicht von ihrer Wahrhaftigkeit überzeugen; und so wird das Geschenk zu ihrem eigenen Todesurteil. Überaus ungut enden auch die vielen Geschichten, in denen der Teufel erfolgversprechende Gaben anbringt und sie mit dem kleingedruckten Hinweis auf den dazugehörigen Verlust der Seele – irgendwann einmal – schmackhaft macht. Der gehörnte Gesell hat dabei natürlich leibhaftig keine freigebigen oder freundlichen Beweggründe – aus reiner Boshaftigkeit verführt er die schwachen Träumer, denen bisher das Glück versagt blieb. Zum seligen Glück gelingt es den meisten fabelhaften Figuren letztlich doch noch, dem pferdefüßigen Finsterling ein Schnippchen zu schlagen.

Die Gefahr bösartiger Gaben bietet der Literatur aber auch sonst ein weites Feld für Mutproben. In Shakespeares »Kaufmann von Venedig« etwa kann nur der Verehrer die schöne Porzia gewinnen, der aus drei Kästchen aus Gold, Silber und Blei das richtige wählt. Zieht er das falsche, so wird er mit Schimpf und Schande verjagt; ein Motiv, das in vielen Variationen wiederkehrt. In der Sage vom Kuhreihen etwa wacht eines Nachts der Junge Res auf und sieht in seiner kleinen Hütte drei unheim-

liche Gestalten: einen riesigen Jäger, einen blassen Jüngling und einen Übermenschen. Gemeinsam fangen die
ungleichen Besucher an, auf dem Herd Milch zu kochen,
die nach dem Umfüllen in drei Töpfen rot, grün und weiß
leuchtet. Der Übermensch verspricht dem Jungen bei der
Wahl der roten Soße unbändige Kraft und hundert Kühe,
der Waidmann schwärmt für alles Grüne und verspricht
Reichtum im Übermaß, und der Blasse verkündet die geheimnisvollen Gaben der weißen Milch: Jodeln, Singen
und Alphornblasen in künstlerischer Vollendung. Res
wählt weiß und erfährt anschließend, daß die beiden ma-
terialistischen Gaben sein Tod gewesen wären.

Wer tatsächlich nicht nur als riskantes Quiz, sondern
aus Gehässigkeit Geschenke verteilt, die dem Empfänger
schaden, wird natürlich – und das ist für die Geschädigten
sicher nur ein schwacher Trost – den eigentlichen Reiz
des Schenkens niemals verspüren. Zumindest eine innere
Genugtuung mag aber für die schäbigen Seelen im hinter-
hältigen Schenken doch liegen, wenn man Wilhelm
Busch glauben darf:

> Die erste alte Tante sprach:
> Wir müssen nun auch daran denken,
> Was wir zu ihrem Namenstag
> Dem guten Sophiechen schenken.
>
> Drauf sprach die zweite Tante kühn:
> Ich schlage vor, wir entscheiden
> Uns für ein Kleid in Erbsengrün,
> Das mag Sophiechen nicht leiden.
>
> Der dritten Tante war das recht:
> Ja, sprach sie, mit gelben Ranken!
> Ich weiß, sie ärgert sich nicht schlecht
> Und muß sich auch noch bedanken.

Habgier

Ein französisches Sprichwort sagt: »Ein kleines Geschenk ist der Angelhaken des größeren Geschenkes!«
Womit bewiesen wäre, daß die Erfahrung den Erfolg raff-
gieriger Krämerseelen bestätigt. Immer wieder stößt man
auf Zeitgenossen, die mit Geschenken spekulieren und
dabei überhaupt nicht daran interessiert sind, wie sie
den anderen, sondern nur daran, wie sie sich selbst beglücken können. Der kürzeste Weg zur Gewinnaus-
schüttung ist nun einmal in bestimmten Fällen der Umweg, zum Beispiel der über reiche und überaus spendable
Mäzene, die man mit kleinen Geschenken an die eigene
Existenz erinnert. Und wer mit ködernden Gaben nach
größeren Erwiderungen fischt, der gibt sich bei seiner
Auswahl ja sogar die größte Mühe; nicht weil er den anderen liebt, sondern weil er ihn zu wertvollerer Replik ermutigen möchte. Betrachtet man den Habgierigen bei
seiner innigen Suche nach einer passenden Kleinigkeit
für den freigebigen Freund, so unterscheidet er sich in
nichts von all den einander wahrhaft zugetanen Schenkern, nur die Motivation stimmt eben nicht. Geschenke
in der Form einer spekulativen Geldanlage sind deshalb
immer ein wenig entartet. Jugendliche etwa, die dem
kindlichen Wunsch nach greifbarer Nähe entwachsen
sind, lassen sich leicht dabei ertappen, daß sie die Groß-
eltern vor allem deshalb beschenken, weil sie dafür in po-
tenzierter Form entschädigt werden. Und jeder, der sich
ferne Freunde mit kleinen Aufmerksamkeiten warmhält,
weil die immer so überreich beschenken, hat etwas von
der Qualität des Schenkens nicht begriffen.

Daß die nimmersatte Hoffnung auf Gegengeschenke

letztlich nicht zum Erfolg führt, mußte zum Beispiel der arme Fischer erleben, der der Habgier seiner Frau nicht mehr Herr wurde. Der bedauernswerte Ehegatte hatte freundlicherweise einen großen Fisch, der ihm ins Netz gegangen war, wieder freigelassen, worauf dieser sich dankbar als Wunscherfüller zu erkennen gab. Dem gutmütigen Gatten wäre sicher ein sorgenfreies Leben in einem etwas komfortableren Etablissement schon des Glücks genug gewesen, seine ewig unzufriedene schlechtere Hälfte aber schickte ihn nach jedem erlangten Status wieder ans Ufer, um noch etwas mehr Macht und Luxus herauszuholen. Am Ende, als sie schon Fischerin, Freifrau, Fürstin, Königin, Kaiserin, Kirchenoberhaupt und auch sonst alles Wunderbare war, hat sie immer noch nicht genug, worauf der pflichtbewußte Zauberfisch seinen Geschenksegen einstellt und das Paar wieder in der alten Hütte verschimmeln läßt, wo der rasante Aufstieg einst begonnen hatte. Und wenn sie nicht gestorben sind, dann ärgern sie sich noch heute (woran der unterdrückte Ehemann nun einmal wirklich unschuldig war).

So oder so ähnlich enden übrigens alle Geschichten von allzu habgierigen Geschenk-Empfängern. Sie bekommen einfach nie genug, und deshalb fehlt ihnen eine grundlegende Voraussetzung für das menschliche Miteinander. Ein Kulturpessimist würde nun sagen, die Habgier sei eben ein Grundzug der menschlichen Existenz. Optimistisch kann dagegen nur die überall zu beobachtende gelingende Geschenkpraxis angeführt werden. Zumindest muß aber zugestanden werden, daß die Sehnsucht nach unendlichem Besitz noch immer zu einer der philosophisch ungeklärten Äußerungen menschlicher Hybris gehört. Boethius hat dieses Phänomen in seinem »Trost der Philosophie« poetisch eingefangen:

Wären's der Schätze so viel, wie Sand am Meere
Die stürmische See aufwühlt,
Wären's der Schätze so viel, wie Sterne am Himmel
In der Nacht leuchtend ziehn,
Die das Glück aus dem Füllhorn der Gaben
Unablässig verstreute,
So hörte das Menschengeschlecht darum nicht auf,
Kläglich zu jammern.
Ob Gott auch die Bitten erfüllt und das Gold im
                                    Übermaß spendet,
Und mit glanzvollen Ehren sie ziert,
Das gilt ihnen gar nichts;
Denn das Begehrte verschlang die wilde Begier
Und schnappt schon nach Neuem.
Welche Zügel vermöchten der galoppierenden
                                    Habsucht
Grenzen zu setzen?
Denn je üppiger die Geschenke fließen,
Desto brennender dürstet's.
Niemals ist der Reiche reich, der zitternd seufzt,
Denn er glaubt sich bedürftig.

Mit seinen letzten Zeilen klärt der Dichter eindeutig über
die Gefahren des habgierigen Schenkens auf: Wer immer
mehr bekommen will, der lernt das eigentliche Glück,
nämlich das der Zufriedenheit, niemals kennen. Darüber
hinaus gerät er leicht in schlechte Gesellschaft. Denn er
schenkt ja seine Animationsgaben nicht den Leuten, die
einen großen Charakter, sondern denjenigen, die einen
großen Geldbeutel haben. Außerdem sind seine Beziehungen immer dann am Ende, wenn sich der finanzielle
Status des Geschröpften plötzlich ändert und er möglicherweise sogar seinerseits auf die Erwiderung der
über Jahre hinweg großzügig verteilten Gaben hofft.

Der zerstörerischste Nebeneffekt der Habgier ist aber
die daraus resultierende Unfähigkeit, sich jemals wieder
selbst beschenken zu lassen. Wer nämlich alle Gaben
mit eindeutigem Gewinnstreben verbindet, der wird natürlich auch hinter jedem Geschenk, das er selbst erhält,
sofort einen Schmarotzer vermuten, der ihn nur ausneh-
men will. Nie mehr kann sich ein solcher Kerl über etwas
freuen. Bedauernswert, grauenhaft.

Wie sehr der korrekte Umgang mit Geschenken die
Menschen schon lange bewegt, zeigen die stereotypen
Geschichten von den zwei Personen, die in unterschied-
licher Art und Weise auf Gaben reagieren; einer verhält
sich richtig, einer macht alles falsch. Fast jede Mythologie
oder Märchensammlung eines Volkes arbeitet dieses
Thema in irgendeiner Form aus. Beispielhaft ist dafür
das Märchen von den beiden Buckligen: Der erste trifft
auf einen Reigen zauberhafter Wesen und folgt ihrer Einladung zu einem lustigen Abend. Als er den Elfen, Hexen
oder Zwergen dann auch noch bei einer Aufgabe helfen
kann, bedanken sich diese mit einem Geschenk, sie lassen
seinen Buckel verschwinden. Ein Gefährte des Geheil-
ten, der dessen Geschichte hört, beschließt, es seinem früheren Leidensgenossen nachzutun, gibt sich dabei aber so
unfreundlich und habgierig, daß ihn die besuchten Gestalten mit einem unerfreulichen Geschenk abspeisen: einem zweiten Buckel. Verantwortungsvoller Umgang mit
Gaben, wie er hier geschildert wird, gehört in Erzählungen zu einem der ältesten Motive der Menschheitsgeschichte.

Im Märchen strafen sich die raffgierigen Geschenke-
hascher glücklicherweise immer selbst. So wird etwa
ein unwirscher Zimmermann von Frau Holle für einen
Schlitten einmal mit Sägespänen bezahlt. Verärgert und

voreilig schüttet der sagenunerfahrene Bursche die
scheinbar so wertlosen Holzreste aus dem Fenster, wo
sie zu Asche werden und verwehen. Beim abschließen-
den Ausfegen aber entdeckt er plötzlich, daß die im Zimmer heruntergefallenen Späne inzwischen zu Gold geworden sind. Ja, so kann es gehen.

Nun meine niemand, die Habgier sei ausschließlich ein
Geschenkmotiv ferner Phantasiewelten. Wer dem grei-
sen Großvater bei jedem Anlaß sinnlose Staubfänger
überreicht, weil er im Gegenzug mit einem üppigen
Scheck rechnen kann, der unterscheidet sich nur unwe-
sentlich vom geschäftsmäßigen Verteiler, der nur auf die
Erwiderung wartet (siehe auch Werbegeschenke).

Die eigentlichen Hintergründe des unfreien Schenkens
können, das sei abschließend noch bemerkt, viel tiefgründiger sein als einfache materielle Gelüste. Wer aus Eitelkeit mit Gaben um sich wirft, weil das Dank, Anerkennung, Lob und Aufmerksamkeit garantiert, dem bleibt
die lebensstiftende Kraft des Schenkens natürlich auch
fern. Shakespeare läßt in seinem Stück »Liebes Leid
und Lust« eine Prinzessin, die mit dem Urteil ihres För-
sters über ihr Aussehen unzufrieden ist, schnell ein wenig
Geld überreichen. Allerdings erkennt sie gleich darauf,
welchen Faux Pas sie mit dieser Gabe begangen hat.

Förster: »In Euch hat einzig Schönheit sich gebettet.«

Prinzessin: »Seht, wie ein Goldstück meine Schönheit
rettet.

O Schönheitsketzerei, der Zeiten wert;

wenn sie nur schenkt, wird jede Hand verehrt.«

Selbstverständlich soll ein Geschenk auch dem Geber
eine Freude bereiten, es wäre schauderhaft, wenn dem
nicht so wäre. Doch darf die Genugtuung des Gebens immer nur als Reaktion entstehen, niemals in der Aktion

schon mit eingeplant werden. Jean-Jacques Rousseau kokettiert mit dieser Unsicherheit, wenn er schreibt: »Wenn ich eine Gabe verteile, so schenke ich mir ein Vergnügen.«

Verpflichtung

Niemand würde im Ernst abstreiten, daß seine Geschenke bisweilen der absoluten Freiwilligkeit entbehren. Sowohl die Tradition als auch bereits vom anderen erhaltene Gaben können eine starke Motivation sein, beim Gegenbesuch nicht mit leeren Händen zu erscheinen. Da herrscht die Gewohnheit mit unabänderlicher Macht, und wer bei Geburtstagsfeiern mehrmals nur sich selbst vorzeigen konnte, der gilt als knauserig und einfallslos. Schon bei unangemessen winzig erscheinenden Kleinigkeiten liegt uns wie ein Reflex die gedruckste Entschuldigung auf den Lippen, die das schlechte Gewissen über die möglicherweise unwürdige Gabe aber leider nur unzureichend ausdrückt. Ein undefinierbarer Drang, den Pflichten nachzukommen und das Gleichgewicht des Schenkens wenigstens dem Anschein nach herzustellen, drängt uns widerstrebend in die Kaufhäuser und Boutiquen, um denn in letzter Minute etwas zu tun, wozu wir eigentlich gar keine Lust haben: ein Geschenk zu suchen.

Dabei ist das Gerechtigkeitsgefühl wahrlich die stärkere Kraft. Wenn der andere uns in den letzten Jahren regelmäßig bei allen Geschenkanlässen übersehen hat und uns aus unerfindlichen Gründen plötzlich zu seiner Jubiläumsfeier bittet, haben wir keine Probleme, nun unsererseits unauffällig alles stehen und liegen zu lassen und nur ein freundliches Lächeln über die Türschwelle zu tragen. Wehe aber, der andere ist ein übereifriger Geber, der keinen Namenstag, kein Gedenktreffen an eine gemeinsame Pfadfinderfahrt und kein Familienfest ungenutzt läßt, um uns nach Herzenslust vollzuschenken. Bei einem solchen akribischen Geber bleiben nur wenige Menschen fähig, während eines eigenen Besuchs kein ausgleichendes Präsent zu präsentieren. Ob wir wollen oder nicht, unser gesundes Gerechtigkeitsempfinden läßt uns so lange nicht in Ruhe, bis wir seinem Drängen nachgegeben und die Gabe des Freundes erwidert haben. Nicht aus Zufall scheint es daher mehreren Denkern sinnvoll, am besten immer der erste zu sein, der schenkt. Der Philosoph Derrida beschreibt die Kraft des unbeschenkten Beschenkers so:

> Den anderen überraschen heißt, ihm gegenüber in Vorhand sein, sobald er die Gabe akzeptiert. Der andere ist dann in der Falle gefangen. Er hat es nicht antizipieren können, er ist folglich der Gnade, dem Dank desjenigen ausgeliefert, der gibt. Er ist gefangen, in der Falle, überrascht, eingekerkert, wenn nicht gar gerade dadurch vergiftet, daß etwas auf ihn zukommt, vor dem er verharrt, ohne daß er etwas hat vorhersehen können, ohne Verteidigung, offen exponiert. Er ist die Beute des anderen, er hat ihm Anlaß dazu gegeben. Eine derartige Gewaltsamkeit kann selbst als Bedingung für die Gabe, als ihre konstitutive Unreinheit, betrachtet werden, sobald die Gabe in einem Zirkulationsprozeß begriffen ist.

Also, es lohnt sich, der erste zu sein. Der andere fühlt sich dann gezwungen zu reagieren. Das Grausame an diesem schlafraubenden Druck ist die Tatsache, daß man sich ihm tatsächlich nur durch weitere Geschenke oder durch eine Aufkündigung der Freundschaft entziehen kann.

Wer sich regelmäßig beim Schenkenmüssen ertappt, der sollte ein wenig in sich gehen. Pflichtgefühl ist eine traurige Begründung für ein Geschenk, denn es degradiert die normalerweise inhaltlich gefüllte Gabe zu einem nichtssagenden Gegenstand. Der reine Austausch von mehr oder minder kostbaren Dingen kann nicht Sinn des Schenkens sein. Liegt der Zauber aller Märchen darin, daß in ihnen magische Waffen nur dann funktionieren, wenn Geber und Gabe eins werden, so bekommen Alltagsgeschenke nur dann ihre Bedeutung, wenn sie von der dazu passenden Einstellung begleitet werden.

Entziehen kann man sich dem zwanghaften »Schenken« höchstens dann, wenn man die wahren Hintergründe des Schenkens offenlegt und lauthals erläutert, warum es unredlich ist, aus Verpflichtung zu schenken. Das aber kann zum Beispiel bei einer Konfirmandin, die sich ohnehin nur wegen der Geschenke dem wegweisenden Unterricht unterzogen hat, auf wenig Verständnis stoßen. Der Geschenk-Künstler aber weiß, was er zu geben hat: nämlich von guten Wünschen begleitete Gaben, die an keinen Anlaß gebunden sind. Vielleicht hat überhaupt erst die fälschliche Verbindung von äußeren Gelegenheiten mit innerer Lustigkeit zur zeitweiligen Aporie des Schenkens geführt; in dem Augenblick, in dem es Routine wurde, verlor es auch seine den Anlässen angemessene Würde. Bekäme die junge Konfirmandin regelmäßig vor ihrem Lieblingsonkel Geschenke, immer wenn es diesen danach gelüstet, dann wäre sie auch nicht so enttäuscht, wenn er sich an hohen Festtagen weise zurückhielte. Sich den Zwängen feierlicher Gelegenheiten zu entziehen ist also ganz leicht: Man muß nur mehr schenken, und zwar ganz ohne Anlaß. Auf der anderen Seite: Bliebe der Platz unter dem Weihnachtsbaum auf einmal ganz leer, weil sich ja alle schon das ganze Jahr über beschenkt hätten, wären wir auch nicht zufrieden. Schenken bleibt wohl ein Paradox, aber immerhin ein äußerst liebevolles.

Almosen

Eine Randerscheinung des Schenkens stellen all die Gaben dar, die nicht lange geplant, sondern nur hinter vorgehaltener Hand in vorgehaltene Schalen gelegt werden. Und doch zeigen Almosen das Grundbedürfnis des Menschen, andere am eigenen Glück teilhaben zu lassen und sich dabei das Gefühl der eigenen Ängste von der Seele zu schenken. Denn Armut hält der Welt den Spiegel der eigenen Begrenztheit und des potentiellen Scheiterns vor. Wer Bedürftigen mit seinem Reichtum hilft, der führt also eine sehr untergründige, verdrängte Kommunikation, weil er eigentlich nur sich selber vor Überheblichkeit schützt. Und das spüren die Beschenkten natürlich. Derrida, der gnadenlose Kritiker weltlicher Geschenk-Ideale war deshalb davon überzeugt, daß eine Umwandlung von barmherzigen Gaben in gesellschaftlich organisierte Almosen dem Phänomen des Schenkens alle Tiefe nähme: »Das Almosen erfüllt seinerseits eine geregelte und regelnde Funktion, es ist keine grundlose Gabe, mehr noch, wenn man so will, eine gnadenreiche.«

Dennoch haben die meisten Religionen Almosen zu einem festen Bestandteil ihrer »praxis pietatis«, ihres Glaubenslebens, gemacht. Im Hinduismus, der größtenteils das vorverurteilende Kastendenken weiterleben läßt, dient das Versorgen hilfsbedürftiger Unterklassen von der Motivation her weniger dem Heil der Beschenkten

als dem eigenen Aufstieg in eine höherwertige Daseins-
stufe nach der Reinkarnation. Auch in Sure 64 des Koran
wird das Almosengeben, eine der Säulen des Islam, mit
dem Heil des Gebenden begründet:

> So fürchtet Allah, soviel ihr nur könnt, und höret und
> gehorchet und spendet Almosen; es wird besser für
> euch sein. Und wer vor seiner Habsucht bewahrt ist
> – das sind die, denen es wohlergehen soll. Wenn ihr Al-
> lah ein stattliches Darlehen gewährt, so wird er es euch
> um ein Vielfaches vermehren und wird euch vergeben;
> denn Allah ist erkenntlich.

Sieht man über den uralten christlichen Hang zur Werk-
gerechtigkeit und zur Suche nach eigenen Möglichkeiten
der Heilsgewinnung hinweg, dann ist das Gebot der
Nächstenliebe zumindest der Versuch, den Notleidenden
zum Mittelpunkt des eigenen menschenfreundlichen
Handelns zu machen. Beim freien Schenken an die Armen soll »die rechte Hand nicht wissen, was die linke
tut«. Inwiefern dieser Gedanke wirklich gelebt wird,
kann man kaum überprüfen. Immerhin läßt sich darin an-
satzweise der Versuch einer echten Schenkphilosophie
erkennen (siehe auch Geschichte des Schenkens), doch
bleibt natürlich auch in dieser Glaubenspraxis der an-
stoßgebende Faktor außerhalb des Menschen; denn der
Christ wird ja erst durch die heilige Schrift zur Nächstenliebe motiviert. Inwiefern der einzelne Gläubige das Geben irgendwann tatsächlich freiwillig zu seiner Lebens-
haltung macht, bleibt offen. Immerhin hat Marcel Mauss
nachgewiesen, daß in allen Almosen die uralte Sehnsucht
nach dem Wohlwollen der Götter mitspielt. Schon in den
ältesten Mythen hängt die Gnade der oft recht irdischen
Überirdischen vom menschlichen Willen nach Gerechtigkeit ab. Der Mensch, der anderen etwas gibt, sorgt da-

für, daß auf Erden niemand zu kurz kommt – und erfüllt
damit stellvertretend die Aufgabe der Götter.

Wo Almosen zur Routine werden oder in Form einer
verordneten Steuer vom Gehalt abgezogen werden, da
sind sie längst sinnentleert. Vielleicht sträubt sich aus diesem Grund der Dichter Stéphane Mallarmé in seinem
Poem »Almosen« gegen jede Form der gnädigen Bevor-
mundung:

Denke nicht, daß ich Unsinn rede
Dem, der vor Hunger umkommt, öffnet sich die alte
Erde
Jedes andere Almosen ist mir verhaßt, und du sollst
mich vergessen
So kauf dir denn vor allem, Bruder, kein Brot

Bestechung

Adam Smith, der Vater der liberalen Wirtschaftstheorie,
vermerkte einmal stoisch: »Will ein Tier von einem Menschen oder einem anderen Tier irgend etwas haben, so
kennt es keinen anderen Weg, als die Gunst dessen zu gewinnen, von dem es etwas haben möchte.« Quod erat de-
monstrandum: Geschenke – die der animalischsten aller
Lebewesen nicht ausgenommen – wollen fast immer Zuneigung erzeugen, das streiten auch humanistisch-selbst-
lose Träumer nicht ab, und doch geraten die so gedachten
Gaben leider sofort auf Abwege. Denn jede Überraschung, die zu einer wie auch immer gearteten Gegenleistung – und sei es nur das Küßchen des Enkels auf die
großmütterliche Wange – motivieren will, besticht durch
ihre Unverfrorenheit; und verletzt damit den hohen
Moralkodex des wahren Schenkens, bei dem der Geber
auschließlich das Wohl des Empfängers beachten darf.

Es muß nicht immer Kaviar sein. Wer bei der Wahl des Geschenkes die dünn bestrichenen Schmalzbrote des Gastgebers im Hinterkopf hat, korrumpiert die Ideale seiner Gabe genauso wie einer, für den sich eine Baugenehmigung aus einem Kleinwagen, einer Antiquität oder einer nur wenig verpackten, willigen Blondine ergibt. Dabei, das sei offen eingestanden, ist die ars corrumpandi, die Kunst des Bestechens, einer der vielseitigsten und interessantesten Zeitvertreibe überhaupt. Seit ein geschmeidiges Wesen mit gespaltener Zunge der keuschen Eva den Genuß eines verführerischen Apfels mit dem Geschenk der Gottgleichheit schmackhaft machte, erreichen unlautere, wohlhabende Zeitgenossen mit den richtigen Stimmungswandlern auf der Welt fast alles, was sie wollen. Henisch stellte fest: »Es ist keine Tür so hart verschlossen, die nicht durch Geschenke geöffnet werden könnte.« Das in den letzten Jahrzehnten von Bestechungsskandalen gebeutelte Deutschland kann davon ein fröhliches Lied singen, und wo eine Hand die andere wäscht, bleiben meist nach der Entlarvung nur zwei unschuldig dreinblickende Ehrenleute zurück. Denn bei keinem Vergehen fühlen sich die Beteiligten sicherer und unschuldiger als bei der Bestechung. Max Streibl verkündete bei der Offenlegung seiner Geschenksammlung: »Man wird doch noch Freunde haben dürfen«, und Gauweiler hielt die Kleinigkeiten, die er im Lauf der Jahre von einem Münchner Baulöwen erhalten hatte, trotz ihres Wertes von etlichen tausend Mark für eine »lächerliche Lappalie«.

Bestechung ist deshalb so faszinierend und von philosophischer Tiefe, weil sie jeden Menschen berührt. Letztlich geht es ja nicht um die Frage nach den Werten, die den Besitzer wechseln, sondern um die nach den Werten, die die Beteiligten haben, um ethische Grundentscheidungen. Ein alter, anzüglicher Witz erzählt von einem reichen Mann, der auf einer Abendgesellschaft eine Dame diskret fragt, ob sie wohl für eine Million Mark mit ihm schlafen würde. Errötend bejaht sie das Anliegen nach kurzem Überlegen. Auf die zweite Frage, ob sie es denn auch für fünfzig Mark täte, erntet der Mann eine schlagkräftige Ohrfeige: »Wofür halten Sie mich?« »Das, meine Teuerste«, entgegnet der Mann ungerührt, »haben wir doch schon geklärt, wir feilschen nur noch um den Preis!« Daß solche unmoralischen Angebote, spätestens dann, wenn sie von Robert Redford kommen, der ganzen Welt den Spiegel ihrer Käuflichkeit vor Augen halten, macht sie nicht weniger eindringlich und fordert schließlich eine unverdrängbare Selbstbefragung heraus: Was würde ich eigentlich alles machen oder zulassen, wenn es nur hoch genug dotiert wäre? Erschreckenderweise hängen von der Beantwortung dieser Frage nicht nur das eigene Gewissen, sondern auch die prinzipielle Offenheit für jede Form der Selbstverleugnung, für totalitäre Systeme und das Vorhandensein einer kantischen Ethik ab. Wieviel Judas in jedem von uns steckt, sei dahingestellt, denn das führt wohl zu weit …

Ob es um Aufenthaltsgenehmigungen, Rüstungsaufträge, Sozialwohnungen oder ähnliche Bevorzugungen geht, zielbewußte Geschäftsleute lassen sich ihre Vergünstigungen gern etwas kosten. Und nicht zufällig stammt der Begriff »Bestechen« aus dem Bergbau, wo fähige Vorarbeiter regelmäßig die Abstützung bestechen müssen, um zu sehen, ob diese noch tragend oder schon faul ist. Wer sich also mit positivem Ergebnis bestechen läßt, der zeigt, daß er bereit ist, die Folgen seines Handelns zu tragen.

Der faulende homo manipulator geht dabei meist ganz
anständig mit dem Empfänger um, er versucht, dessen
Wünsche genau zu erschließen, denn nur so kann er
ihm nahekommen. Glaubt man den Berichten, dann
testen clevere Bestecher erst einmal ein Ködergeschenk
– im Szenejargon »Anfüttern« genannt –, bevor sie,
nach einer positiven Reaktion, deutlicher ihre Möglichkeiten und Interessen offenlegen. Manchmal ist nicht einmal das nötig, weil die betreffenden Stellen von sich aus
zu erkennen geben, daß nur der gut fährt, der auch gut
schmiert. Dann gilt es nur noch, unverfängliche Wege
ausfindig zu machen, wie die Geschenke den Besitzer
wechseln können. Ein Amtsleiter etwa ließ sich seine in
Heimarbeit gefertigten Amateurkunstwerke, für die er
auf dem freien Markt nicht einmal ein Teesieb bekommen
hätte, fünfstellig entgelten, ein Bürgermeister veranlaßte
die beauftragte Straßenbaufirma, nebenbei eine Doppel-
garage auf seinem Grundstück zu bauen, und so mancher
genehmigungsfähige Beamte hatte nichts dagegen, das
Ferienhaus eines abhängigen Direktors wochenlang in
Beschlag zu nehmen.

Für das Beamtengesetz suchen die Verantwortlichen
schon lange nach passenden Regelungen, denn schließlich darf nicht jedes Geschäftsessen, das ein möglicher
Kunde bezahlt, zu einem Skandal werden. Praktischer-
weise hilft man sich mit hierarchischen Genehmigungs-
strukturen:

Der Beamte darf, auch nach Beendigung des Beamten-
verhältnisses, Geschenke in bezug auf sein Amt nur
mit Zustimmung der obersten oder der letzten obersten Dienstbehörde annehmen. Die Befugnis zur Zustimmung kann auf andere Behörden übertragen werden.

Wie man dagegen einen freien Architekten maßregelt, der immer die gleichen, eigentlich mittelmäßigen Handwerker bedenkt, weil die immer so hochwertig wattierte Umschläge in seinem Büro vergessen, ist letztlich ungeklärt. Auch der Bürgermeisterkandidat des Kleinstdorfes, der der größten Wählergruppe eine Sporthalle verspricht, kann augenblicklich noch nicht rechtskräftig belangt werden. »Unlauterer Wettbewerb«, wie all diese Versuche vor dem Richter genannt werden, ist deshalb eine der schwammigsten Kategorien überhaupt.

»Du sollst nicht Geschenke nehmen, denn Geschenke machen die Sehenden blind und verdrehen die Sache derer, die im Recht sind«, offenbart das zweite Buch Mose. Das Phänomen ist also altbekannt, und nur Jahwe zeigt sich als der, »der nicht Partei ergreift und keine Bestechung annimmt.« (5. Mose 10.17) Die Welt ist seit ihrer Erschaffung voll von sittlicher Verderbnis und moralischer Fäulnis; nichts anderes heißt nämlich Korruption. Ehrliche Historiker haben das auch schon immer zugegeben.

Philipp von Makedonien, der Vater des großen Alexander, lehrte seinen Sohn deshalb schon früh: »Eine Festungsmauer kann nicht hoch genug sein, als daß ein mit Gold beladener Esel sie nicht besteigen könnte.« Wie wahr dieser Satz ist, bekam der Jungfeldherr am eigenen Leib zu spüren, als sein Schatzmeister Harpalos mit unterschlagenem Geld fortlief und in Athen Asyl suchte. Denn dort geschah das Unglaubliche, daß selbst der weise Demosthenes, der erst gegen die Aufnahme war, plötzlich dafür stimmte, denn »Harpalos verstand sich gut darauf, aus den Gesichtsmienen und den Blicken der Augen sogleich den Charakter eines in das Gold verliebten Mannes zu erraten.« Und sogar der Philosoph

wurde so von dem Geschenk des Betrügers geblendet,
daß er seine Meinung änderte. Doch darf das rückblik-
kende Urteil darüber nicht zu hart ausfallen: Erstens
wurde Demosthenes ertappt und bestraft, und zweitens
war in Griechenland zu jener Zeit selbst das göttliche
Orakel von Delphi in mehrere Bestechungsskandale ver-
wickelt.

Wirklich anschaulich ist die Geschichte des Clodius,
eines Rivalen Caesars, der sich einmal verkleidet zu einem Fest schlich, an dem nur Frauen teilnehmen durften,
und dabei ertappt wurde. Ein Kardinalverbrechen. Cicero aber erzählt erzürnt:

> Fragst du nach dem Verlauf des Prozesses? Einfach un-
> glaublich der Ausgang. Alle betrachteten Clodius
> schon nicht mehr als Angeklagten, sondern bereits
> als tausendfach Verurteilten. In zwei Tagen erledigt
> er die ganze Geschichte. Er holt die Leute heran, ver-
> spricht ihnen Geld, verbürgt sich für die Zahlung, zahlt
> es ihnen aus. Dann wurden aber auch – mein Gott, was
> für böse Zustände! – die Nächte bei gewissen Frauen-
> zimmern und die Zuführung adeliger Jüngelchen für
> manchen Geschworenen der Höhepunkt des Sünden-
> lohns.

Natürlich wurde Clodius ohne größere juristische Probleme freigesprochen!

Rom blieb die »feile Stadt«, als die Jugurtha sie bezeichnet hatte, bis der erste kaiserliche Christ, Justinian,
im Jahr 535 eine Gesetzesnovelle durchsetzte:

> Daher haben wir bei uns erwogen, wie wir alles, was in
> unseren Ländern als nachteilig vorkommt, durch eine
> einzige und allgemeine Handlung zu etwas Besserem
> zu bringen im Stande wären. Dies aber werde alsdann
> geschehen, wenn wir es bewirken können, daß die

Statthalter der Provinzen, welche bürgerliche Ämter in denselben bekleiden, die Hände rein erhalten, und von allen Geschenken abstehen, indem sie sich lediglich mit dem begnügen, was sie als Besoldung vom Staate empfangen.

Zum ersten Mal mußten nun Staatsangestellte einen Eid darauf schwören, daß sie sich von allen Gaben fernhalten und nur nach ihrem Gewissen handeln wollten.

Natürlich kam es dennoch weiterhin regelmäßig zu regelwidrigen Verstößen gegen die Ehre. Im Mittelalter kommt kaum ein Herrscher an die Macht, der sich nicht vorher mit überzeugenden Geschenken die Unterstützung aller Fürsten gesichert hat, und Boner notiert traurig: »Enphangen gabe daz gebirt, daz dicke unrecht zu recht wirt.«

Der Blick in die Geschichte darf allerdings nicht von der eigentlichen Frage ablenken, ob denn unsere eigenen Geschenke ganz frei von eigennützigen Erwartungen sind. Bei allem Zauber großangelegter Bestechung bleibt ein ungutes Gefühl zurück. Auf der einen Seite eröffnet sich in den Anekdoten vergangener Zeit ein Blick auf die Abgründe menschlicher Würdelosigkeit, auf der anderen Seite vergeht kaum ein Tag, an dem nicht ein neuer Skandal bekannt würde, hinter dem ja immer auch Menschen stehen, die einen Auftrag eben nicht bekommen haben oder denen ein Asylantrag aufgrund mangelnden Großgeldes eben nicht gewährt wurde. Betrachtet man dagegen die Welt der privaten Geschenke, dann beginnt eine andere Frage zu bohren: So ganz falsch ist es doch wohl auch nicht, wenn man auf eine positive Reaktion des Empfängers hofft, oder? Da denke jeder nun für sich weiter. Vielleicht gelten im Bereich der Freundschaft ohnehin andere Regeln als im Geschäftsleben. Nur ein bißchen Vorsicht darf man auch da walten lassen. Wenn Onkel Heinz für das großzügige Weihnachtsgeschenk nun einen wöchentlichen Dienst erwartet, ist etwas schiefgelaufen. Ansonsten bleibt die Bestechung hier von nun an außen vor. Reimund Vidranyi hat nämlich auf ein unerforschtes Problem des motivierenden Geschäftes hingewiesen: »Der Nachteil der Korruption besteht darin, daß es gar nicht so einfach ist, jemanden zu finden, der einen korrumpieren möchte.«

Werbung

In einem definitorischen Niemandsland bewegen sich auch all die Geschenke, die nicht von Freunden, sondern von Geschäftspartnern ausgetauscht werden! Sie kommen nicht uneigennützig, sondern mit unverhohlenen Hintergedanken daher, die eine ganz klare Maxime kennen: Wohlwollen kann man sich erwerben! Am einfachsten und geschicktesten mit stilvollen Gaben, die man mit freundlichen Grüßen und deutlichen Hinweisen auf den Geber überreicht. Das erkannten die römischen Herrscher lange vor den großen Marketingtüftlern des zwanzigsten Jahrhunderts (siehe: Geschichte des Schenkens), die jedes Jahr in der Weihnachtszeit die Büroetagen mit kleinen Aufmerksamkeiten überschwemmen. Dafür feiern letztere gerade einen kleinen historischen Etappensieg in der großen Schlacht um die medialen Marktanteile: 1994 wurden bereits zehn Prozent der deutschen Gesamtwerbeaufwendungen für dreidimensionale Logoträger verwendet; 5,5 Milliarden Mark, ein Betrag, mit dem sich die sogenannten »Anreizlieferanten« auf Platz vier der Medienumsätze hochkatapultier-

ten. Und wenn die verstreuten Träume der Branche
wahr werden, dann machen – wie in den Vereinigten
Staaten – die verlockenden Beigaben bald fünfundzwan-
zig Prozent der Investitionen aus. Geschenke als Werbe-
träger der Zukunft? Die Chancen stehen nicht schlecht:
Wo sintflutartige Bilderströme die Menschen zum Weg-
sehen bewegen und immer mehr an Wirksamkeit verlieren, gibt die Werbemittelindustrie den entscheidenden
Geschäftspartnern etwas Anregendes in die Hand: Kugelschreiber, Kalender, Schneekugeln, kleine Lederwa-
ren, Alkoholika, Feuerzeuge oder Schlüsselanhänger.
Solche Klassiker regnet es zumindest, wenn die beschenkenden Firmen einfallslos sind; wenn sie ihre Kreativität
etwas kostspieliger ansetzen, dann arbeitet für die Wahl
eines ansprechenden Artikels ein großes Team geistreicher Werbe-Künstler. Und dann entstehen bisweilen
kompakte und überraschende Kleinigkeiten, die den
glücklichen Besitzer tatsächlich mit ihrem Idealismus
und ihrer Botschaft fesseln können.

Die moderne Philosophie der Werbeartikelindustrie
spielt mit dem Zeitgeist. Werbeartikel wollen in den
neunziger Jahren immer individuellere Beziehungen
zwischen den Geschäftspartnern sachlich ausdrücken,
nebenbei Kundenpflege betreiben und als Werbung
zum Anfassen etwas Anerkennung für die gute Zusammenarbeit vergegenständlichen. Werbegeschenke sind
nun einmal das Salz jeder Geschäftsbeziehung. Oh!
Nun ist es doch rausgerutscht, dieses unsägliche Wort
»Werbegeschenk«, bei dem die ganze Branche einmütig
zusammenzuckt. Und das aus vielerlei Gründen. Erstens
»weil die Industrie nichts zu verschenken« hat, wie Mi-
chael Hagemann, der Öffentlichkeitsarbeiter des vor
zwei Jahren gegründeten Gesamtverbandes der Werbear-

tikel-Wirtschaft e. V., ohne Häme verkündet, und zweitens »weil Werbeartikel viel zu teuer sind, um sie einfach
zu verschenken«. Werbeartikel wollen etwas, das bestrei-
tet keiner. Und bevor man sich vorhalten läßt, daß ein
wirkliches Geschenk doch ohne Absichten gegeben werden sollte, verzichtet man lieber ehrlich auf den ver-
brauchten Euphemismus und hält sich an den techni-
schen Ausdruck »Werbeartikel«. Außerdem lastet auf
dem umgänglichen Begriff »Werbegeschenk« noch immer der Fluch eines denkbar schlechten Images. Die
mickrige Aura sinnloser Kunststoffgimmicks, hochkarä-
tigen Kitsches und wertloser Kinkerlitzchen möchten die
modernen Werbe-Künstler nämlich möglichst schnell
loswerden. Statt hausbackener Reklame soll der Kunde
künftig wie eine geliebte Braut mit geschmackvollen
Wohlstandssymbolen umworben werden.

Dazu kommt, daß es für Werbeartikel klare gesetzliche
Richtlinien gibt. Fünfundsiebzig Mark pro Jahr und Person darf eine Firma für ihre Kundenpflege als Betriebs-
ausgaben absetzen, was darüber hinausgeht, geht zu
weit. Das ärgert die Branche vor allem deshalb, weil
alle anderen Werbeetats, einschließlich der voll absetzba-
ren Schmiergelder (bei Angabe des Empfängers!), vor der
Steuer keine Beschränkungen kennen. Laut neuester
Umfrageergebnisse überschreiten immerhin elf Prozent
der Zuwendungen die 75-DM-Marge deutlich.

Für die Künstler der Szene aber zählt nicht der Preis,
den ein Werbeartikel kosten darf, sondern die Idee, die
dahintersteckt. Wer die hohe Schule des Werbens beherrschen will, muß sich anstrengen, denn selbst ein Experte
der Branche gibt offen zu, daß »Werbeartikel oftmals ver-
schenktes Geld sind«; wobei ihm die Doppeldeutigkeit
seiner Aussage wahrscheinlich gar nicht bewußt wurde.

Worin besteht nun der Zauber eines gelungenen »Kontakthalters«?

Werbeartikel folgen dem Trend nach immer mehr segmentierten Märkten. Sie ermöglichen es, kleinste ausgewählte Zielgruppen direkt anzusprechen, ohne dabei die Streuverluste eines Printmediums oder eines Fernsehspots mit einkalkulieren zu müssen. Denn mit Präsenten werden genau die Personen bedacht, die auch für das damit verbundene Angebot empfänglich sind. Aus diesem Grund empfehlen sich die berechnenden Verkaufshilfen besonders für mittelständische Unternehmen, die großflächige PR-Aktionen gar nicht bezahlen können. Vor allem aber ragen die »Impulsverstärker« plastisch aus all den eindimensionalen Werbezuschriften heraus, die jede Woche einen geplagten Interessenten mit durchschnittlicher Kaufkraft bedrängen. Eine Studie der Universität Köln bewies schon 1989, daß sich die Empfänger einer Werbekarte viermal häufiger an den Slogan erinnern konnten, wenn ein kleines Präsent beigelegt wurde; und auch der Umsatz der platten Botschaften blieb weit hinter dem der bestückten zurück.

Was der Mensch anfassen kann, das erfährt er mit allen Sinnen und behält es im Gedächtnis. Darum wirken Werbeartikel, wenn man den Aussagen der Branche glauben darf, sogar wesentlich schneller als gewöhnliche Medien. Und wenn es einer Firma gelingt, ihren Flaschenöffner so zu gestalten und zu plazieren, daß die ganze Clique des Kunden ihn regelmäßig benutzt, dann bleiben die handgreiflich gewordenen Werbesprüche so lange vor Augen, bis sie kaum noch zu verdrängen sind.

Vorbei sind jedoch die Zeiten, in denen die Firmen vor lauter Originalitätswahn ausschließlich Dinge verteilten, die eigentlich kein Mensch braucht: Regenschirme mit eingebautem Flachmann, jodelnde Plastikautos oder Kugelschreiber, die so einfallsreich gestaltet waren, daß sie, wie man sie auch drehte und wendete, leider beim Schreiben immer aus der Hand rutschten. Heute gilt als oberstes Gebot der vielfältige Gebrauchswert. Nur was immer wieder benutzt wird, bleibt präsent. Und obwohl knapp ein Drittel aller Werbeartikel weiterhin weniger als Zweimarkfünfzig kosten, wächst der Qualitätsanspruch. Nach allem nämlich dürfen die guten Stücke aussehen, nur nicht nach billigen Massenartikeln. Ramsch ist inzwischen für den Absender eher schädlich als fördernd.

Ein Werbeartikel soll vermitteln, darum gehört zur Entwicklung eines erfolgreichen Präsentes auf jeden Fall ein Hauch Psychologie: Was zeichnet die Kunden aus, was brauchen sie, und was will ich eigentlich sagen. Aus der Trias »Firma, Kunde, Gegenstand« muß der optimale Werbe-Botschafter gestaltet werden. In diesem konzeptionellen Planen steckt dann doch wieder ein Hauch der wahren Sorgsamkeit um den Beschenkten. Wer wollte da die moralischen Grenzen dieses Schenkens zum familiären oder partnerschaftlichen Gabentausch bestimmen. Und die Philosophie eines Unternehmens in Stücke zu fassen, ist gar nicht so einfach. So haben sich viele Firmen darauf besonnen, zu allererst charakteristische Qualitäten ihres Managements anzupreisen. Ganz oben auf der Beliebtheitsskala stehen: die Stoppuhr – »Wir sind die Pünktlichen«, der Radiergummi – »Wir reiben uns für Sie auf«, der Solar-Calculator – »Mit uns können Sie rechnen«, das Email-Schild – »Wir gehen für Sie durchs Feuer« oder die Schere – »Mit uns schneiden Sie gut ab«. Wenn sich ein Werbeartikel tatsächlich als Transportmedium formvollendet verkündeter Botschaften bewährt, dann gilt er als professionell. Verblüfft er obendrein auch noch, ist die Wirkung fast garantiert.

Doch durch die Erfinderstuben geht die Angst vor dem Plagiat. Einzigartig soll das Werbemittel sein, unverwechselbar und seiner Zeit voraus. Damit kein Kunde von der Konkurrenz die gleiche Zuwendung erhält, setzt bereits jetzt ein Drittel aller direktwerbenden Unternehmen Spezialanfertigungen ein. Katalogware ist out. Hochkonjunktur haben Ideen, die Individualität verbreiten: CDs mit speziell für die Firma ausgesuchten Highlights der Musikszene (etwa »15 dipverdächtige Sommerhits für Crème fraîche«), Duftspender mit der persönlichen Duftmarke des Geschäftsführers, Gummibärchen in Form des Firmenlogos, CD-Roms mit speziell programmierten Computerspielen, bei denen die Spieler im Abenteuerland regelmäßig den Produkten des Gebers begegnen, tiefgründige Hologramme des Lieblingsgeschäftspartners oder anziehende Kühlschrankmagneten. Auf einer der Werbeartikel-Messen, die alljährlich vom Präsent Service Institut (PSI) ausgerichtet werden, sollen sogar unverwechselbare Honigkuchenfiguren angeboten worden sein.

Gerade Produkte, die nicht im Handel erhältlich sind, finden begeisterte Abnehmer. Verlage belohnen ihre Kunden mit Büchern, die es nirgendwo zu kaufen gibt, und besonders pfiffige Werber fügen ihrer Gabe gern einen dezent auffälligen Hinweis auf die Limitierung der Auflage bei. Wer ist nicht beglückt, wenn er einen der wenigen Füllfederhalter erhält, die dem Original von Agatha Christie nachgebildet sind. Ganz anders dagegen ist die Not eines Handlungsreisenden, der oft überhaupt nur mit einem »Gesprächsaufhänger« den Fuß in die Tür seines Klienten bekommt. Diese Zeitgenossen berichten neuerdings begeistert von der Macht der Follow-ups! Wer bei jedem Besuch ein weiteres Teil der

Schreibtischsonderausstattung mitbringt, wird ab dem zweiten Mal mit offenen Armen empfangen.

Die hohe Schule des Werbens aber hat derjenige erfolgreich abgeschlossen, dem es gelingt, seine Werbemittel zu eigenen Verkaufsprodukten zu machen. Coca-Cola zum Beispiel ist schon lang nicht mehr darauf angewiesen, etwas wegzugeben; ganze Ladenketten sind stolz darauf, den markigen Schriftzug verkaufen zu dürfen. Einige Fußballvereine feiern ihren größten Saisonsieg am Tresen des Werbeartikelstandes, und sogar die Plastiktüten im Supermarkt lassen sich ihren Werbefeldzug inzwischen etwas kosten. Erst recht selig sind natürlich die Firmen, denen es gelingt, mit exklusiven Werbeartikeln an die Sammlerwut exzentrischer Kreise zu appellieren: etwa mit Telephonkarten oder Ansteckpnadeln, die manchmal mehr Besucher zu den Messen locken als die eigentlichen Ausstellungsstücke. Zur besten Werbemittelaktion 1994 wurde vom PSI allerdings, soviel sei hier noch verraten, eine Tüte Popcorn mit Lebkuchengeschmack gewählt – Slogan: Die Rechnung geht auf.

Mag die heilige Schrift auch verkünden: »Einen fröhlichen Geber hat Gott lieb« – die Werbeartikelbranche kommt bei ihrem Aufstieg wahrscheinlich kräftig ins Schwitzen. Denn immer noch vermuten viele Kritiker hinter den sympathieheischenden Gaben den kavaliersdelikaten Geschmack der Korruption. Eine Hand wäscht die andere! Als die SPD vor der letzten Bundestagswahl in ihrem Programm die »mißbräuchliche Nutzung von Werbemitteln für den privaten Gebrauch« deutlich anprangerte, fürchteten fünfzigtausend Angestellte der Branche um ihren Arbeitsplatz. Wie froh waren dann alle über den Wahlausgang; und über die Auswertung einer vielseitigen Studie der Bochumer Ruhruniversität, in

der verkündet wird, daß die Neukundenwerbung bei
der Frage nach den Absichten der Freigebigkeit nur
auf einen hinteren Platz kommt. Weitaus wichtiger
sind: »Kundentreue belohnen«, »Dank sagen«, »Präsent
sein«, »Imagepflege« und »Namen durchsetzen«. Sachlich richtig bleibt an der linken Kritik natürlich die Feststellung, daß die eigentlich wertvollen Gaben immer bei
den Leuten landen, die sie sich ohnehin kaufen könnten.

»Würde ist, was keinen Preis hat«, bemerkte Immanuel
Kant zum Thema Werbeartikel weise, und da sich ehren-
werte Menschen bei ihren Entscheidungen keinesfalls
von Zuwendungen unter DM 75,– beeinflussen lassen,
bezeichnen wir zum Schluß die aufmerksamen Kleinigkeiten doch noch einmal schelmisch als das, was sie
sind: Werbegeschenke.

Fazit

Gründe für das Schenken gibt es also viele. Um beurteilen
zu können, welche davon lauter und welche verboten
sind, gilt es im weiteren zu klären, woran man denn ein
mit Recht so genanntes Geschenk im einzelnen erkennt.
Mag manche Motivation dem gesunden Menschenver-
stand auch deutlich widerstreben, zu beobachten sind
alle beschriebenen Phänomene, und sicherlich gibt es
noch einige andere Ziele, für die Menschen zum Porte-
monnaie greifen, um ihre Wünsche in Gaben umzusetzen. Entscheidend bleiben bei allem wohl die Aufmerksamkeit auf die ganz persönlichen Intentionen und das
wache Bewußtsein für die Fehler, die man beim Bedenken seiner Freunde machen kann.

Doch was nützt es, wenn man weiß, wie man es nicht

machen soll. Die Weisheit der Geschenke läßt sich auch
dann noch nicht fassen, wenn man alle negativen Begrün-
dungen erkannt und ausgeschlossen hat. Außerdem:
Wer von uns würde zugeben, daß sein Gewissen beim
Schenken nicht rein sei. Andererseits spielt auch in den
kleinsten Gaben des Alltags immer etwas von den beschriebenen Hintergründen mit hinein, weil sie einfach
menschlich sind: Da gibt es – manchmal ganz unbewußt
– Bestechung, Werbung, Pflichtgefühl, bisweilen auch
den Gedanken an die eigene Schenkpotenz, die jede Aufmerksamkeit zum gnädigen Almosen degradiert, oder
die freundschaftliche Bösartigkeit, die sich vor allem an
der erstaunlichen Reaktion des Empfängers auf das einzigartig häßliche Plastikreh für den Garten weiden
möchte. Alle unedlen Gedanken aber haben keinen Platz
mehr, wenn es um die eigentliche Bedeutung des Schenkens geht, um das Ideal, die Vision einer hingebungsvoll
einander beglückenden Menschheit.

Was denn nun ein Geschenk ist, das diesen Namen in
seiner ganzen Größe verdient, darüber läßt sich streiten;
und es wird auch anständig darüber gestritten. Als Zeugen der lebensstiftenden Notwendigkeit von Gaben stehen glücklicherweise bedeutende Philosophen zur Verfügung, die alle die Verbindung zur unfaßbaren Welt
des Schenkens suchen und dabei auf faszinierende Zusammenhänge stoßen.

Von der wahren Tugend
Die Philosophie
des Schenkens

Denker tun sich oft schwer mit praktischen Dingen; sie wissen, wie eine Glühbirne funktioniert, hüten sich aber davor, jemals eine einzuschrauben. Statt dessen reden sie auch über alltägliche Kleinigkeiten, als seien diese ein winziges Symbol für die größten Weltzusammenhänge. Geschenke, diese Großhieroglyphen emotionaler Annäherung, die sich den einfachsten physikalischen und moralischen Regeln widersetzen, haben es den systematischen Träumern besonders angetan. Vielleicht weil sich an den beredten Paketen die große Bandbreite menschlicher Hingabe und Aufopferung besonders stilvoll beobachten läßt und weil es eine ungewöhnlich philosophische Herausforderung ist, ihre Sprache zu entschlüsseln. Außerdem kann man mit etwas gutem Willen dabei kaum etwas falsch machen; gütigen Gebern ist niemand böse.

Wie bei allen bedeutenden Themen der Menschheit, und dazu wird das Schenken hier axiomatisch erklärt, sind sich die großen Geister natürlich nicht immer einig; erstaunlicherweise gibt es aber trotz aller Differenzen doch über grundlegende Fragen große Annäherungen, die etwa so lauten: Wahrhaft würdiges und rechtes Schenken ist eine Kardinaltugend, die den Mann zum Gentleman, den Schwachen zum Charaktermenschen und den Sucher zum Weisen macht. Wer selbstlos schenkt, wird nämlich nicht ärmer, sondern reicher. Schenkenkönnen sollte daher eines der wichtigsten Ziele sein, die der Mensch verfolgt. Kein Philosoph wagt zu behaupten,

Schenken sei etwas Niederträchtiges oder Falsches. Offensichtlich spüren auch die vergeistigtsten Eremiten die Kraft guter Gaben. Und weil dem so ist, gilt die Kunst des Schenkens oft als Bonus des Daseins, das, was über die gewöhnliche Lebensgestaltung hinausgeht, was die Menschlichkeit krönt. Verallgemeinert heißt das: Schenken veredelt ein Leben, es führt die Existenz zur Vollendung. Der Kantsche Imperativ des Schenkens aus der Metaphysik der Gaben müßte deshalb lauten: »Schenke so, daß die Maxime deines Schenkens jederzeit besser ist als ein allgemeines Gesetz.« Leben ist die Pflicht, Schenken die Kür!

Schenken ist nämlich für die Grundlagen menschlicher Gemeinschaft eigentlich nicht nötig! Die Menschheit könnte auch ohne Geschenke existieren! Aber um wieviel ärmer wäre dieses Dasein, wieviel rationeller und gleichförmiger. Und wenn sich Philosophen streiten, worin die Würde des letzten Schöpfungswesens besteht, dann finden sie hier eine Antwort: im Schenken wird sie sichtbar; in der bewußten Fähigkeit, einem Mitmenschen zuliebe etwas zu tun, was für mich auf den ersten Blick erst einmal einen Nachteil darstellt; denn ich habe materiell weniger als vorher. Jedes Geschenk wird zum greifbaren Antipoden des Egoismus.

Vom vierten Jahrhundert vor Christus, wo unsere philosophische Betrachtung beginnt, bis in die Gegenwart haben sich in bezug auf alle Lebensfragen Veränderungen vollzogen, die wir nicht einmal andeutungsweise begreifen können. Politische Konzepte, moralische Theorien, gesellschaftliche Gruppierungen, Sprachen, Ängste und auch menschliche Beziehungen funktionieren heute anders als vor tausend Jahren; so wie sie tausend Jahre davor anders funktionierten. Betrachtet man die Philosophen im Wandel der Zeit, so wird deutlich, daß ihre Werke natürlich auch auf unterschiedlichen, epochalen Denkstrukturen aufbauen. Nur die Achtung vor dem Schenken, die hat sich über die Jahrtausende nicht geändert. Daß eine Gabe als Mittler und Offenbarer ein Stück Persönlichkeit weitergibt, könnte ein zeitgenössischer Philosoph genauso sagen, wie Aristoteles es getan hat: Der Mensch »liebt das Geschenk darum, weil er das Sein liebt, eine Liebe, die in der Natur begründet ist. Denn was er in Möglichkeit ist, zeigt das Werk in Wirklichkeit.«

Aristoteles

Der gelehrige und doch besserwisserische Schüler Platons, der nicht nur die Peripatetische Schule gründete, sondern auch Alexander den Großen unterrichtete, bemühte sich stets, den ganzen Umkreis des antiken Wissens zu erfassen und zu kategorisieren. Er war überzeugt, daß man das Seiende nur erkennen könne, wenn man es systematisiere und in dieser ordnenden Analyse durchschaue. Das galt für die Betrachtung der Wirklichkeit nicht weniger als für ethische Maßstäbe, unter die der Gründer der modernen Logik auch die Tugend der Freigebigkeit zählte. Die ethische Frage, also die Frage nach den Regeln für ein ideales Miteinander von Menschen und Göttern, war allerdings schon vor zweieinhalbtausend Jahren im Kern gleichbedeutend mit der modernen Suche nach der Glückseligkeit. Und die konnte sich Aristoteles (384-322) ohne das Schenken kaum vorstellen.

Das Grundprinzip menschlicher Vervollkommnung bestand für den Athener Philosophen darin, bei allen Ge-

danken, Worten und Taten das richtige Maß zu halten. Er
fand, es sei höchst vernünftig, zur Gewinnung von Werten erst einmal die Extreme zu betrachten und dann in
der ausgewogenen Mitte das Glück zu suchen. Wem es
nun gelänge, sich an das gefundene Maß zu gewöhnen,
der könne sich zu den sittlich Tugendhaften zählen.
Das Glück aber besteht für Aristoteles in der tugendge-
mäßen, gesunden Tätigkeit der Seele, und weil es eine
Aktion ist, geht es sowohl durch Übermaß als auch durch
Mangel zugrunde. Tugend ist die Fähigkeit, jederzeit das
rechte Maß für eine Entscheidung zu finden. Dazu bemerkte Aristoteles frühdialektisch, Tugend sei also vom
Prinzip her immer die Mitte, vom Rang aber natürlich
das Höchste. Nicht zu viel von einer Leidenschaft und
nicht zu wenig, das zeichne den glücklichen und verständigen Menschen aus:

> Der Unmäßige begehrt also alles Lustbringende oder
> das am meisten Lustbringende und wird von der Be-
> gierde dermaßen getrieben, daß ihm die Lüste lieber
> sind als alles andere [...] Wenn aber für einen nichts
> lustbringend ist und kein Unterschied zwischen dem
> einen und dem anderen sinnlichen Eindruck für ihn
> besteht, so ist er wohl weit davon entfernt, ein Mensch
> zu sein [...] Der Mäßige hält in diesen Dingen die
> Mitte ein.

Wer die Mitte treffen will, muß als erstes lernen, sich von
den äußeren Extremen fernzuhalten. Darum nähert sich
Aristoteles in seinem moralischen Standardwerk, der
»Nikomachischen Ethik«, dem Phänomen der gelunge-
nen Gabe »als Mitte zwischen Verschwendung und
Geiz. Sie ist die Tugend des rechten Gebrauchs von
Geld und Gut und zeigt sich mehr im Geben als im Neh-
men.« Nicht uninteressant ist übrigens die Tatsache,

daß die Tugend der Freigebigkeit als zweite, direkt nach dem Mut, behandelt wird, weit vor den heute vieldiskutierten Tugenden der Gerechtigkeit, der Weisheit oder der Freundschaft. Der Grieche gibt dem Schenken bewußt eine exponierte Stellung: »Liebe aber und Freundschaft gewinnt kaum einer durch eine Tugend so sehr wie der Freigebige, da er sich nützlich erweist. Das geschieht aber durch Geben.«

Schenken nennt Aristoteles die Fähigkeit, »Vermögensobjekte hinzugeben«. Und dazu braucht es das richtige Maß. Wer sich materiell in seinem Geiz einsperrt oder die Untugend hat, seinen Besitz verschwenderisch zu zerstören, der hat die Kunst des Gebens noch nicht erlangt. Vor allem aber, so der Philosoph, sind die tugendhaften Handlungen an sich »sittlich schön und werden um des sittlich Schönen willen verrichtet«. Schenken habe einen inneren Wert, der völlig unabhängig vom Wert der Gabe und von möglichen Konsequenzen geachtet werden solle. Warum aber sollte einer einfach so schenken? Ganz einfach: »Das tugendhafte Handeln ist lustbringend.« Das heißt erst einmal: Schenken macht Freude. Wer schenkt, der darf es genießen, denn Schenken steigert die Lebensqualität.

Gerade weil ein Freigebiger die Kunst der Gabe genußvoll zelebriert, wird er »auch sein Vermögen nicht vernachlässigen, da er ja mit demselben anderen nützlich sein will«. Und hier fügt Aristoteles sogar etwas an, was er bei keiner anderen Tugend zu behaupten wagt: »Es ist auch die Weise des Freigebigen und Edelgesinnten, im Geben die Mitte so stark zu überschreiten, daß er für sich das Geringere behält, da es ihm eigen ist, nicht auf sich selbst zu sehen.« Beim Schenken wird dem Geber also erlaubt, ausnahmsweise einmal nicht ganz dem Ideal

der Tugenden zu entsprechen, da es ja noch tugendhafter
als tugendhaft sei, die eigene Glückseligkeit unter die der
Mitmenschen zu stellen.

Nun spitzt Aristoteles seine Lehre zu einer grundsätzlichen Aussage zu, die kein späterer Philosoph des Schenkens mehr revidieren wird:

Man schätzt die Freigebigkeit nach dem Wollen. Denn
sie beruht nicht auf der Größe der Gabe, sondern auf
der Gesinnung des Gebers. Darum kann es gar wohl
geschehen, daß die kleinere Gabe einer größeren Freigebigkeit entspringt, weil sie aus geringeren Mitteln
verabreicht wird.

Wer diese Weisheit einmal verstanden hat, der ist dem Geheimnis des Schenkens schon sehr nahe gekommen. Und
weil für Aristoteles das Glück nun einmal in der Mitte
liegt, muß der sittsame Geber auch lernen, sittsam zu
empfangen:

Der Freigebige wird nun am rechten Ort und im rechten Maße geben, und er wird es mit Freude tun. Und
Nehmen wird er, woher er soll, und wie er soll. Denn
da seine Tugend in beiden Beziehungen die Mitte ist,
so wird er beides so tun, wie er soll. Dem geziemenden
Geben entspricht ja ein ebensolches Nehmen.

Der Verschwender aber gibt zuviel und nimmt zuwenig,
beim Geizhals ist es umgekehrt.

Das glückliche Mittelmaß ist auch deshalb unabding-
bar, weil eben nur da Schenken wirklich stattfindet.
Darum wird Aristoteles in seiner Beurteilung der Extreme auch immer extremer. Die Verschwender zum Beispiel schenken ja gar nicht ernsthaft:

Sie wollen nur geben; das Wie und Woher kümmert sie
nicht. Darum sind ihre Gaben auch keine Erweise von
Freigebigkeit, weil sie nicht sittlich gut sind, aus kei-

nem sittlichen Beweggrund entspringen und auch nicht in rechter Weise verteilt werden.

Solchen Menschen kann der maßvolle Denker nur noch den moralischen Gnadenstoß geben: »Und weil ihr Leben des sittlichen Halts entbehrt, neigen sie den Lüsten zu.«

Immerhin gibt es für den Verschwender noch Hoffnung, denn er kann von einem Weisen zur gesunden Mitte geführt werden, weil er nicht grundsätzlich schlecht, sondern nur töricht ist.

Dagegen ist der Geiz unheilbar. Er liegt mehr in der menschlichen Natur als die Verschwendung, da die meisten Menschen mehr Freude am Gelderwerb als am Geben haben ... Der Geiz wird billig als das Gegenteil der Freigebigkeit bezeichnet. Er ist unsittlicher als die Verschwendung. So viel sei denn von der Freigebigkeit und den ihr entgegengesetzten Lastern gesagt. Doch Aristoteles hat noch einen Trumpf im Philosophenärmel, der alle nun bereits zufrieden nickenden Geber wieder in die Realität zurückholt: Freigebigkeit ist nur eine niedere Stufe des Glücks, weit darüber steht die Hochherzigkeit, »sie erstreckt sich jedoch nicht wie die Freigebigkeit auf alle das Geld betreffenden Handlungen, sondern nur auf den Aufwand, und hier übertrifft sie die Freigebigkeit durch die Größe; denn sie ist, wie schon der Name einigermaßen deutlich anzeigt, der schickliche Aufwand im Großen. Der Hochherzige ist edelgesinnt und freigebig.« Schenken allein genügt also nicht, es gehört die edle Gesinnung dazu, ein Bewußtsein für das Allgemeinwohl und die Bereitschaft, die Gabe mit eigenem Engagement zu verbinden. Natürlich schwebt auch die Hochherzigkeit zwischen zwei Extremen: Engherzigkeit und Protzerei.

Liest man weiter, stellt man allerdings bald fest, daß der bewundernswürdige Denker als Nutznießer der edlen Gesinnung doch vor allem die institutionalisierte Gemeinschaft sieht. Die Größe einer Gabe zeigt sich für den griechischen Menschen offensichtlich darin, daß sie nicht privaten, sondern gesellschaftlichen Zwecken zugute kommt. Aristoteles zählt dazu: Weihegeschenke für die Götter, Tempelbauten, Kriegsschiffe stiften oder Festmähler ausrichten. Nun mag das Wohl der Allgemeinheit ein sittliches Ziel sein, es bleibt aber zu befürchten, daß der griechische Philosoph hier gedankliche Wege einschlägt, die eine Zweiklassenethik riskieren. Denn bei aller Gesinnungslust: Nicht jeder ist zum Mäzen begabt. »Darum kann kein Unbemittelter hochherzig, das heißt im großen Stil freigebig sein. Er hat ja nichts, wovon er schicklich und geziemend Aufwand machen könnte, und wollte er es versuchen, so wäre er töricht.« – Wahrscheinlich ist es sinnvoll, Aristoteles in seinem Wunsch, jeden Menschen nur das Beste geben zu lassen, weiter zu folgen und die politischen Dimensionen einfach zu vernachlässigen.

Immerhin kann man dem großen Lehrer zugute halten, daß er selber die Risiken allzu eifriger Hochherzigkeit kennt. Schnell wird einer nämlich zum Protzer, der sich vor allem durch Unverhältnismäßigkeit auszeichnet, indem er zum Beispiel »eine alltägliche Gesellschaft von guten Freunden wie Hochzeitsgäste bewirtet oder, falls er die Kosten einer Komödie zu bestreiten hat, für den Aufzug des Chores Purpurdecken ausbreiten läßt.« Der Protzer handelt deshalb auch nicht sittlich, sondern um seinen Reichtum zu zeigen. Der Knauserige aber macht durch übertriebene Sparsamkeit die Wirkung seiner Gaben selbst zunichte.

Zum Schluß seiner Betrachtung über das Schenken zieht Aristoteles selbst Bilanz, und er kommt zu der ermutigenden Erkenntnis, daß der Geber vom Geben wesentlich mehr hat als der Empfänger. Denn wer etwas erhält, der ist abhängig, der reagiert nur und hat selbst keine Möglichkeit zum tugendhaften Verhalten bekommen.

Genußreich ist an dem Gegenwärtigen die Wirklichkeit, am Zukünftigen die Hoffnung und am Vergangenen die Erinnerung. Am genußreichsten aber und in gleichem Grade liebenswert ist das Wirkliche. Nun bleibt aber dem, der Gutes getan, sein Werk wie eine fortdauernde Wirklichkeit, während der Nutzen dessen, der das Gute empfangen hat, vergeht.

Cicero

Ganz anders als sein abwägender Vorgänger Aristoteles nähert sich Marcus Tullius Cicero (106–43), der große Politiker und Autor, dem Phänomen »Schenken«. Als römischer Staatsmann und Redner steht er mitten im Leben und betrachtet Geschenke nicht als idealistische Erscheinungen einer wie auch immer gearteten Tugend, sondern in erster Linie als reale Begebenheiten, deren häufiges Auftreten sorgfältig geregelt werden muß. Darum erscheinen seine Erkenntnisse über das Schenken auch nicht in einem philosophischen, sondern in einem dreibändigen, eher politischen Werk mit dem bezeichnenden Titel »Von den Pflichten« (De officiis). Cicero fragt nicht auf einer Metaebene nach den Hintergründen menschlichen Miteinanders, er beschreibt konkrete Regeln und Pflichten bei der Ausübung wohltätiger Schenkungen. Und obwohl auch er den sittlichen Wert der Uneigennützigkeit bejaht, münden seine Überlegungen letztlich in einen Katalog von Empfehlungen, wo, wann und bei wem sich Geschenke am meisten lohnen. Hinter allen Anweisungen guckt schelmisch der langjährige Anwalt hervor, der versucht, aus allen Gaben das Beste herauszuholen. Kein Wunder, daß Cicero für ein Jahr ins Exil mußte und am Ende von Antonius ermordet wurde. Zu seiner Rechtfertigung muß allerdings eingestanden werden, daß er bei seiner berechnenden Betrachtung der Geschenke nicht an die Befriedigung des Gebers, sondern an den optimalen Nutzen für die Empfänger dachte. Geschenke durften eben keinesfalls verschleudert werden, denn »schlecht angelegte Wohltat dünkt mir Übeltat«. Die Geber ermahnt Cicero, sie sollten wie ein Acker sein und letztlich mehr geben als sie bekommen.

In Kapitel »Vierzehn« des ersten Bandes von »De officiis« beginnt der langjährige Prokonsul direkt mit seinen Thesen zum Schenken, denn nun solle »von der Wohlthätigkeit und von der Freigebigkeit gesprochen werden, die zwar unter allen Tugenden der menschlichen Natur am angemessensten sind, aber gar manche Vorsichtsmaßregeln erheischen.« Wie Aristoteles erwähnt Cicero eher am Rande, welche materiell bereichernde Bedeutung er dem Schenken beimißt. Auch er setzt nämlich, ohne das ausführlicher zu erläutern, das Schenken über die sonstigen Tugenden: es sei eine einzigartige Gabe, dem Menschen an sich näher als zum Beispiel Tapferkeit oder Gerechtigkeit. Daß er die Kunst der Gabe höher einschätzt als die Eigenschaften, die bei den erfolgreichen Feldzügen der Römer im Mittelpunkt des Interesses standen, macht deutlich, daß er mit seinen philosophischen Ideen keinesfalls dem Zeitgeist verfallen war. Schenken ist für Cicero ein Wert an sich, weil es das

Menschsein definiert. Und gerade darum ist es auch so schwer zu begreifen und so heikel umzusetzen. Wer eine ihm vom Wesen her fremde Tugend nicht erlangt, verliert nur an Ansehen, wer aber die Kunst des Schenkens nicht beherrschen lernt, dem fehlt ein Teil seiner selbst.

Das Risiko beim Umgang mit sich selbst ist so hoch, daß Cicero nun viele praktische Hilfen für das Schenken gibt:

> Man muß nämlich hierbei erstens darauf sehen, daß die Güte nicht schade weder denen, welchen dem Anscheine nach etwas Gutes erwiesen werden soll, noch auch den anderen; zweitens, daß die Güte nicht unsere Mittel übersteige; drittens, daß jedem nach Verdienst Gutes erwiesen werde.

Bei seinem ersten Rat denkt der langjährige Quästor nicht nur an die Spender, die als verderbliche Schmeichler ihr Wohlwollen nur vortäuschen und den anderen hereinlegen wollen, sondern auch an diejenigen, die, um dem einen schenken zu können, einen anderen berauben.

> Es gibt aber viele, namentlich nach Glanz und Ruhm gierige Menschen, die dem einen das Seinige entreißen, um es einem anderen zu verschenken, und diese wähnen, sie würden für Wohlthäter ihrer Freunde gelten, wenn sie dieselben auf jede mögliche Weise bereicherten.

Aus diesem Grund, so Cicero, könne bei Sullas und Cäsars großen Schenkungen keinesfalls von Freigebigkeit die Rede sein, da diese nur illegal das Vermögen anderer Menschen verschenkten. »Denn keine Handlung verdient den Namen der Freigebigkeit, wenn sie nicht zugleich gerecht ist.« Dieser Aspekt des Schenkens ist neu, und er zeigt noch deutlicher, wie sehr dieses Phänomen ein kommunikatives und zugleich gesamtgesellschaftliches ist. Wenn etwa eine Großmutter mit der Bevorzugung eines ihrer Enkelkinder die übrigen verletzt, so hat sie nach Ciceros Meinung einen Grundaspekt liebevoller Freigebigkeit noch nicht verstanden. Und wer einem Freund Schallplatten schenkt, deren Musikstil dessen Partnerin zur Weißglut bringt, ist genauso wenig gerecht wie derjenige, der, angeblich zu eigenem dringenden Gebrauch, einem anderen einen Gegenstand abgeschwatzt hat, den er nun leichtsinnig weiterverschenkt. Die Feinfühligkeit und der Aufwand, den man braucht, um nicht nur die Interessen des potentiellen Empfängers, sondern auch die der darüber hinaus beteiligten Personen zu beachten, zeigen, auf wievielen Ebenen ein gelungenes Geschenk vorher durchdacht werden muß.

Wie Aristoteles warnt auch Cicero vor der Verschwendung. Doch er begründet seine Ablehnung nicht ethisch, sondern praktisch. Wer sein Geld zum Fenster hinauswerfe, der schade zum Beispiel seiner Familie und seinen Erben. Außerdem demonstriere ein lustvoller und maßloser Spender, daß sein Handeln nicht von einer edlen, sondern eher von einer prahlsüchtigen Gesinnung geprägt sei. »Eine solche Verstellung ist aber der Eitelkeit näher verwandt als der Freigebigkeit und der sittlichen Güte.«

Die dritte Ermahnung zeigt Cicero als reinen Politiker. Damit nicht etwa Unwürdige oder Nichtbedürftige etwas geschenkt bekommen, stellt er einen Katalog von Merkmalen auf, nach denen ein Geber seine Bekannten vor dem Schenken prüfen soll. Kriterium für ein Geschenk ist also nicht Liebe, Freundschaft oder Zuneigung, sondern allein die seelische und materielle Bedürftigkeit des Empfängers und seine Nähe zum Spender. Damit aber macht Cicero aus einer das Leben überhö-

henden Sache tatsächlich ein Handelsobjekt. Einerseits
hat für den Philosophen der ideale Geber ausschließlich
die Belange der Beschenkten im Kopf zu haben, was
wir ja anderenorts nur positiv bewerten konnten, andererseits ist der Staatsmann dabei so von äußeren und nicht
von emotionalen Gesichtspunkten bestimmt, daß jede
wirkliche Freundlichkeit verlorengeht. Schenken wird
zu einem diplomatischen Geschäft, das zwar Gutes
will, aber eigentlich keine innere Beteiligung des Gebers
braucht. Dieser mathematische Fauxpas des Denkers verdeutlicht um so mehr, wie sehr ein vollkommener
Schenkakt tatsächlich die »charakterliche« Verbindung
beider Pole, des Spenders und des Empfängers, braucht.
Wenn heute einer hinginge und seine Freunde erst einmal
nach vorgegebenen Kriterien in ihrer Geschenkwürdigkeit einstufte, dann würde man ihm das Attribut »freigebig« wahrscheinlich nur ungern zugestehen.

Cicero mag seinen Bewertungskatalog für die Eignung
von zu Beschenkenden nicht ganz so streng umgesetzt
haben, er schreibt jedoch:

> Man muß bei der Verteilung darauf sehen, was jeder am
> meisten bedarf, und was er auch ohne uns erlangen
> kann oder nicht kann … Diese und ähnliche Rücksich-
> ten muß man nun bei jeder Pflicht erwägen und Ge-
> wöhnung und Übung anwenden, um die Pflichten
> gut zu berechnen und durch Hinzuzählen und Abzäh-
> len sehen zu können, welche Summe übrigbleibt: und
> hieraus erkennt man, wieviel man jedem schuldet.

Jetzt wird auch klar, warum das Schenken im Buch der
Pflichten seinen Platz hat: Der Politiker geht nicht von
einer wahrhaft freiwilligen Leistung aus, sondern sieht
jede Gabe als Teil der menschlichen Verpflichtung zum
Gutsein. Damit aber werden gerade die Ebenen ver-

mischt, die es zu trennen gilt. Moralische Verantwortung,
Geschäftssinn und charakterliche Eignung zum Schenken verbinden sich in unlauterer Form. Nun seien aber
vor aller Bewertung des philosophischen Ansatzes erst
einmal die Kategorien erläutert:

Gutes soll man laut Cicero vor allem nach folgenden
Kriterien tun: Man muß »den Charakter dessen berück-
sichtigen, dem man eine Wohlthat erweisen will, seine
Gesinnung gegen uns, die Gemeinschaft und gesellige
Verbindung, in der wir zu ihm stehen, und die nützlichen
Dienste, die er uns früher geleistet hat.« Da für Cicero die
Menschen ohnehin nicht vollkommen oder weise sind,
soll der korrekte Geber natürlich auch bereit sein, seine
Ansprüche etwas herunterzuschrauben. Sehr eifrig solle
man die Besitzer »sanfter Tugenden« wie Bescheidenheit,
Selbstbeherrschung und Gerechtigkeit bedenken. An
oberster Stelle des Gutachtens aber stehe das Wohlwol-
len, das der potentielle Empfänger für uns hegt; wobei
der Denker eindringlich mahnt, die Beständigkeit einer
Beziehung der leidenschaftlichen Liebe vorzuziehen.
Die größte Sorgfalt dagegen müßten wir denjenigen zukommen lassen, die uns schon früher beschenkt haben.
Hier klingt der Gedanke der Verpflichtung am deutlichsten an. Zur Begründung zitiert Cicero Hesiod, der
schon 800 v.Chr. die weise Vorschrift verkündet hatte,
man solle wenn möglich das Erhaltene in reichlicherem
Maße zurückgeben. Der Römer ergänzt:

Denn wenn wir keinen Anstand nehmen, denen Dienste zu erweisen, von welchen wir Nutzen zu ziehen
hoffen; wie müssen wir dann erst gegen die gesinnt
sein, welche uns schon genützt haben. Es gibt nämlich
zwei Arten von Freigebigkeit, die eine Wohlthaten zu
erweisen, die andere sie zu erwidern. Ob wir Wohltha-

ten erweisen wollen oder nicht, steht in unserer Gewalt; aber sie nicht zu erwidern ist einem braven Mann nicht erlaubt, wenn er es ohne Unrecht tun kann.

Natürlich gilt auch bei der Erwiderung die Regel, daß man sich fragen muß, mit welcher Motivation man beschenkt wurde, ob aus krankhafter Neigung, Aufwallung eines Gefühls oder aus Überlegung. Cicero zweifelt nicht einen Augenblick daran, daß letztere die einzig wahre und am höchsten zu achtende Begründung sei – und entlarvt sich darin wieder einmal als Krämerseele.

Nun allerdings relativiert der Philosoph zumindest sein Gewinndenken: Ob selbstbestimmte Erweisung oder Erwiderung, das oberste Gebot bei einem Geschenk sei, denen zu helfen, die die Hilfe am dringendsten brauchen. Doch auch das offenbart, daß Cicero Geschenke eher als Politikum denn als Zeichen der Zuneigung betrachtet. Immerhin erklärt er in einem kleinen Exkurs, daß es wohl zur allgemeinen Freundlichkeit gehöre, »alles, was ohne Nachteil gewährt werden kann, selbst einem Unbekannten zu erteilen.« Zu verschenken, was einen selbst nichts kostet, hält der Römer für eine allgemeine Menschenpflicht. Zur Bekräftigung zitiert er dazu den Dichter Ennius:

Der Mensch, der Irrenden den Weg gefällig zeigt,
Thut so, als zünd’ an seinem Licht er fremdes an;
Nicht minder leuchtet’s ihm, wenn auch das andre brennt.

Nun aber wird Cicero konkret: Er entwirft ein Gesellschaftsmodell, in dem die Menschen nach ihrer Geschenkwürdigkeit in verschiedene Nähe- und Wohlwollensgrade eingeteilt werden. Abgesehen von der Tatsache, daß der Mensch durch sein Menschsein mit allen

anderen Menschen verbunden sei, bestehe eine innigere
Beziehung zwischen Angehörigen eines Volkes, eines
Stammes oder einer Sprachgruppe. Noch näher seien
sich Menschen, die der gleichen Bürgerschaft angehören,
denn sie teilten Markt, Gesetze, Heiligtümer, Gerichts-
barkeit und vieles mehr. Enger noch sei dann die Beziehung innerhalb einer Familie, »denn diese schließt
sich aus der unermeßlichen Gesellschaft des Menschen-
geschlechts in einen kleinen und engen Kreis zusammen«; am engsten natürlich in der Ehe und mit den Kindern. Etwas lockerer müsse man die Bindung an die
Geschwister sehen, die ja in anderen Häusern wohnen.
»Doch unter allen geselligen Verbindungen ist keine
vorzüglicher, keine fester, als wenn brave an Charakter
ähnliche Männer durch vertrauten Umgang miteinander
verbunden sind.«

Weil es ohne den Staat aber überhaupt keine Beziehungen gäbe, empfiehlt Cicero für die »Vergleichung, wem
wir die größte Verpflichtung schuldig« sind, am Ende
folgende Hierarchie: Die erste Stelle nehme der Staat
ein; es folgen die Kinder und das Haus, dann die mit
uns in Eintracht lebenden Verwandten und Freunde.
Den Wert, den die übrigen Bekannten haben, solle man
– wie oben erwähnt – zur Ermittlung des passenden Geschenks nach Abwägung aller Faktoren errechnen.

Schenken ist also für den römischen Politiker kein
Selbstzweck, es wird in den Rahmen gesellschaftlicher
Verpflichtungen eingebunden. Da wir aber gerade die
Unabhängigkeit des Schenkens postulieren und beweisen
wollen, bleibt uns leider kaum etwas anderes übrig, als
Cicero das rechte Verständnis für Geschenke grundsätz-
lich abzusprechen. Was nicht heißt, daß er bei seinen
geistreichen Betrachtungen keine wichtigen und tief-

gründigen Erkenntnisse hätte. Im Gegenteil: Trotz seines
rechnerischen Kalküls entwickelt Cicero an vielen Stellen ein Verständnis für das Überreichen liebevoller Aufmerksamkeiten, dessen Beachtung auch für den modernen Geber anregend sein kann.

Zum Beispiel fragt der Schriftsteller und Denker, was
denn beim Schenken ehrenvoller sei: das Engagement
oder der Geldaufwand. Natürlich lautete seine Antwort:
»Leichter ist die letztere Art, zumal für einen Wohlhabenden; aber jene ist anständiger, großartiger und eines
wackeren und angesehenen Mannes würdiger.« Selbstverständlich könnten beiden Einsätzen die gleichen edlen
Absichten zugrunde liegen, aber die »eine nimmt ihre
Mittel aus dem Geldkasten, die andere aus geistiger
Tüchtigkeit und Thätigkeit.« Wer vor allem durch persönlichen Einsatz Geschenke aufwerte, könne sich um
viel mehr Menschen verdient machen, sei ein besserer
Schenker und schone außerdem sein Vermögen. Als mah-
nendes Beispiel zitiert Cicero einen Brief des Philippus
an seinen Sohn Alexander: »Welch unglückseliger Gedanke hat dich zu dem Wahne verleitet, du werdest an
solchen getreue Untertanen haben, die du durch Geschenke bestochen habest?« Wirkliche Verbundenheit
stellt man nur durch sichtbare Anteilnahme an den Gaben her, nicht durch große Summen.

Darum trennt auch Cicero noch einmal den Freigebigen vom Verschwender. Letzterer zeichne sich vor allem
dadurch aus, daß er sein Geld für Dinge aufwende, die
schnell vergänglich seien: »Schmauserein, Fleischvertei-
lungen, Fechterspiele, Zürüstungen von Schauspielen
und Thierhetzen.« Tugendhaft verwendet – und für Cicero ist das in diesem Fall gleichbedeutend mit gut angelegt – ist das Geschenk, das langfristig in Erinnerung

bleibt: der Freikauf von Sklaven, die Übernahme von Schulden oder die Unterstützung bei langfristigen Geschäften. Besonders empfehlenswert sei daher »der Aufwand, den man für Stadtmauern, Häfen, Wasserleitungen und alle dergleichen Werke macht ... Freilich sind Geschenke, die bar in die Hand gedrückt werden, angenehmer; aber jene werden in der Zukunft dankbarer anerkannt.« Natürlich dürfe man bei allen Geschenken nicht geizig wirken, und ein Politiker komme um die Ausrichtung einiger Festivitäten meist doch nicht herum.

»Der Grund zu Schenkungen ist also entweder ihre Notwendigkeit oder ihr Nutzen.« In dieser lieblosen These faßt Cicero seine Theorie des Schenkens zusammen, und vielleicht ist es kein Zufall, daß der Philosoph ein eher negatives Menschenbild zur Grundlage seiner Schriften macht. Wahrscheinlich braucht man ein gewisses Vertrauen in den Menschen, um ihm die Fähigkeit zur selbstlosen Gabe zuzusprechen. Wer nicht an das Gute glaubt, der wird auch nicht darauf hoffen, daß es Geschenke aus wirklicher Liebe und Zuneigung gibt, sondern wie Cicero das Schenken zu einer Frage der ethischen Korrektheit degradieren. Das Faszinosum aber, so scheint es, ist gerade, daß sich ernsthafte Gaben jeder Bewertung entziehen, weil sie einen ganz eigenen Geltungsbereich haben. Glücklicherweise steht ein moderner Kritiker mit dieser zuversichtlichen Auffassung nicht allein.

Seneca

Der Erzieher Neros bekommt vom Schenken fast nicht genug. Sieben Bücher mit insgesamt dreihundert Seiten veröffentlicht er über dieses vielschichtige Kulturereig-

nis, und ganz anders als Cicero geht es ihm nicht um
Bürgerpflichten, sondern um die vollendete Kunst persönlicher Gunsterweise. Darum heißt seine Abhandlung
auch »Über die Wohltaten«. In der Form der Diatribe,
des belehrenden Gesprächs, betrachtet Lucius Annaeus
Seneca (4 v.Chr. – 65 n.Chr.) das Schenken so, als läge
darin die Würde des Individuums. »Unterwiesen werden
muß der Mensch, gern zu geben«, lautet seine pädagogische Maxime, und um dieses Ziel zu erreichen, setzt
sich der Philosoph mit allen nur möglichen Fragen auseinander, die man sich zum Schenken überhaupt erden-
ken kann: Kann ein Sklave etwas schenken, obwohl
ihm nichts gehört? Darf man sich eigentlich selbst etwas
schenken? Kann ein Sohn je den Vater im Geben übertrumpfen, obwohl der ihm das Leben schenkte? Solche
und andere naheliegende Themen zum Schenken, Bedanken und der menschlichen Existenz schlechthin beantwortet der Stoiker mit der ihm angemessenen Ruhe, Pfif-
figkeit und Weltweisheit; außerdem mit einer Vielzahl
faszinierender Geschichten aus dem römischen Reich,
die selbst eine fast wortwörtliche Übersetzung zu einem
Lesevergnügen machen. Eine vorläufige Antwort auf die
erste Frage macht bereits jetzt deutlich, von welchen Voraussetzungen Seneca ausgeht. Natürlich kann ein Sklave
seinem Herrn etwas geben – sieht man erst einmal von
der materiellen Frage ab –, denn Wohltaten gibt es nur
zwischen Menschen; Rang oder Klasse sind dabei völlig
gleichgültig. Jede Gabe verbindet zwei Individuen und
schafft daraus ein größeres Drittes. Schon aus diesem
Grund käme der Schriftsteller niemals auf die Idee,
die Qualitäten der zu Beschenkenden kategorisieren zu
wollen.

Gutes Schenken, zitiert Seneca den Autor Chrysippos,

ist wie ein funktionierendes Ballspiel, denn es kommt auf den Geber und auf den (Emp-)Fänger an.

Fallen kann der Ball ohne Zweifel sowohl durch einen Fehler des Werfenden als auch des Fangenden; dann hält er seine Bahn ein, wenn er zwischen den Händen beider hin und her fliegt, geschickt von jedem der beiden sowohl geworfen als auch gefangen. Notwendig wirft ihn ein guter Ballspieler auf eine Weise einem großgewachsenen Mitspieler zu, auf andere einem kleinwüchsigen. Dasselbe Prinzip gilt bei einem Geschenk: wenn es nicht zu jeder der beiden Persönlichkeiten paßt, der des Schenkenden und der des Empfangenden, wird es weder von diesem ausgehen noch bei jenem ankommen, wie es nötig ist. Wenn wir es mit einem geübten und erfahrenen Partner zu tun haben, werden wir den Ball kühner fliegen lassen.

In dieser spielerischen Form sucht Seneca nach einem harmonischen Miteinander der Menschen. Sein Lehrbuch des Schenkens ist ein Kompendium der Lebensweisheit, und es betrachet systematisch die vielen Funktionen, Gefahren und Chancen, die ein Geschenk haben kann. Stellvertretend für alle Leser erfährt Liberalis, ein fiktiver Gesprächspartner und angeblich »der beste der Männer«, worauf er beim Geben und Nehmen ernstgemeinter Wohltaten zu achten hat; »für einen Sachverhalt sind Regelungen zu treffen, der die menschliche Gesellschaft am meisten zusammenhält«. Mit dieser Hochachtung vor dem Schenken lassen wir uns vom Dichter in die Welt der Gaben entführen, um dort die rechte Weise des kunstvollen Schenkens zu studieren.

»Zu den zahllosen und vielfältigen Irrtümern blinder und unüberlegter Menschen rechne ich vor allem zwei Fehler: wir wissen Wohltaten weder zu erweisen noch

entgegenzunehmen.« So beginnt Seneca sein Geschenk-
werk und erklärt auch gleich, worin die eigentliche Tor-
heit besteht: Wir sind beim Schenken nicht sorgfältig genug, »Wohltaten werfen wir ohne irgendeine Auswahl
eher weg, statt sie zu erweisen«. Das Geheimnis des
Gebens offenbart sich also im Erweisen, dieser Kunst
des Wollens, Auswählens und Überreichens. Grundsätzlich gebe es nämlich für einen halbwegs gesunden Menschen kein Hindernis, das ihn vom Schenken abhalten
könne: Geschenke machen kann jeder, weil man dazu
nicht »der Mittel bedarf, sondern der Absicht«! Die Unfähigkeit liege bei den meisten Gebern darin, daß sie sich
über ihr Handeln und die Menschen, denen sie etwas Gutes tun wollen, zu wenig Gedanken machen. Als ewiges
Vorbild und Idol für gelingendes Geben betrachtet Seneca die Götter, denn »sie bleiben ihrem Wesen treu
und helfen allen ... Erweisen wollen wir Wohltaten, nicht
Zinsen bringen lassen. Wert ist, enttäuscht zu werden,
wer an das Wiederbekommen dachte, während er gab.«
Das klingt alles ganz anders als bei dem Geschäftsmann
Cicero. Für Seneca atmet ein Geschenk die Güte der
Götter.

Wenn einer aufhört zu schenken, weil er nie etwas zu-
rückbekommen hat, dann hat er die Wohltat nur erwiesen, um sie vergolten zu bekommen, und ist in diesem
Egoismus nicht ernst zu nehmen. Ein guter Geber gibt
um des Gebens willen. »Denn es ist sittliche Vollkommenheit, Wohltaten zu erweisen, auch wenn sie nicht in
jedem Fall sich als einträglich erweisen, denn ein her-
vorragender Mann hat sofort Gewinn von ihnen.« Ein
Geschenk-Künstler belohnt sich selbst, weil er damit
die sittliche Vollkommenheit durchläuft. Schenken bekommt in diesem ungewöhnlichen philosophischen An-

satz die höchsten Weihen. Es ist die sichtbare Konse-
quenz edlen Handelns. »Wenn der Empfänger etwas erstattet, ist es ein Gewinn, wenn er nicht erstattet, ist es
kein Verlust.« Ein Mann von Wert kümmert sich nicht
um Erwiderungen. Im Gegenteil: Seneca rät, hartnäckige
und undankbare Ignoranten liebevoll mit immer neuen
Geschenken ins Unrecht zu setzen; »mit deinen Wohltaten kreise ihn ein.«

Energisch wendet sich der Denker allerdings gegen die
römische Unsitte, einander gegenseitig pausenlos mit
Geschenken übertreffen zu wollen. Auch deshalb, weil
diese Mode von Chrysippos stammt, einem »bedeutenden Mann, aber eben doch Griechen, dessen allzu dürfti-
ger Scharfsinn sich abnutzt«. Der Schriftsteller fürchtet,
daß sinnlose Wettspiele um Geschenke diese völlig ent-
werten. Erstens schwebe dahinter ein Prinzip des »An-
nullierens« von Wohltaten, und außerdem setze dieses
sinnlose Verständnis die Gegenstände in den Mittelpunkt, nicht die Absicht. Die Dinge nämlich »sind Zeichen von Wohltaten, nicht Wohltaten. Nicht kann eine
Wohltat mit der Hand berührt werden, es handelt sich
um einen seelischen Vorgang. Groß ist der Unterschied
zwischen dem Gegenstand einer Wohltat und einer
Wohltat; daher ist weder Gold noch Silber, noch irgend
etwas von den Dingen, die für die wichtigsten gehalten
werden, eine Wohltat, sondern eben gerade der Wille dessen, der gewährt.« Damit sind wir nah am Kern einer umfassenden Beschreibung: Schenken definiert sich über
das Wollen, nicht über die Gegenstände.

Seneca trennt Geschenkakt und Gegenstand klar und
deutlich und verurteilt scharf diejenigen, die nur auf die
Äußerlichkeiten der Gaben achten. Denn alles, was wir
in den Händen hielten, sei doch ohnehin hinfällig, wäh-

rend eine Wohltat auch dann bestehen bleibe, wenn das Gegebene verlorengehe. »Einen Freund habe ich von Seeräubern freigekauft, ihn hat ein anderer Feind gefangengenommen: nicht die Wohltat, den Ertrag meiner Wohltat hat er mir weggenommen.« Mit diesem lebensnahen Beispiel verdeutlicht der Philosoph seine Geringschätzung des Materiellen. So wie ein Lorbeerkranz oder ein Triumphzug nicht an sich wertvoll seien, sondern nur als Zeichen der Ehre ihre Bedeutung hätten, sei eben auch ein Ding nur durch die achtungsvolle Hingabe ein Geschenk. Und damit kommt Seneca zu seiner Definition:

> Was ist eine Wohltat? Eine wohlwollende Handlung, die Freude schenkt und empfängt, dadurch, daß sie schenkt; zu dem, was sie tut, geneigt und aus eigenem Antrieb bereit.

Eine Wohltat sei außerdem immer gut, während der Gegenstand weder gut noch schlecht sei. Ja, mehr noch: »Die Gesinnung ist es, die Geringes erhöht, Unansehnliches verschönt, Großes und für wertvoll Gehaltenes entehrt; eben das, was man erstrebt. Es kommt darauf an, wohin es den Lenker treibt, von dem den Dingen Gestalt verliehen wird.« Die Gabe selbst dient also nur als Medium für die Kommunikation. Wer Kleinigkeiten gibt, die »den Königsschätzen gleichkommen im Geiste«, der verehrt seinen Freunden viel mehr als einer, der Gold und Geld ohne aufrechten Willen verteilt. Darum kann man aus dem materiellen Wert einer Sache niemals auf ihren geistigen Wert schließen; die »Größe« eines Geschenks hängt eben nicht von seinem Preis ab. »Wer die eigene Armut vergessen hat, während er meine erblickt, wer nicht den Willen nur zu schenken hatte, sondern auch den dringenden Wunsch, wer eine Wohltat zu empfangen meinte, obwohl er sie erwies, wer gegeben hat, als werde er niemals zurückhaben wollen, wer eine Gelegenheit zu nützen wahrgenommen, ja gesucht hat«, der ist ein zu achtender Künstler der Geschenke. Einer, der sich die Gaben nicht abringen muß, nicht dabei stöhnt, herablassend ist oder nur seinen Ehrgeiz befriedigt. Einer, der es gut meint. Der vollendete Schenker stellt den Empfänger sogar so sehr in den Mittelpunkt seines Interesses, daß er bereit wäre, auch anonym zu schenken, wenn das dem anderen helfen würde.

Bemerkenswert ist, daß keiner der frühen Philosophen Geschenke an bestimmte Anlässe bindet. Offensichtlich gehörte das Bescheren guter Gaben zu jener Zeit wie selbstverständlich zum Alltag, ohne daß es dazu vorgeschriebener Festtage bedurft hätte. Wer gab, der tat es nämlich nicht aus Pflicht, sondern aus Dankbarkeit gegenüber den beschenkenden Göttern, aus Hochachtung vor dem Ideal menschlicher Gemeinschaft und aus der Erfahrung des darin enthaltenen Glücks. Seneca versteht das Phänomen des Schenkens dabei so umfassend, daß er auch die Kategorien »Gut und Böse« daran festmacht. Wer aus Undank gegen die Götter nichts gibt oder aus Undank gegen die Menschen Geschenke nicht würdig annimmt, der begeht eine Grundsünde: Es gibt »Mörder, Diebe, Ehebrecher, Verräter; unterhalb all dessen befindet sich der Undankbare, nur daß all das von dem Undankbaren herrührt, ohne den kaum irgendein Verbrechen zu seiner Größe herangewachsen ist ... Das ist nämlich des Unrechts Inbegriff: eine Wohltat hast du vergeudet.« Alle Laster dieser Welt gründen für Seneca also in einem gestörten Verhältnis zum Ideal des Schenkens! Wären die Menschen ausschließlich begnadete Schenker, die die hohe Schule des Gebens und Nehmens

beherrschen, dann gäbe es kein von Menschen verschul-
detes Leid und keinen Unfrieden mehr. Kein Denker ist
in seinem Verständnis von Geschenken so weit gegangen.
Doch die Erklärung der menschlichen Probleme durch
das mangelnde Bewußtsein für liebevolle Gaben könnte
tatsächlich ein neues Modell zum Verständnis der überall
zu beobachtenden Verirrungen sein.

Nach diesem philosophischen Grundkonzept ethischer Zusammenhänge wird Seneca wieder konkret. Er
entwirft Kategorien für Geschenke und ihre Wirkung:
»An erster Stelle wollen wir notwendige gewähren, sodann nützliche, schließlich erfreuliche, jedenfalls solche
von bleibendem Wert.« Mit seinen Erläuterungen aber
entwirft der Denker eine Hierarchie, deren Bedeutung
heutzutage nur schwer nachzuvollziehen ist. Das wohlhabende zwanzigste Jahrhundert beschränkt sich nämlich normalerweise auf erfreuliche Geschenke, nützliche
sind vielerorts schon verpönt, und das Schenken von
Grundnahrungsmitteln und Kernseife grenzt beinah an
Beleidigung. Es ist kein Zufall, daß sich in Europa das
Verständnis für Geschenke in dem Augenblick verän-
derte, in dem Gaben nicht mehr als notwendige Alltags-
hilfen, sondern als zusätzlicher Luxus auftraten. Seneca
aber lebte in einer Welt, in der er zur Überraschung alter
Bekannter und neuer Leser ganz andere Dinge empfahl.
Seine Lieblingsgeschenke sind: einen Freund den Händen der Feinde entreißen oder vor dem Hungertod retten. Etwas süffisant bemerkt der Dichter zu den Gaben,
die ein Übel beseitigen: »Je bedeutender und schreck-
licher es ist, desto größeren Dank werden wir uns erwerben, denn den Reiz des Geschenks macht die vorausge-
hende Furcht aus.« Auf die heutige Zeit übertragen
könnte man zu einem solchen Bewertungskriterium im-

merhin noch eines bemerken: Je größer die Sehnsucht eines Menschen nach einer bestimmten Sache ist, um so mehr wird er sich freuen, wenn er sie von uns erhält.

Weil Schenken eine Gesinnungsfrage ist, lehnt es Seneca ab, darin eine Verpflichtung zu sehen. Eine Revanche sei zwar für den Beschenkten ein Sache der Ehre, werde aber von einem König der Geschenke niemals erwartet. »Das nämlich ist zwischen zwei Menschen das Gesetz der Wohltat: der eine soll das Gegebene sofort vergessen, der andere das Empfangene niemals.« Handelt man entgegengesetzt, dann wird »die Seele zerfetzt«. Sowohl der Undankbare als auch der nach Erwiderung Heischende begehen Kardinalsünden. Seneca erzählt von einem Mann, den ein Politiker vor der Ächtung durch Cäsar bewahrt hatte und der eines Tages, als er das gönnerhafte Verhalten seines Retters nicht mehr ertragen konnte, ausrief:

Gib mich Cäsar zurück! Wie oft willst du noch sagen: »Ich habe dich gerettet, ich habe dich dem Tode entrissen«? Ich schulde dir nichts, wenn du mich gerettet hast, um jemanden zu haben, den du vorzeigen kannst. Für den Philosophen Seneca ist der Fall klar: Wer mit seinen Geschenken renommieren will, vergeudet seine Zeit.

Da im Sinne des Ballspiels für Seneca Schenken und Nehmen zusammengehören, zeichnet er natürlich auch das Ideal eines Empfängers. Dankbar soll ein würdiger Nehmer sein, niemals unzufrieden, nicht neidisch oder bettelnd. Vor allem aber soll jeder Geschenke nur von den Personen annehmen, die er selbst beschenken würde. So schließt sich der Reigen der Spieler. Für die vielen Feinheiten des würdigen Entgegennehmens fehlt in einer Kulturgeschichte des Schenkens leider der Raum, aber auch hier gilt: »Zur Abstattung von Dank ist sittliche

Vollkommenheit nötig.« (Zu den praktischen Beispielen Senecas siehe: Knigge des Schenkens.)

Die Faszination der Geschenke bleibt weiterhin unergründlich: Im dritten Band seines Werkes »Über die Wohltaten« wagt Seneca nun einen tiefergehenden Blick in die zauberhafte Welt des Schenkens. Doch nur, um zu entdecken, daß die kommunikativen Boten letztlich nicht einzufangen sind.

Um seine Theorie von der Unergründlichkeit aller Gaben auch empirisch abzusichern, geht er nun sehr systematisch vor. Er leitet seine Erkenntnisse nämlich von einem realen Fallbeispiel her, dessen Beobachtung ihm viele verwertbare Anhaltspunkte liefert: In Makedonien kann ein Mensch, der für erhaltene Geschenke nicht genügend Dankbarkeit zeigt, verklagt werden. Und vor Gericht muß dabei erst einmal geklärt werden, was ein Geschenk überhaupt ist. Natürlich ist Seneca strikt gegen ein solches Gesetz:

> Vernunftgründe kommen mir viele in den Sinn, derentwegen dieses Vergehen strafrechtlich nicht geregelt werden kann. Erstens und vor allem – der beste Teil eines Geschenks geht verloren, wenn eine Anklage zugelassen wird. Zweitens – Dank abzustatten hört auf sittlich zu sein, wenn es unausweichlich ist. So verderben wir zwei Dinge, die im menschlichen Leben am schönsten sind – den dankbaren Menschen und das Schenken.

Dennoch läßt sich Seneca darauf ein, vorzuführen, warum solche Prozesse auch inhaltlich völlig sinnlos sein müssen: Weil es für Geschenke – und natürlich auch für Dankbarkeit – keine formalen Kriterien gibt. Weil Geschenke nur die Spitze eines darunterliegenden Bergs von Emotionen sind, lassen sie sich äußerlich nicht bewerten. Und nun führt der Philosoph beispielhaft vor, welche Unsicherheiten bei der Einschätzung einer Gabe bleiben, die ein rein rechtliches Be- oder Verurteilen unmöglich machen. Gegenstände, die den Besitzer wechseln, ohne bezahlt zu werden, haben nämlich ihren Wert nicht aus sich heraus, sondern aus der Beziehung der beiden Beteiligten. Einige Beispiele verdeutlichen das:

- Wenn ein Reicher und ein Armer den gleichen Geldbetrag verschenken, hat der Arme eine viel größere Wohltat erwiesen.

- Wenn ein Satter und ein Hungriger jeweils ein Brot geschenkt bekommen, empfindet der Hungrige eine viel größere Wohltat.

- Wenn ein Freund den anderen vor dem Selbstmord bewahrt, indem er ihm kein Messer überreicht, hat er ihm mehr gegeben, als wenn er ihm die Waffe geschenkt hätte.

- Wenn ein Reicher und ein Armer jeweils einen Geschäftspartner vor dem Bankrott retten, haben sie die gleiche Wohltat erwiesen.

- Wenn einer ein Geschenk erhält, ist es unmöglich, einen Termin zu nennen, zu dem er sich bedankt haben muß.

- Wenn einer einem Fremden etwas schenkt, ist das oft eine größere Wohltat, als wenn er nur seine Freunde bedenkt.

- Wenn einer eine Wohltat überhaupt nicht will oder durch das Geschenk sogar beleidigt wird, kann er nicht zum Dank gezwungen werden.

- Wenn einer mich, nachdem er mir etwas geschenkt hat, schikaniert, kann ich nicht aus duldsamer Dankbarkeit ewig ruhig bleiben.

Seneca zählt noch einige weitere Gesichtspunkte auf,

die aber alle das gleiche verdeutlichen: Selbst wenn ich alle Voraussetzungen, unter denen Geber und Empfänger sich auf das Faszinosum »Schenken« einlassen, recherchieren könnte, wäre es unmöglich, die dazugehörige Dankbarkeit zu eruieren, die nun der Beschenkte zeigen müsse. Zu viele Faktoren lägen eben im Bereich der Zuneigung, der Willenskraft und der Freiwilligkeit.

So unsicher wie die Bewertung einer Gabe bleibt natürlich auch die Festlegung einer Strafe. Vor allem aber, da ist sich Seneca sicher, zerstört ein solches Gesetz das Schenken an sich: »Menschen werden viel weniger bereit sein, Wohltaten entgegenzunehmen, wenn sie Gefahr laufen sollten, sich gerichtlich verantworten zu müssen.« Und wenn erst einmal bekannt würde, wie viele Beschenkte undankbar sind, dann wäre auch die Lust zum Schenken bald spürbar schwächer. Darüber hinaus sei ein Undankbarer ohnehin ständig unglücklich. Er wird nicht nur durch die allgemeine Meinung bestraft, sondern durch seine eigene Emotionslosigkeit. »Einen dankbaren Menschen erfreut eine Wohltat ständig, einen undankbaren nur einmal.«

Der Reiz des Schenkens liegt gerade darin, daß es letztlich keine Regeln gibt, daß der Beteiligte instinktiv spürt, daß hier nicht nur ein Gegenstand den Besitzer wechselt, sondern eine Beziehung aufgebaut wird. Die Würde der Gabe ist dabei die willentliche Einseitigkeit, das Wissen darum, daß ich etwas freiwillig und von mir aus tue, ohne dabei Gegenforderungen zu stellen. Eine Verpflichtung zum Schenken und Danken würde die Dinge tatsächlich zu Waren degradieren. Deshalb kann die Kunst der Gabe gar nicht schematisch erfaßt werden, das wäre ihr Ende. Die Freiheit zum Schenken und die dazugehörige Ungebundenheit sind unverzichtbare Kennzeichen eines Geschenks.

Um in die Formlosigkeit des Schenkens wenigstens ein bißchen Struktur zu bringen, geht Seneca nun daran, wichtige Fragen zu beantworten, die einzelne Aspekte des Schenkens beleuchten und offensichtlich im Rom des ersten Jahrhunderts in intellektuellen Zirkeln eifrig diskutiert wurden. Jede dieser Fragen bemüht sich, die äußersten Grenzbereiche des Schenkens zu betrachten, um so dem unfaßbaren Phänomen auf diesem Umweg doch noch ein wenig Struktur zu geben. Über eines ist sich der Denker dabei allerdings völlig im klaren: »Manche Fragen, Liberalis, der Männer bester, wirft man nur auf, um den Verstand zu üben, und stets haben sie mit dem Leben nichts zu tun.«

Die erste Frage wurde bereits erwähnt, sie sei hier der Vollständigkeit halber noch einmal mit der ausführlichen Antwort des Philosophen wiedergegeben.

- Kann ein Sklave, der ja nichts besitzt, seinen Herrn beschenken?

Natürlich! »Niemandem ist die sittliche Vollkommenheit verschlossen, alle lädt sie ein, frei Geborene, Freigelassene, Sklaven, Könige und Verbannte; nicht sucht sie aus Familie noch Vermögen, mit dem nackten Menschen ist sie zufrieden«. Natürlich kann ein Sklave keine Wertgegenstände überreichen, aber »eine Wohltat ist das, was einer gegeben hat, obwohl ihm freistand, es auch nicht zu geben«. Leibeigene müssen zwar Befehlen gehorchen, aber wie sie gehorchen, das steht bei ihnen, »was immer es ist, das über die Norm des Sklavendienstes hinausgeht, das aus freiem Willen geleistet wird – eine Wohltat ist es«.

Und nun reiht Seneca eine geistreiche Frage an die andere:

- Kann ein Sohn seinem Vater größere Wohltaten erweisen, als er von ihm empfangen hat?

Ja, er kann! Auch wenn es eigentlich unmöglich scheint, da die Kinder ja alle Möglichkeiten zum Geben vom Vater erhalten haben. Seneca entkräftet erst einmal die Behauptung, im Samen des Erzeugers sei das Gute in Reinform enthalten. Zeugen können nämlich auch Tiere! »Nicht ist es ein Gut zu leben, sondern sittlich zu leben.« Da es Höherwertiges gebe als die reine Existenz, könne der Sohn den Vater natürlich übertreffen. »Wer eine Wohltat erwiesen hat, die nicht so gut ist wie eine andere, kann übertroffen werden.« Wenn ein Sprößling dem Vater zweimal das Leben rettet, habe er ihn ohnehin übertroffen. Außerdem gebe es viele Väter, die erst durch ihre Erben berühmt geworden seien. Das spannungsreiche Verhältnis aber solle produktiv genutzt werden: »Das tut, ihr vorzüglichen jungen Männer! Als Aufgabe gegeben ist euch, zwischen Eltern und Kindern, ein sittlicher Wettstreit, ob man größere Wohltaten erwiesen oder empfangen hat.«

- Kann ein Geber guten Gewissens auf das Gegengeschenk spekulieren?

Nein! »Denn wenn wir in der Hoffnung, unsererseits etwas zu erhalten, schenkten, gäben wir gerade den Reichsten, nicht den Würdigsten. Nicht ist eine Wohltat, was auf eigenes Glück schaut.« Ein sittlicher Geber achtet natürlich darauf, was er wem schenkt, aber nur weil er nicht will, daß seine Gabe dem anderen mißfällt. Wenn aber »Nützlichkeitserwägungen und schmutzige Berechnung mich freigebig macht, werde ich eine Wohltat nicht erweisen einem Mann, der in weit entfernte Gegenden aufbricht oder so angegriffen ist, daß er keine Hoffnung hat, wieder gesund zu werden.« Gerade da zeigt sich ein Tugendsehnsüchtiger als ethisch hochstehender Geber, wo er Menschen beschenkt, von denen er niemals eine Revanche erwarten kann.

- Kann man sich eigentlich selbst etwas schenken und dabei sittlich gut sein?

Nein! »Niemand nämlich erweist sich eine Wohltat, sondern er gehorcht seinem Wesen, von dem er auf Liebe zur eigenen Person eingestimmt ist – daher ist es sein erstes Bemühen, Schädliches zu meiden, Nützliches zu erhalten. Eine Wohltat ist eine freiwillige Handlung, doch sich zu nützen ist eine Notwendigkeit. Niemand macht sich ein Geschenk, ebensowenig, wie er sich Geld leiht.« Außerdem – und das kann Seneca nur mit einem Augenzwinkern gemeint haben – wisse der sich selbst Beschenkende, der sich ja dann auch bei sich bedanken müsse, irgendwann nicht mehr, »ob er sich eine Wohltat erweist oder vergilt, wenn diese Sache sich in demselben Menschen abspielt«.

- Kann es auch unwillentliche Geschenke geben, ohne daß dahinter eine sittliche Absicht steht?

Nein! »Eine Wohltat sei allein das, was uns zunächst irgendein Entschluß überbringt, sodann ein freundlicher und gütiger. Denn wer mir eine Wohltat erweisen will, muß mir nicht nur nützen, sondern es wollen. Deswegen schuldet man weder etwas den zur Sprache nicht fähigen Tieren; und wie viele hat aus Gefahr die Schnelligkeit eines Pferdes gerettet! Noch den Bäumen; und wie viele unter der Sonnenglut Leidende hat der Zweige Schatten geschützt.« Wenn also einem Menschen etwas durch Zufall zufällt, dann hat er im engeren Sinne kein Geschenk erhalten. »Eine Wohltat kann jemand erhalten, ohne daß er es weiß, aber keiner ohne das Wissen dessen, der sie erweist.«

- Kann es ein Geschenk geben, das nur aus Willen und ohne eine praktische Umsetzung existiert?

Nein! Seneca differenziert: »Stell dir vor, jemand habe

schenken wollen und nicht geschenkt: seine Gesinnung
habe ich zwar, aber sein Geschenk habe ich nicht, die sowohl die Sache als auch die Gesinnung vollendet.« Deshalb sei ein nicht ausgeführter Geschenkwunsch, von
dem ich erfahre, zwar ein Grund zur Freundschaft,
aber es werde eben die entscheidende beziehungsstiftende Tat, in der sich das Interesse auf den anderen
überträgt, nicht vollzogen; »wie ich dem, der mir zwar
Geld leihen wollte, aber nicht gegeben hat, nichts
schulde«, so komme eben auch keine seelische Verbindung zustande.

- Kann eine Wohltat, die doch nur den anderen im
Blick haben soll, auch dem Geber nutzen?

Ja! »Ein Zeichen größter Böswilligkeit ist es, nur dann
von einer Wohltat zu sprechen, wenn sie den sie Erwei-
senden mit einer Unbequemlichkeit belastet hat.« Der
Wunsch nach einer Erwiderung oder einem eigenen Vorteil ist ganz menschlich. Und wenn einer sein altes Wohn-
zimmersofa an eine darüber hocherfreute arme Familie
verschenkt und dafür die Entrümpelungsgebühr spart,
dann braucht er sich wahrlich kein schlechtes Gewissen
zu machen. Nur wenn er die Not seiner Nachbarn ausschließlich um seiner eigenen Entlastung willen nutzt,
dann hat er den Sinn des Schenkens nicht verstanden.

- Kann ein Schiffer, der Menschen kostenlos über den
Fluß rudert, als Geber bezeichnet werden?

Nein! Denn der Schiffer tut zwar Gutes, aber er ver-
streut es wahllos. Damit es wirklich zu einem Geschenk
wird, »mußt du nicht nur mir etwas gewähren, sondern
eben mir persönlich«. Schenken bedeutet, zielgerichtet
mit gutem Willen mich auf einen bestimmten Menschen
oder ein Gruppe einzustellen und sie dann mit etwas für
sie Wichtigem zu beglücken.

Die Fragen Senecas skizzieren einige Umrisse des Schenkens, über die noch viel zu sagen wäre: Sittlichkeit, Selbstlosigkeit, gute Absichten, liebevolle Umsetzung und persönliche Beteiligung an der Gabe sind die wichtigsten Schlagworte. Wer sie weiter bedenkt, kommt dem, was wirkliche Geschenke sind, schon sehr sehr nahe. Vielleicht ist das aber auch ein Vorhaben für irgendwann einmal eintretende Mußestunden. Nach dem fünften Band hatte jedenfalls auch Liberalis, der beste aller Männer, irgendwann von den an der Geschenkkordel herbeigezogenen Fragen genug, und Seneca beendet seine weise Betrachtung mit der Zuversicht, daß einer, der mit der vorbehaltlosen Güte der Götter schenkt, selber ein Leben in Fülle hat. So umfassend sind die Gedanken des römischen Gabenmeisters, daß sich nun viele Jahrhunderte lang kein Philosoph mehr die freigebige Mühe macht, dieses Geschenk-Universum zu erschüttern und ein neues Werk über die Kunst des Schenkens zu veröffentlichen. Natürlich gibt es immer wieder, gerade bei christlichen Autoren, Weltbetrachtungen, in denen tiefgründige Nebensätze den einen oder anderen neugierigen Blick auf dieses erstaunliche Phänomen werfen oder ein neues, buntes Einpackpapier dafür entwerfen; inhaltlich aber wird nicht weitergearbeitet. Wer die Entwicklung der Gesellschaft betrachtet (siehe Geschichte des Schenkens), der ahnt auch warum. Nach dem Untergang des Römischen Reiches mußte erst wieder eine Kultur entstehen, die es sich leisten konnte, ausführlich über Luxus und sittliche Vollkommenheit zu reflektieren. Schüchtern beginnt damit die Aufklärung, systematisch erst das neunzehnte Jahrhundert, in dem die amerikanischen Transzendentalisten ein neues Gespür für die Zusammenhänge von Mensch zu Mensch und zu Natur entwickeln.

Emerson

Der philosophische Kopf der neuenglischen Transzendentalisten, zu denen bedeutende Männer wie Bronson
Alcott, Henry David Thoreau und Nathaniel Hawthorne
gehören, riskierte über die geheimnisvolle Welt der Geschenke nur einen kleinen Aufsatz. Der aber zeigt das
Schenken in seiner ganzen Gefährlichkeit. Als prä-
psychologischer Denker hatte Ralph Waldo Emerson
(1802-1882) offensichtlich große Ehrfurcht vor Überraschungen, und so enthüllen seine scheinbar praktisch-
geistreichen Empfehlungen (siehe: Knigge des Schenkens) plötzlich ein ehrfurchtsvolles, verzwicktes Spiel
mit den Abgründen menschlicher Schenkenslust:

»Es ist richtig und erfreulich – denn es verbindet die
Gesellschaft mit ihren Ursprüngen – wenn die Biographie eines Menschen in seinen Geschenken sichtbar
wird; und der Reichtum eines Menschen zeigt sich in seiner Güte.« Auch in der neuen Welt offenbart es sich also
schon bald, daß gelungenes Leben etwas mit der Fähigkeit zu schenken zu tun hat. Doch der kritische Dichter
läßt kaum einen selbstformulierten Satz einfach so stehen, meist relativiert er jede These schon im nächsten
Absatz. Das Schenken hat für Emerson nämlich so fun-
damental mit der Existenz von Gemeinschaft und Persönlichkeit zu tun, daß er nur ganz vorsichtig versucht,
dem intellektuellen Schenker Tips zu geben, wie der
mit den Herausforderungen des Schenkens am besten zu-
recht kommt. Denn: »Die Gesetze des Schenkens sind
wie ein schwieriger Kanal, man muß entweder sehr vorsichtig segeln oder ein kräftiges Boot besitzen.«

Und so begibt sich Emerson auf die schwierige Fahrt,

be_ der auch noch einige unsichtbare Klippen umschifft
werden müssen.

Die psychischen Risiken, die der Transzendentalist
mit den Geschenken verbunden sieht, haben letztlich
mit dem Selbstbewußtsein des Menschen, im besonderen
des Empfängers, zu tun:

Es gehört nicht zu den Aufgaben eines Menschen, Geschenke entgegenzunehmen. Wie kann es da einer wagen zu geben? Wir wollen nämlich von fremden Gaben
unabhängig sein. Darum vergeben wir einem Geber
auch niemals ganz. Die Hand, die uns füttert, ist oft
in Gefahr, gebissen zu werden.

Emerson ist davon überzeugt, daß eigentlich jeder
Mensch am liebsten ganz ohne Hilfe und mit eigener
Kraft sein Leben meistern möchte. Etwas, das von außen
in die selbstgestaltete, scheinbar autarke Welt des Individ-
duums eindringt, verletzt deshalb immer eine Intimsphäre, es zwingt den Beschenkten, mit der Umgebung
Kontakt aufzunehmen und dabei einzugestehen, daß
doch kein Lebewesen gänzlich unabhängig existieren
kann. Wer etwas annehmen muß, fühlt sich als Herrscher
seiner kleinen privaten Welt in Frage gestellt. Zumindest
bei den Existentialisten des zwanzigsten Jahrhunderts
finden solche Gedanken offene Ohren. Jean-Paul Sartre
etwa läßt in seinem Stück »Der Teufel und der liebe
Gott« den Helden Götz sagen: »Ich lasse mir nichts
mehr schenken, nicht einmal die Gunst einer Frau ...
weil ich zuviel angenommen habe. Zwanzig Jahre lang
haben sie mir alles gnädig geschenkt, bis hin zu der
Luft, die ich atme: Ein Bastard muß die Hand küssen,
die ihn ernährt. Oh, wie ich jetzt schenken werde! Wie
ich schenken werde!«

Die filigranen Beobachtungen des Philosophen Emerson waren in ihrer Radikalität tatsächlich erst nach der Aufklärung, dieser Zeit der Entdeckung des Individuums, möglich. Plötzlich muß sich ein charaktervoller Mensch nicht mehr nur als sittlicher Geber oder dankbarer Empfänger, sondern auch als Teil der Gesellschaft verorten, muß sich mit den ihn bestimmenden Kennzeichen einer Gemeinschaft auseinandersetzen, vor der er sich möglicherweise sogar fürchtet. Im Schenken wird die Mauer des einzelnen, der sich ansonsten emotional ganz verschlossen durchs Leben schlagen kann, mit einemmal durchbrochen; und selbst wenn er diese Chance nicht annimmt, muß er sich mit ihr beschäftigen. Geschenke zwingen zur Auseinandersetzung mit der eigenen Rolle und mit dem eigenen Verhältnis zur Umwelt. Die kommunikativen Fähigkeiten einer Gabe können dabei als Geschenk, aber auch als massive Bedrohung empfunden werden.

Emersons Text aber analysiert nun die Situation des Menschen. Der nämlich empfinde sehr genau, mit welcher Motivation er beschenkt wird. Spüre er auch nur den Hauch einer Herablassung und Entmündigung, dann verweigere er zu Recht die Annahme, entdecke er aber ehrliche Zuneigung, dann sei Geben möglich:

> Von der Liebe können wir alles annehmen, denn das ist ein Weg, es auch von uns selbst zu nehmen; aber wir können nichts annehmen, wenn es scheint, daß uns jemand etwas zukommen läßt. Manchmal hassen wir sogar das Fleisch, das wir essen, weil wir das Gefühl haben, daß darin irgendwie eine degradierende Abhängigkeit vom Leben steckt.

Alles, was unsere eigene Kraft und Tüchtigkeit in Frage stellt, weil es unsere Unfreiheit aufzeigt, verunsichert uns. »Wir wollen alles selbst können, und nichts anderes befriedigt uns.«

Darum gibt es für Emerson nur eine Schlußfolgerung:
»Der ist ein guter Mensch, der ein Geschenk richtig annehmen kann!« Damit ist aber nicht gemeint, daß der
Weise über die Angst vor der Erkenntnis der eigenen
Grenzen hinauswachsen muß, wie Seneca es sicher
noch gefordert hätte. Das richtige Annehmen hat für
Emerson einen sozialen Hintergrund: Normalerweise
seien Menschen entweder glücklich oder traurig über
ein Geschenk, aber beide Emotionen kämen unpassend,
weil sie aufdeckten, daß hintergründig in der Begegnung
ein Tabu durchbrochen wurde:

Ich denke, es findet Gewalt statt, einige Erniedrigung
entsteht, wenn ich über ein Geschenk trauere oder
fröhlich bin. Ich bin nämlich traurig, weil meine Unabhängigkeit durchbrochen wird; andererseits kann es
auch passieren, wenn mich einer beschenkt, der mich
nicht kennt, daß der Geschenkakt nicht funktioniert.
Und wenn mich das Geschenk zu sehr erfreut, dann
muß ich mich wiederum schämen, weil ja eigentlich
der Geber mein Herz erreichen sollte und nicht die
Gabe.

Nimmt man den Philosophen beim Wort, dann gibt es für
einen, der beschenkt wird, eigentlich kaum eine Möglichkeit, dabei nicht zu leiden, in Selbstzweifeln zu versinken
oder den anderen zu kränken. Die Lösung des Rätsels besteht für Emerson aber nicht in der überwindenden Kraft
des einzelnen, sondern im vollendeten Prinzip der Gegenseitigkeit: »Ein Geschenk, um ehrlich zu sein, muß
wie ein Fließen vom Geber zu mir funktionieren – korre-
spondierend zu dem, was von mir zu ihm fließt. Wenn die
Wasserstände gleich sind, gehen meine Gaben zu ihm und
seine zu mir. Alles, was ihm ist, ist mir; und umgekehrt.«
Die Schlußfolgerung daraus ist ganz einfach: Im Grunde

müßten Geschenke im klassischen Sinn abgeschafft werden, weil sie zwischen einander vollkommen Liebenden
überhaupt keinen Raum fänden. Als großherzige Gaben
förderten sie also die Verunsicherung des Empfängers, als
Selbstverständlichkeiten zwischen Freunden aber seien
sie überflüssig. »Ich sage ihm: ›Warum schenkst du mir
diesen Krug mit Öl oder diesen Flakon mit Wein, wenn
doch all dein Öl und Wein ohnehin auch mir gehört. Welchen meiner Gedanken weist du eigentlich mit diesem
Geschenk zurück?‹«

Wenn überhaupt, dann solle man höchstens schöne,
keinesfalls nützliche Dinge schenken, denn die seien so
etwas wie eine Usurpation des anderen. Darum ist für
Emerson Undankbarkeit auch etwas sehr Verständliches,
schließlich sei es eine passende Reaktion auf die geschenkte Beleidigung. »Die Erwartung von Dank ist
schäbig und wird meist durch die völlige Unsensibilität
des Beschenkten bestraft.« Beispielhaft für das korrekte
Verhalten seien die Buddhisten, die sich nie bedankten
und sich an die Regel hielten: »Schmeichle deinen Gebern nicht!«

Den Hintergrund all dieser Probleme aber sieht Emerson in folgendem: »Es gibt keine Verbindung zwischen
einem Menschen und einem Geschenk!« Deswegen
könne man weder etwas anstandsvoll entgegennehmen
noch selber großherzige Personen beschenken, weil
man sofort durch die Größe des anderen beschämt
würde. Eine Beziehung zwischen zwei Menschen sei
viel zu bedeutend, als daß sie durch höfliche Gaben ausgedrückt werden könne. Verglichen mit dem guten Willen, den ich für einen Freund empfinden sollte, blieben
meine Geschenke ohne jede Aussage, inhaltslos, und
wenn ich bedächte, was der andere schon alles für mich

getan hat, dann müßte ich mich schämen, mit einem
harmlosen Gegenstand zu erscheinen. »Es ist nun einmal
so! Unser gegenseitiges Beschenken ist so zufällig und
sporadisch, daß wir nur selten einen Dank hören werden,
in dem nicht Scham und Demütigung mitschwingt.«
Letztlich dürften Menschen ihr Miteinander nicht über
Geschenke abhandeln, denn die eigentliche Freundschaft
und Großherzigkeit geschehe nicht willentlich, sondern
durch das Schicksal. Wenn sich menschliche Wertschätzung an gegenseitigen Diensten messen müßte, dann
könnten wir nur feststellen, daß wir einander nicht viel
bedeuten: »Wenn ich versucht habe, zu anderen den Zugang durch Geschenke zu finden, hat es sich immer als
intellektueller und wirkungsloser Trick herausgestellt –
mehr nicht.« Und nun schafft Emerson endlich den Bogen zu seinem eigentlichen Ziel. Schenken ist deshalb
nicht möglich, weil das Ideal des Schenkens, die Liebe,
so gewaltig ist, daß man es nie erreichen kann:

Ich fürchte mich natürlich, Verrat an der Majestät der
Liebe zu begehen. Sie ist nämlich der Geist und der
Gott der Geschenke. Deine Aufmerksamkeiten werden die Menschen wie Äpfel fressen und dich dann allein lassen. Aber liebe sie, dann fühlen sie dich; und
freuen sich immer über dich.

Was soll man dazu sagen? Weil Menschen sich in ihrer
Selbständigkeit bedroht fühlen könnten, weil Beziehungen größer sind als Dinge und weil Aufmerksamkeiten
hin und wieder mißlingen, soll das Schenken an sich be-
seitigt werden; abgesehen von kleinen ästhetischen Spie-
lereien, die den anderen kaum berühren. Als Alternative
bietet Emerson das ausschließliche Gefühl der Zuneigung; ohne daß er eine Möglichkeit andeuten würde, in
welcher Form es ausgedrückt werden kann. Wahrschein-

lich würde niemand abstreiten, daß bestimmte Geschenke einem Menschen unschöne Gefühle einflößen
und Kontakte mit Hilfe allzu freigebiger Attitüden
kaum erfolgreich geknüpft werden können. Aber gerade
weil Beziehungen größer sind als Dinge – was kein Geber
ernsthaft in Frage stellt – nutzen Menschen Geschenke so
gern als handfeste Zwiesprache; um dem anderen ein wenig der eigenen Hochachtung in die Hand zu drücken.
Deswegen käme doch keiner auf die Idee, die Gabe sei
die Zuwendung selbst. Gerade die Liebe sucht unablässig
nach Möglichkeiten, dem anderen kleine Zeichen der Zuneigung zukommen zu lassen, wohl wissend, daß in einem winzigen Präsent sich die unfaßbaren Emotionen
zwar bündeln wollen, es aber doch nicht können. Nimmt
man Emerson beim Wort und überläßt das Sichtbarwer-
den der Gefühle dem Schicksal, dann müßten nicht nur
Geschenke, sondern auch alle anderen planbaren Formen
gemeinsamer und gegenseitiger Zuwendung abgeschafft
werden – eine erschreckende Vorstellung (nicht zuletzt
für den Autor dieses Buches).

Emerson bleibt das Verdienst, auf die Risiken falsch
verstandenen Schenkens aufmerksam gemacht zu haben:
Wenn Gaben dem Empfänger mangelndes Selbstbewußtsein vor Augen führen oder bei übereifrigen Gebern der
Glaube besteht, man könne mit Geschenken eine Beziehung gestalten oder ihre Tiefe erkennen, dann haben
die dazugehörigen Geber sich verirrt. Geschenke sind
nur eine wundervolle Möglichkeit der Bekräftigung,
Stärkung oder Sichtbarmachung eines auf Beziehung
ausgerichteten Willens. In dieser Funktion können sie
überraschende Erfolge erzielen; in sich aber besitzen sie
keine Wirkmacht. Einem Künstler des Schenkens aber
werden die oben genannten Fehler ohnehin nicht unter-

laufen. Er weiß, daß Geschenke nicht das Eigentliche sind, sondern nur eine hingebungsvolle Ausdrucksform der Liebe. Und gerade in dieser dezent-kommunikativen Funktion sind sie unverzichtbar. Allerdings werden die Komplexität und die Ambivalenz, die der amerikanische Dichter im Schenkakt entdeckt, auch seine philosophischen Nachfolger sehr beschäftigen.

Derrida

Die Frage, ob es überhaupt Geschenke gibt, bewegt ein Jahrhundert später einen französischen Philosophen genauso wie seinen Kollegen Emerson; allerdings nähert er sich dem Problem aus einer anderen Perspektive. Während der amerikanische Philosoph Geschenke für gefährlich und für zu unbedeutend für die Gestaltung einer umfassenden Beziehung erachtet, zweifelt Jacques Derrida grundsätzlich daran, daß der Mensch zu einem Geschenk überhaupt fähig ist: »Die Theorie der Gabe ist wesensmäßig außerstande, die Gabe zu denken.« Denn da, wo ein Denker über die Kriterien für ein Geschenk grübele, nehme er diesem die Unberechenbarkeit und damit das eigentlich prägende Element. Ein Geschenk, das in irgendeiner Form vorhersehbar sei, sei eben keines mehr. Der Philosoph behauptet deshalb, daß ein Geber von allen Festlegungen, Erwartungen und Zweifeln absehen müsse, wenn er wirklich schenken wolle. Eine Definition des Geschenkes an sich sei aus diesem Grund ausgeschlossen. Der prinzipielle Zweifel an der Faßbarkeit des Schenkens aber führt zu einem neuartigen Geschenkverständnis, das umfassender ist als alle vorherigen. Es fragt ontologisch nach den Zusammenhängen von Raum, Zeit und Geschenk. Der vieldeutige Titel, den Derrida seiner Ausarbeitung eines Seminars aus den späten siebziger Jahren gibt, lautet deshalb auch vieldeutig: »Zeit geben«.

Seit den Arbeiten von Albert Einstein und Martin Heidegger lassen sich Sein und Zeit nicht mehr trennen. Darum versucht auch der Franzose, dem Phänomen des Schenkens, und damit der Existenz an sich, nahezukommen. Er eröffnet seinen Essay mit einem Zitat der ungesetzlichen Gattin Ludwigs XIV., Madame de Maintenon, die an eine Freundin schrieb: »Der König nimmt meine ganze Zeit; den Rest gebe ich Saint-Cyr, und wie gern wollt ich sie Saint-Cyr doch ganz geben.« Der kleine logische Fehler dieser Aussage – die Dame hat ja eigentlich gar keine Zeit mehr, um sich um die von ihr gestiftete Mädchenerziehungsanstalt Saint-Cyr zu kümmern – verdeutlicht für Derrida einige grundlegende Gedanken über das Schenken:

1. Das Urgeschenk, das allen anderen zugrunde liegt, ist die Zeit. Ganz gleich, was nachher überreicht wird, zuallererst schenkt der Mensch ein Stück seines Lebens, das er für das Nachdenken, die Auswahl und die Darbietung seines Geschenks hingibt.

2. Im ernsthaften Schenken wächst der Mensch über sich hinaus, denn er versucht sogar mehr zu geben, als er hat (siehe Zitat). Damit adaptiert Derrida einen Satz seines Kollegen Lacan: »Die Liebe gibt, was sie nicht hat.«

3. Das eigentliche Wollen eines Gebers, ob logisch möglich oder nicht, setzt sich über die Grenzen von Raum und Zeit hinweg. Daher sind »das Begehren und das Begehren zu geben ... dasselbe, eine Art Tautologie.«

Jedes gewöhnliche Geben und Nehmen ist ein ökonomischer Akt, der gewissen Gesetzmäßigkeiten gehorcht. Und genau das darf dem Geschenk nicht passieren. Es muß sich allen Regelungen entziehen, denn sonst bleibt es ein Handelsobjekt. Ist die »Gabe, wenn es sie gibt, nicht gerade das, was die Ökonomie unterbricht. Gerade das, was den Kreis öffnet, um sich der Reziprozität oder der Symmetrie, dem gemeinsamen Maß entgegenzustellen? Wenn die Figur des Kreises für die Ökonomie wesentlich ist, muß die Gabe anökonomisch bleiben. Und in diesem Sinne vielleicht ist die Gabe das Unmögliche.«

Ein Geschenk läßt sich nicht in übliche Abläufe einordnen, es ist ein Unterbrechen, das der Kondition des Augenblicks unterliegt. »Diese Kondition hat mit der Zeit zu tun, aber sie gehört ihr nicht, hängt nicht von ihr ab.« Daher hält es Derrida für keinen Zufall, daß »man eine Gabe ein Präsent nennt und daß man statt ›geben‹ auch ›präsent machen‹ sagen kann«. Wo aber die Logik versuche, den Vorgang des Schenkens mit Hilfe der Trias Geber, Gabe, Empfänger festzuhalten, da verstricke sie sich in der Unmöglichkeit. Damit Gabe möglich sei, dürfe gerade keine Trennung von Geber und Empfänger statuiert werden, denn diese ermögliche ja erst eine Revanche. Sehe man dagegen Geber und Empfänger als Einheit, dann könne man auch nichts zurückgeben! Da, wo eine Gabe beglichen, getilgt, abgetragen oder in ein Schuldverhältnis umgewandelt werde, bleibe sie ökonomisch. Der Empfänger »hat die Pflicht, nicht zu sollen, und der Geber die, nicht mit der Rückgabe zu rechnen«. Ein Beschenkter darf also nicht den geringsten Anlaß zu einer Reaktion verspüren, während der Beglückende nicht einmal an eine Erwiderung denken darf. Schon das simple Anerkennen einer Gabe hält Derrida für eine ausgleichende Reaktion des Empfängers, schon das

Wahrnehmen einer Gabe, eine Reaktion, die noch weit von der Dankbarkeit entfernt ist, annulliere die Gabe als Gabe: »Die Gabe dürfte letztlich nicht als Gabe erscheinen: weder dem Gabenempfänger noch dem Geber.« Wenn einer der Beteiligten das Überreichte als Geschenk bewertet, dann macht er es unmöglich. In dieser Logik formuliert der Philosoph nun ein Axiom:

> Gabe, wenn es sie gibt, gibt es nur in dem, was das System unterbricht und das Symbol zerbricht, in einem rückkehrlosen Aufbruch, in einer Division ohne Dividende, das heißt ohne das systematische oder symbolische Mit-sich-Sein eines Gabe-gegen-Gabe.

Am einfachsten wäre es, wenn der Beschenkte die Gabe sofort wieder vergäße. Das meint in diesem Fall nicht, daß der Geschenkakt ausgelöscht werden soll, sondern daß er eigentlich außerhalb von Zeit und Raum stattfindet. Als nachvollziehbaren Beleg führt Derrida eine amerikanische Untersuchung an, die aufzeigt, daß es beispielsweise Organspendern besonders wichtig ist, daß der Empfänger ihrer innersten Gaben weder dankbar sein müsse noch etwas schuldig bleibe. Es ist, gerade wenn es um so intime und lebensermöglichende Geschenke geht, für alle Beteiligten von größter Wichtigkeit, die Bedingungslosigkeit der Gabe zu betonen.

Natürlich weiß Derrida selbst, daß diese Betrachtung rein theoretisch ist und dadurch letzten Endes sogar zum »Wahnsinn« führt: »Wirkungen reinen Zufalls werden niemals eine Gabe bilden. Was wäre eine Gabe, durch die ich geben würde, ohne geben zu wollen und ohne zu wissen, daß ich gebe, ohne explizite Intention zu geben. Das ist das Paradox, auf das wir uns von Anfang an eingelassen haben.« Vor den Versuchen, eine Antwort zu geben, schlachtet der Philosoph das Paradox aber erst einmal aus:

Wenn eine mit Recht so genannte Gabe außerhalb bekannter Formen von Zeit und Raum existieren muß,
dann hat sie unmittelbar mit dem Sein zu tun: »Im Laufe
dieser Bewegung begibt es sich, daß das Sein, das nicht ist,
das kein Präsentes oder Seiendes ist, sich ankündigt im
Ausgang von der Gabe.« Gerade weil das Sein selber
gar keine bestimmbare Daseinsebene besitzt, könnte es
möglich sein, daß Geschenke in ihrer gebenden Dimension einen ganz eigenen Zugang zum Phänomen der Existenz eröffnen; im Geben nimmt Zeit Gestalt an. Und
nun orientiert sich Derrida ganz an der Heideggerschen
Philosophie: Vielleicht sei es richtiger, das Sein aller
Dinge nicht über rein ontologische Kategorien zu bestimmen – nicht »es ist« –, sondern über das Schenken
– »es gibt«! Gerade weil Sein und Zeit selbst nicht über
»ist« bestimmt werden können – es heißt ja nicht »es ist
Zeit oder Sein«, sondern »es gibt Zeit oder Sein« –, schafft
diese Umwertung der Begriffe neue Denkstrukturen. »Es
gibt etwas« meint, daß Existenz da ist. Natürlich müssen
philosophisch nun auch noch das »Es« und die Art des
Gegebenseins bestimmt werden. Für Derrida ist allerdings erst einmal die Theorie an sich wichtig: Möglicherweise können wir uns dem, was Leben bedeutet und woher es stammt, besser nähern, wenn wir nicht fragen, ob
etwas ist, sondern ob es etwas gibt! Spitzt man diese
These in bezug auf das Sein zu, so kommt man zu einem
interessanten Schluß: »Was es zu geben gibt, einzig und
allein, hieße die Zeit.« Letztlich lassen sich Sein und
Zeit gerade über den Begriff des Gebens in Verbindung
bringen, womit entscheidende ontologische Fragen geklärt wären.

Für das Geschenk bedeutet das, daß es nicht ohne den
Bezug zur Zeit denkbar ist. Wer etwas verschenkt,

schenkt Zeit; das macht die Welt der Gaben so bedeut-
sam, denn mit der Zeit wird Sein gegeben! Nichts existiert, was nicht irgendwie gegeben wurde: »Kein Ereignis ohne Gabe, keine Gabe ohne Ereignis!« Daraus folgt,
daß sowohl Geber und Gabe als auch Empfänger nichts
anderes sind als Erscheinungsformen von Zeit, pardon,
daß es sie nicht anders gibt. Was das bedeutet, darüber
ließe sich noch lange grübeln.

Letztlich bleibt nun natürlich die Frage, wie ein moti-
vierter Schenker diese hochphilosophischen Erkenntnisse in den Alltag umsetzen kann. Aus den Erörterungen
Derridas lassen sich dazu nur einige kleine Hinweise ent-
nehmen:

1. Schenken ist eine Frage des Bewußtseins. Nur wer
sich über die Bedingungslosigkeit einer Gabe klar wird
und sich ihr öffnet, der wird sie auch begreifen; im Verständnis des Philosophen Edmund Husserl heißt das:
»Gegeben wird nur dem, der sich ganz dem Ruf hingibt,
und nur in der reinen Form einer Bestätigung des Rufs,
dessen Empfang zu seiner Wiederholung wird.«

2. »Man muß die Gabe, das Gegebene und den Aufruf
zu geben verantworten. Man muß Verantwortung über-
nehmen für das, was man gibt, und für das, was man empfängt.«

3. »Die Natur ist es, die gibt, und dieser Gabe muß man
sich würdig erweisen. Man muß die Gabe der Natur entgegennehmen und sich an ihr ein Beispiel nehmen. Von
der schenkenden oder gebenden Natur muß man das Geben lernen, ein zugleich generöses und maßhaltendes Geben; und wenn man gibt, wie man der Natur zufolge geben muß, wird man ihr das Ihre zurückgeben und das
rechte Gleichgewicht finden.«

4. »Es gibt keinen vernünftigen Grund dafür, daß es je-

mals die geringste Gabe gäbe (wenn es einen gäbe, so wäre, noch einmal, die Gabe keine solche mehr, sondern eine Berechnung oder ein Tausch). Die Gabe, wenn es sie gibt, müßte jenseits von allem passieren: vor allem und nach allem.«

5. »Die Gabe, wie das Ereignis, als Ereignis, muß unvorhersehbar bleiben, es aber bleiben, ohne sich zu bewahren. Sie muß zufallsbedingt erscheinen, auf jeden Fall als solche erlebt werden, als das intentionale Korrelat einer Wahrnehmung aufgefaßt werden, die absolut von der Begegnung mit dem überrascht wird, was sie jenseits des Horizontes ihrer Antizipation wahrnimmt.« Das meint, daß die Unfaßbarkeit, diese immer neu betörende Kraft des Schenkens, niemals institutionalisiert werden darf; auch wenn die Unfaßbarkeit selbst ein konstitutives Element der Gabe ist.

6. »Man kann mit Freigebigkeit geben, aber man darf nicht aus Freigebigkeit geben, um diesem ursprünglichen oder natürlichen Antrieb zu gehorchen.« Wird die Freundlichkeit bewußt, dann ist sie schon eine Begründung für das Schenken, was den Akt unmöglich macht.

Derrida selber wendet all seine Theorien auf eine Geschichte von Baudelaire an, die seinem Buch auch den Obertitel verliehen hat: »Das falsche Geldstück«. Der Dichter erzählt von einem Freund, der ihn auf dem Nachhauseweg dadurch beschämt, daß er einem Bettler eine viel größer Münze gibt als er selber. Darauf angesprochen erwidert der Freund gelassen, es habe sich um ein Stück Falschgeld gehandelt. Der Ich-Erzähler überlegt einige Zeit, warum der andere das wohl getan habe, versucht, eine logisch-entschuldigende Erklärung zu finden, und muß dann feststellen, daß der Freund tatsächlich glaubt, er habe ein gutes Werk getan, und deshalb auf Anerkennung spekuliert. Baudelaire schließt mit der Erkenntnis: »Es ist das ärgste von allen unheilbaren Lastern, das Böse aus Dummheit zu begehen.«

Dem aufmerksamen Leser von Derridas Abhandlung wird dieser Fehler nicht mehr passieren. Mag er dem Denker auch nicht bis in die intellektuellen Tiefen des seinstiftenden Schenkens folgen wollen, so kann er doch wenigstens einige Schlußfolgerungen mitnehmen: Geschenke lassen sich nicht qualifizieren, weil sie Produkte einer Geisteshaltung sind. Und die sollten Geber und Empfänger gleichermaßen pflegen, um der Würde des Aktes gerecht zu werden. Die Tatsache, daß der Philosoph keinen natürlichen Anlaß für eine Gabe sieht, bestärkt die Theorie, daß Geschenke als »Ausdruck der Liebe« bezeichnet werden können, weil in ihnen menschliches Miteinander qualitativ hochwertig gestaltet und erlebt wird. Daß eine freiwillige Gabe, die vorher ohne irgendeine Kalkulation ausgedacht wurde, automatisch ein Bestandteil des ökonomischen Kreislaufs sein soll, scheint aber von Derrida etwas voreilig festgelegt worden zu sein. Ein Geber, der lange und sorgfältig überlegt, womit er dem anderen eine Freude machen kann, degradiert sein Geschenk dadurch nicht zu einem Handelsobjekt.

Der Philosoph muß die Unmöglichkeit der Gabe denken, um sie ontologisch auswerten zu können, postuliert dafür aber einen Gabenbegriff, der mit der Realität nichts mehr zu tun hat. Den Wunsch nach dem Überraschungsaspekt wird jeder teilen, die Festlegung auf das Unplanbare wohl nicht, nähme es doch dem Schenken seine größten Reize. Wenn beide Seiten das Geschenk sofort nach der Übergabe vergessen müssen, um es nicht den wertenden Kriterien von Raum und Zeit auszusetzen, dann findet das Eigentliche des Schenkens, die Gestaltung und Förderung von Beziehungen, ja gar nicht mehr statt. Daß das Miteinander aber schon seit Urzeiten der maßgebliche Beweggrund für alle Geber war, ist empirisch belegt. Derrida muß deshalb erst einmal ein ganz eigenes Verständnis von Schenken »erfinden«, um dann auf die Kernfragen des Daseins eingehen zu können.

Der Grundforderung des Philosophen, daß Gaben keinesfalls einen eigenen Markt mit ökonomischen Interessen darstellen dürften, würde wohl jeder selbstverständlich beipflichten. Derrida untermalt diese unbestreitbare Erkenntnis abschließend mit einem Gedicht von Michel Deguy:

Gabe
Gegen Gabe ist die Formel
der Tausch ohne Markt, auf dem der Gebrauchswert
                        nur der Austausch
der Gabe wäre, wo das Gemeinsame nicht einmal
                        gesucht wird,
Überfluß des Unvergleichlichen ohne gemeinschaft-
                        liches Maß, ein
Tauschhandel, in dem sich die Knoblauchblüte in
                        das verwandelt,
was nicht abgeschlagen werden kann.
Was wünschen Sie zu geben?
Es ist die Geste, die zählt.

Fazit

Geschenke sind Zeichen. Sie markieren eine eigene, unfaßbare Welt, in der das Interesse der Menschen aneinander eine ganz persönliche Sprache gefunden hat. Wünsche, Willensäußerungen, Verlangen und Zuneigung werden dabei zum Ausdruck einer Beziehung. Wer die Vokabeln dieser Sprache beherrscht, der besitzt die höchste Tugend (Aristoteles), hat das ethische Grundprinzip verstanden (Seneca) und nimmt überhaupt erst am Sein der Welt teil (Derrida). Das mag daran liegen, daß im Schenken die Menschlichkeit ihren Raum findet. Darum hat es auch zu allen Zeiten neben merkantil geprägten Gesellschaftsstrukturen einen Lebensbereich gegeben, der den freiwilligen Gaben vorbehalten war und als Hort der geistigen Liebe diente.

Natürlich gibt es keine letztgültige Definition von dem, was ein Geschenk ist, doch aus den bisher befragten Theorien und Beobachtungen entsteht nach und nach ein Mosaik, in dem die Konturen dieses unfaßbaren Phänomens sichtbar werden. Natürlich fügen auch die Geschichte, die Ethnologie und die kleine Sittenkunde noch einzelne Steine hinzu, der Grundcharakter aller wohlwollenden Gaben läßt sich aber wohl jetzt schon ahnen:

Geschenke sind Ausdruck einer innigen Beziehung. Wie eine Brücke verbinden sie zwei Menschen, indem sie Gefühle sichtbar werden lassen und das füreinander Empfundene sorgfältig verpackt überreichen. In dieser Mittlerfunktion zählt nicht der Gegenstand, sondern der dahinterstehende Wille, mit dem ein Geber für den anderen denkt und sich in dessen Welt versetzt, um so

Anhaltspunkte für die richtige Auswahl zu finden. Darin kommen sich die beiden Beteiligten schon vor dem Austausch der gewählten Dinge näher.

Der Schenkakt veredelt das Dasein. Dem Geber hilft er, über sich hinauszudenken, dem Empfänger verschafft er das Gefühl des Angenommenseins, und dem Gegenstand gibt er seine eigentlich Würde. Erst im Spannungsfeld zwischen zwei Menschen bekommt eine Sache überhaupt ihren Wert, das wissen Händler genauso wie Schenker. Die ideelle Bedeutung eines Gegenstandes, der als Geschenk plötzlich vom Ding zum geachteten Boten menschlichen Miteinanders wird, überragt die materielle bei weitem. Niemand stirbt für einen Zehnmarkschein, aber für eine an sich wertlose Kleinigkeit, die für den Besitzer mit bedeutenden Erinnerungen an den Geber verbunden ist, geht mancher ein großes Risiko ein. Wie eine einfache Kupferplatte durch jeden Geschenkakt ihren Marktwert vervielfachen kann, führen im ethnologischen Kapitel einige Stammeshäuptlinge vor.

Damit Schenken gelingt, müssen Wollen, Können und Einstellung der Beteiligten übereinstimmen oder zumindest aufeinander abgleichbar sein. Seneca hat dafür mit seinem Bild des harmonischen Ballspiels wahrscheinlich das treffendste Gleichnis gefunden, während Emerson auf die subtilen Gefahren falscher Geschenke resigniert hingewiesen hat. Gute Gaben verlangen Fingerspitzengefühl, nicht nur bei der Schleife.

Das Phantastischste am Schenken aber markiert die Freiwilligkeit. Niemand braucht Geschenke zum Leben, sie sind bunte Farbtupfer im Alltag, und wer sie weitergibt, der tut das, weil er etwas von der tieferen Fülle des Lebens verstanden hat, die nicht im Haben, sondern im Geben zu finden ist. Wer schenkt, der fällt eine mündige, selbstbestimmte Entscheidung für den anderen und damit für sich, weil er weiß, daß der Blick über den eigenen Horizont Perspektiven eröffnet. Nur aus diesem Grund darf man das Schenken die Kür eines Lebens nennen. In vollendeter Form gibt es dem Dasein eine neue Qualität, weil es Signale für ein gelungenes Miteinander setzt. Natürlich gibt es im Blick auf das Gelingen der menschlichen Existenz viele Theorien und Modelle, doch wenn diese Konzepte wirklich ein ganzheitliches Dasein wollen, dann findet man sie alle im sagenumwobenen Land des Schenkens wieder.

Schenken ist die Gegenbewegung zur allzumenschlichen Begierde nach egoistischer Selbstbeweihräucherung, die allzuoft den nicht weniger starken Wunsch nach Gemeinschaft vergißt. Wer als Geber denkt und lebt, der ahnt, welche Kraft in den Beziehungen steckt, und kommt gar nicht auf die Idee, dieses Geschenk für lebosen Gewinn aufs Spiel zu setzen. Darum heißt das christliche Gebot des Nichtbegehrens von fremdem Eigentum im Buddhismus noch ein wenig gebefreundlicher: »Nimm nichts, was du nicht geschenkt bekommen hast.« Denn erst in der Gabe vollzieht sich das Außergewöhnliche, das die allzu stereotypen Rahmenbedingen des Lebens unerwartet sprengt. Die Geschichte ist dafür der beste Zeuge.

Von Göttern und Menschen
Die himmlische Welt
des Schenkens

Vor die genuin historische Betrachtung gehören Gedanken zu den heiligen Schriften und den Mythologien, die – wie auch die geschichtlichen Darstellungen – durch eine Betrachtung ihres Verständnisses von Geschenken einen besonderen Reiz bekommen. Götter schenken mit überirdischer Freude und genießen dabei die Macht der fast unbegrenzten Möglichkeiten. Wenn die Unsterblichen ihre Gaben überreichen, dann ändern sich ab und an sogar die irdischen Verhältnisse; zumindest dadurch, daß die Erdenbewohner staunend vor diesen majestätischen Geschenken verharren und sich künftig daran orientieren. Weil die europäische Kultur maßgeblich von den Werten der Bibel und der griechischen Mythologie bestimmt ist, verrät ein neugieriger Blick auf die frühesten Zeugnisse der Menschheit bisweilen auch, warum die Epochen der Geschichte später so ablaufen, wie sie es tun. Darüber hinaus begegnen wir in diesen Quellen der ewigen Sehnsucht nach einer Erklärung der Weltzusammenhänge. Und dabei spielt das Schenken eine ganz eigene Rolle: daß das Leben als Eingebundensein in Bekommen und Geben, in Schenken und Beschenktwerden, zu verstehen ist, bezeugen bereits die frühesten schriftlichen Aufzeichnungen der Menschheit. Die Götter sind Geber aller Dinge, die Aufgabe des Menschen ist es, die Gaben würdig in Empfang zu nehmen. Die alte Erkenntnis, daß Leben aus Beziehungen besteht, die nur dann Erfüllung finden, wenn beide Seiten sich hingeben können, findet sich in den Mythen aller Völker wieder, und sie weist auch auf ein unbewußtes Gespür für die wohltuende Bedeutung des Schenkens hin: Geschenke stärken die Seele.

Bibel

Wer die Bibel so liest, als erzähle sie ausschließlich von überirdischen Geschenken, versteht sie sicher nicht falsch – die heilige Schrift ist das große Buch der Gaben, und vielleicht wird in ihr alles über das Schenken gesagt, was philosophisch darüber zu sagen ist: Quer durch die Testamente, von der Schöpfung, die Gott als selbstgemachtes Präsent für seinen später darauf angesiedelten Erdling erschafft, über den ethischen Umgang mit dem zu beschenkenden Nächsten bis hin zu der geheimnisvollen, alles umfassenden Aussage über die Grundlage eines erfüllten Daseins – »Wer sein Leben verschenkt, der wird es gewinnen« – spannt sich ein farbenfroher Segenbogen geschichtsträchtiger Großartigkeiten, die den Menschen an die eigentlichen Ziele seiner Existenz erinnern.

Dabei ist es keineswegs so, daß die biblischen Gestalten sich durchweg als Könige des Schenkens erweisen. Mitnichten! Undankbar, trotzig und nörgelnd schlagen sogar die großen Heroen Israels die angebotenen Geschenke Gottes aus und halten es für geistreicher, nur auf die eigenen Fähigkeiten zu vertrauen und sich erdverbundener zu bereichern. Kaum ein Herrscher der Königsbücher wird von der Anklage ausgenommen, er habe falschen Götzen gedient, weil er ihnen und ihren animistischen Geschenken mehr vertraute als dem höchsten Geber. Erst im stetigen Geben und Nehmen, im Verlieren und Gewinnen, erfahren die versagenden Potentaten nach und nach die Nähe oder Ferne Gottes. Das babylonische Exil ist dann der große Einschnitt in der israelitischen Geschichte, der dem Volk deutlich vor Augen führt, was es heißt, den ewigen Zuwendungen Gottes nicht zu trauen: »An den Wassern von Babel saßen wir und weinten.« Die großen Denker unter den Vertriebenen aber ahnen auf einmal, was es bedeutet, zu dem auserwählten Stamm zu gehören, dem der Monotheismus geschenkt wurde. Sie führen ihre zweifelnden Schicksalsgenossen wieder nach Jerusalem und reifen dort – hoffentlich – zu den Lebens-Künstlern heran, die wie Luther erkennen, daß alle wichtigen Dinge im Leben einfach geschenkt werden, woraus eine freigebige, unbeschwerte Lebenseinstellung entspringt, die überhaupt erst wahres Dasein ermöglicht.

Ausgewählte biblische Erzählungen verdeutlichen schnell, wie intensiv die Schreiber der Texte sich mit der Suche nach einem funktionierenden Erklärungsmodell für die vielen unverständlichen Lebenszusammenhänge beschäftigt haben, die sie überall beobachteten. Die Schöpfungsgeschichte, der Sündenfall, die Sintflut oder der Turmbau zu Babel, sie alle sind Zeugen einer großen Sehnsucht nach Gleichnissen für die mehr oder weniger schönen Wunder dieser Welt. Das schönste und eleganteste Bild aber, das die großen Denker der frühen israelitischen Hochkultur zur Deutung des menschlichen Daseins fanden, war das des gegenseitigen Verehrens von Geschenken: Denn immer da, wo etwas vom Herrscher der Heerscharen gegeben wird, entsteht Dasein, und der Prozeß des Darbietens zeigt Gottes Kraft. Begeistert spricht die Bibel von den Gaben Gottes an die Menschen und davon, daß Gaben auch Auf-Gaben sind, die der Existenz erst Sinn und Aufgabe geben.

Die daraus folgende Ethik aber läßt sich gleichermaßen festhalten: Das göttliche Vorbild des bedingungslosen Schenkers soll ein Modell für das Miteinander in der Gemeinschaft sein. »Wer Geschenke gibt, hat alle zu Freunden«, verkündet schon Sprüche 19,6, und keine Metapher des Lebens findet sich in so vielen Varianten wieder wie die des göttlichen Gebens. Glaube als Folge einer Gabe und Gaben als Folge des Glaubens: So kommt dieser vielversprechende Zusammenhang immer wieder in einander übertreffenden Bildern vor. Offenbar bewährte sich das dargebotene Erklärungsmuster für Gott, den großen Geber, in den Hütten der Nomaden genauso wie im Palast Davids, denn die Intensität des Vergleichs von Dasein und Geschenk nimmt im Neuen Testament noch zu: »Einen fröhlichen Geber hat Gott lieb.« Hier wird der Grundgedanke jeglichen Schenkens – nicht das Ego soll im Mittelpunkt meines Handelns und Strebens stehen – zur Basis allen menschlichen Miteinanders gemacht, und Jesus wird als das aufopferungsvollste Geschenk Gottes verstanden.

Das kleine Evangelium der Geschenke aber könnte so anfangen: Am Anfang war die Erde wüst und leer, hebräisch »Tohuwabohu«, bis Gott sich selbst Ordnung, einen Himmel und eine Erde und lauter unterschiedliche Lebewesen schenkte. Dem unsozialsten von ihnen übergab er die Oberaufsicht, bis er merkte, daß dieser allein nicht gut war. Also schnitt er dem ersten Menschen ein äußerst feminines Geschenk aus den Rippen, das wie kein späteres ursprünglich mit dem Empfänger verbunden war und das dieser nie wieder vergessen würde. Jetzt endlich – es existierten nun zwei Individuen – war auch die Basis für menschliche Gaben geschaffen.

Natürlich verlor das Schenken gleich am Anfang seine

Unschuld. Schon der erste Versuch, von der gespaltenen Zunge einer verführerischen Schlange angeregt, enthüllte die nackte Tatsache, daß der Mensch allzugern seine eigenen, machtgierigen Wünsche in den Mittelpunkt seiner Freundlichkeit stellt: Nicht nur, daß Eva, die schönste Frau der damaligen Zeit, dem paradiesischen Geschenk ihres Lebensraumes nicht gewachsen war und gerade dort Äpfel stehlen mußte, wo sie es nicht durfte, sie gab die Frucht ihrer Sünde auch noch an ihren Lebensgefährten Adam weiter, der sich die runde Sache unkritisch schmecken ließ. Dieser allererste, mißlungene Geschenkakt war es, der die Bedingungen für das zukünftige Miteinander der Menschen bestimmte: Die ursprünglichste Lebensgemeinschaft machte sowohl die Erfahrung von himmlischer Gemeinsamkeit als auch die der darauf folgenden Trennung von der körperlichen Unbefangenheit, der Schmerzlosigkeit, dem Faulenzen und natürlich dem Garten Eden. Denn Gott ist über das anmaßende Geschenk Evas an Adam so empört, daß er die beiden Anfänger aus dem wundervollsten aller Heime vertreibt und sie mit der Realität konfrontiert. So machte schon die erste kleine Geschenkversuchung deutlich, daß jede Gabe auch Verpflichtung und Verantwortung fordert. Leider kann über die Konsequenzen der ersten Gabe nun wirklich höllisch wenig Freude aufkommen. Daß man nicht leichtsinnig schenken darf, hätte die Menschheit von nun an wirklich wissen müssen, denn schließlich hatte nie wieder eine Gabe derartige Auswirkungen. Die entscheidende Aussage der Sündenfallgeschichte, daß Gottes Wünsche beachtet und seine Gaben sorgsam behandelt werden sollen, gilt der Bibel jedenfalls als weitergehende Verpflichtung: Denke daran, daß dein Verhältnis zu Gott aus Geben und Nehmen besteht. Wenn diese

Kommunikation funktioniert, dann sind beide Seiten glücklich.

Trotz dieser klaren Worte erweist sich die frühe Menschheit auch nach den Ereignissen im Club Paradiso als wenig gebefreudig, so daß sie zur Strafe erst noch eine Sintflut und dann in Babel die Zerstörung ihres gewaltigsten Hochbauprojektes erleben muß, bevor es mit der eigentlichen Offenbarung Gottes losgeht. Um den begierigen Übermut des Menschen in Grenzen zu halten, setzt Gott diesmal ein wirklich unverfügbares Zeichen, das Symbol für den aller menschlichen Trotzigkeit zum Trotz gegebenen Freundschaftsbund werden soll: den Regenbogen. Er wird die geistliche Basis der großen Geschichte Israels.

Der Leitgedanke des Alten Testamentes, der im ersten Buch Mose, Kapitel 12, seinen Anfang nimmt, entstammt nicht nur einer sich entwickelnden Nomadenkultur, er prägt auch das moderne Israel bis heute: Gott verspricht Geschenke – Land, Kinder und Segen. Das alles soll Abraham erhalten; und er merkt schnell, daß solche Gaben nicht unproblematisch sind. Für den Grundbesitz muß sich der frischverheiratete Ehemann auf eine lange Reise von Ur ins Land Kanaan begeben, wobei er mehrmals in Lebensgefahr gerät, und die Vermehrung wird ihm erst dann konkret zugesagt, als seine Gattin Sarah die Wechseljahre schon lange hinter sich hat. Daß diese ihren Abraham dennoch bedingungslos liebte, zeigt übrigens ihr hingebungsvollstes Geschenk: Sie legte dem Unglücklichen die Magd Hagar ins Ehebett, auf daß diese das Glück der Mutterschaft erführe, das ihr selbst versagt blieb. Gott sei Dank wurde ihr der Segen später doch noch zuteil, denn der Herr ließ die Greisin schwanger werden; was damals nicht weniger Aufsehen erregte, als es das heute tun würde.

Geschenke in der Bibel, Zuwendungen Gottes, sind immer Gabe und Aufgabe zugleich, das unterscheidet sie von der reinen Mitmenschlichkeit. Sie verlangen Glauben, Vertrauen zum Geber und eine demütig-aktive Annahme des Zugesagten. Derjenige, der sein Leben dem Höchsten übergibt, wird mit seinem ganzen Leben herausgefordert, er kann sich aber auch bei allen Aufgaben auf die Gnade des Gebers verlassen. Die Verpflichtung ist also keine erzwungene, sondern eine freiwillige. Dennoch wird immer wieder dargestellt, daß die Beziehung zwischen zwei Partnern auseinanderbrechen kann, wenn nicht beide gleichermaßen am Geben interessiert sind. Besonders deutlich wird der Anspruch Gottes in dem Augenblick, in dem er seinen ersten großen Glaubenshelden Abraham auf die Probe stellt und dessen lang ersehnten Sohn als aufopferungsvolles Geschenk fordert – um zu sehen, wie innig denn nun die gläubige Hingabe des Erzvaters ist. Isaak soll als Menschenopfer zum ersten Märtyrer werden. Natürlich kommt es auch heute noch bei einigen Gelegenheiten vor, daß man für ein wirkliches Geschenk Opfer bringen muß und es etwas kostet (meist geht es dabei weniger um Geld, als um Liebe, Zeit und Aufmerksamkeit). Das alles macht jedoch nichts, wenn ein fröhlicher Geber nicht auf den Preis achtet, sondern auch den persönlichen Einsatz als Gewinn empfindet. Die geplante Opferung Isaaks aber führt den Gedanken der Selbstlosigkeit bis zum bitteren Ende. Die naiv-verwunderten Fragen des Knaben beim Aufstieg auf den Berg, wo denn das notwendige Opfertier sei, gehören mit zu den bewegendsten Stellen der Weltliteratur. Gott aber ist hart: Erst als Abraham schon das Messer an die Kehle seines geliebten Erstgeborenen setzt, ist der Allmächtige davon überzeugt, daß der gläubige

Israelit zu jedem noch so verwegenen Geschenk bereit ist. Jetzt endlich gebietet Gott Einhalt. Abraham hat bewiesen, daß er den Geist eines großen Gebers hat, und Gott beendet ein für allemal die blutige Ära der Menschenopfer. Als kleinen Ausgleich für diese gewaltige Liebesbezeugung gibt er dem gar so freigebigen Abraham einen Widder; den darf der Gehorsame ihm getrost zurückschenken.

Freigebigkeit ist in der Bibel eine Tugend, die den ganzen Charakter eines Menschen bestimmt und über vielen anderen Qualitäten steht. Das dachte sich auch der Knecht, den Abraham eines Tages aussandte. Mit dem verantwortungsvollen Auftrag, für Isaak eine gute Frau zu finden, zog der brave Mann mit zehn Kamelen und einer Ladung wertvoller Geschenke los. Am Zielort aber wurde der Knecht unschlüssig, woran er denn nun die potentielle Auserwählte erkennen solle. Da fiel ihm ein, daß er die Qualitäten der zukünftigen Stammesmutter doch an ihrer Gebefreudigkeit messen könnte. Also stellte er sich an einen Brunnen und beschloß, diejenige Frau mitzunehmen, die ihm auf seine Bitte hin etwas zu trinken gäbe. Zur Sicherheit, schließlich ging es um die Zukunft des ganzen jüdischen Volkes, verlangte der vorsichtige Knecht aber noch einen weiteren Beweis der Freigebigkeit: Die Frau solle nach ihrem ersten Geschenk von sich aus auf die barmherzige Idee kommen, auch die durstigen Kamele mit ihrem Wasser zu tränken. Und siehe da! Wenig später kam die schöne Rebekka, gab gerne von ihrem Wasser ab und bot auch noch den Wüstentieren zu trinken an. Spontan, und ohne nach Rang des Beschenkten oder eigenem Nutzen zu fragen. Die selbstlose Freigebigkeit der jungen Schönen offenbarte nicht nur ihre Befähigung zur Stammesmutter, sie erhielt

auch von dem überzeugten Knecht sofort »einen goldenen Stirnreif, sechs Gramm schwer, und zwei goldene
Armreifen für ihre Hände, hundertundzwanzig Gramm
schwer«. Als der erfolgreiche Knecht später dem Vater
der Schenkwilligen die durststillende Erfahrung erzählte,
wußte der sofort: »Das kommt vom Herrn.« Natürlich
erhielt auch der zukünftige Schwiegervater Isaaks »sil-
berne und goldene Kleinode, Kleider und kostbare Geschenke«. An ihren Gaben sollt ihr sie erkennen. (So
auch heute. Nachzulesen im Knigge des Schenkens.)

Daß Gaben schon damals sehr gefährlich sein konnten,
beweist dagegen die Geschichte des großen Handelsrei-
senden der Bibel, Joseph. Der bekam als schöner Jüngling
von siebzehn Jahren von seinem Vater Jakob ein buntes,
elegantes Gewand geschenkt, das seine Aufgeblasenheit
nur noch mehr enthüllte; der spätgeborene Sprößling
hatte nämlich wiederholt anmaßende Träume gehabt, in
denen seine Familie – die Eltern und alle elf Brüder –
ihm huldigend zu Füßen lag. Jakob aber war seinem
Lieblingssohn weiterhin gewogen geblieben und hatte
ihn wie eh und je verhätschelt. Die Brüder, die ob dieser
Bevorzugung des wohlgekleideten Kleinen zu Recht ge-
kränkt waren, taten dann auch das für sie einzig Richtige,
sie warfen den eitlen Kerl in einen Brunnen, um ihn später als Sklaven nach Ägypten zu verkaufen. Daß sich der
Schönling als Ausländer in der Fremde zur rechten Hand
des Pharao hocharbeiten würde, hatten sie natürlich in
ihren kühnsten Alpträumen nicht für möglich gehalten.
Noch weniger hätten sie sich damals vorstellen können,
daß sie eines Tages als hungernde Bittsteller vor ihm nie-
derknien und ihrerseits Geschenke darbieten würden,
um ihn gnädig zu stimmen. Der erfolgreiche Josef aber
verzieh ihnen die Untat und gab ihnen mit diesem Groß-

mut mehr als mit dem Getreide, das sie zum Leben brauchten.

Erst in Ägypten, in das die ganze Jakobssippe nach der Versöhnung mit Josef, dem Pharaogehilfen, zieht, beginnt Gottes Segensverheißung richtig zu wirken. Israel wächst zu einem großen Volk heran, das nicht nur den Pharao zu massiven fremdenfeindlichen Äußerungen veranlaßt. Allerdings will der Herrscher die praktischen Sklaven auch nicht gehen lassen, weil sie nicht nur gute, sondern auch notwendige Arbeitskräfte sind, die die Wirtschaft am Laufen halten. Selbst eindrücklichste Plagen, die in ihrer Intensität nur von diesem andersartigen Gott des merkwürdig monotheistischen Stammes kommen können, erweichen den Pyramidenfreund nicht. Als Gott dann dem ganzen Volk mit Hilfe des schüchternen Mose einen Ausweg durch das Rote Meer bahnt, beginnt für die Entflohenen eine vierzigjährige Durststrecke in der Wüste, die für alle Beteiligten eine lange Lehrzeit im Annehmen von Geschenken darstellt. Kaum sind nämlich die Verfolger im wieder zurückflutenden Wasser ertrunken, da beginnt in den Familien die Unzufriedenheit. Anstatt sich über das Geschenk der Freiheit zu freuen, jammern die Flüchtlinge darüber, daß sie nun nicht mehr an den Fleischtöpfen Ägyptens ihren Hunger stillen können. Gott aber ist größer als dieser Kleinglaube: Er spendet nicht nur feinstes Manna, sondern auch noch teuerste Wachteln. Und schon hier verbindet er seine Geschenke mit der Aufforderung, sie auch im rechten Glauben anzunehmen. Um Vertrauen in den täglichen Nachschub zu beweisen, sollten die Israeliten immer nur ihren aktuellen Hunger stillen. Und das in der Wüste! Natürlich konnten sich die raffgierigen Menschen nur sehr schwer daran gewöhnen, daß diese

Gaben nicht gehortet werden sollten, sondern jeden Tag
neu zur Verfügung standen. Gott aber ließ ein wenig hin-
terhältig das Gehamsterte über Nacht schlecht werden,
um dem Glauben sichtbar nachzuhelfen.

In dieser Form ging es weiter, obwohl die Geschenke
an Bedeutung immer mehr zunahmen: Brot, Fleisch,
Wasser, Gebote. Den Israeliten fehlte immer wieder das
rechte Vertrauen, daß die versprochenen Sachen auch
rechtzeitig dasein würden. Und so fertigten sie sich, als
Mose einmal länger ausblieb, ein goldenes Kalb, das ihnen anbetungswürdiger erschien als dieser jedesmal überraschend und unvorhersehbar beschenkende Gott, der
sich gerade nicht auf einen Handel einlassen, sondern
seine Autorität beim Geben behalten wollte. Als Mose
diesen undankbaren Frevel sah, zerschlug er vor Wut
die in mühsamer Arbeit mit Gesetzen vollgehauenen Ta-
feln, bestrafte das Volk und ging schweren Herzens und
noch schwererer Füße ein zweites Mal auf den Berg,
um eine Kopie der Gebote anzufertigen, die dann sofort
in der heiligen Bundeslade sicher aufbewahrt wurden.
Das Volk aber tat sich weiterhin schwer mit dem rechten
Glauben, und erst in dem Moment, in dem die Wüste alle
das Beten ob des zuverlässigen Gabensegens gelehrt
hatte, gestattete der Herr den Zutritt in das gelobte Land.

Die einfache Erkenntnis, daß man sich über Geschenke freuen sollte, anstatt immer größere und andere
Dinge zu fordern, hielt leider nicht lange vor. Israel besaß
ein kurzes Gedächtnis. Als Gott nach vielen Kämpfen
das Land, wo Milch und Honig fließen, endlich in die
Hände seiner auserwählten Anhänger gegeben hatte,
herrschten einige Zeit Richter über die Stammesgemein-
schaft. Diese Entscheidung aber stand unter keinem guten Stern: Die Ordnungshüter erwiesen sich als bestech-

lich, sie »suchten ihren Vorteil, nahmen Geschenke und beugten das Recht«. Vergeblich versuchte der Prophet Samuel, die Männer des Volkes davon abzuhalten, sich statt der Rechtsbrecher einen König zu suchen, weil das die Souveränität Gottes einschränken würde; die überzeugten Royalisten waren nicht von ihrem Begehren abzubringen.

Der diplomatischste der unter schwierigen Umständen auf den Thron gekommenen Herrscher war Salomo, der dafür von Gott auch das größte und anspruchsvollste Geschenke erhielt, das man überhaupt bekommen kann: Freie Auswahl! »Bitte, was ich dir geben soll«, zitiert das erste Buch der Könige den Transzendenten, und Salomo stand einen Moment sprachlos da – vor der schwierigen, auch heute noch gern gestellten Frage: »Was wünschst du dir denn?«, die sonst meist nur die Phantasielosigkeit des Gebers demonstriert, diesmal aber ein wahrhaft göttliches Zeichen von Großzügigkeit darstellte; eine Erkenntnis, die dem König die Wahl nicht erleichterte. Die Suche nach dem sinnvollsten, wertvollsten und lebensbereicherndsten Geschenk ist ja nicht nur ein charmantes Spiel für Verliebte, das mit der unterhaltsamen Aufzählung der richtigen Utensilien für einen lebenslangen Inselaufenthalt eine palmige Variante erhielt, sie fordert tatsächlich ein Bekenntnis, was denn das Leben eines Menschen bestimmen soll.

Salomo handelt artig. Er bedankt sich erst einmal ausführlich für seinen bisherigen Erfolg, bekennt bescheiden seine Unreife und wünscht sich dann: ein gehorsames Herz, um sein Volk vernünftig zu richten. »Das gefiel dem Herrn gut.« Wie unendlich weise die Entscheidung Salomos schon vor der Wunscherfüllung war, macht die weitere Reaktion des Allmächtigen deutlich:

Gott sprach zu ihm: »Weil du darum bittest und weder um langes Leben noch um Reichtum noch um deiner Feinde Tod, sondern um Verstand, siehe, so tue ich nach deinen Worten. Siehe, ich gebe dir ein weises und verständiges Herz. Und dazu gebe ich dir, worum du nicht gebeten hast, nämlich Reichtum und Ehre, so daß deinesgleichen keiner unter den Königen ist zu deinen Zeiten.«

So verwandelte sich die kluge Entscheidung in einen allumfassenden Segen, der Salomo nicht nur Reichtümer, Frauen und Achtung, sondern auch überbordende Staatsgeschenke, etwa von der Königin von Saba, einbrachte. Edel wie er war, verwendete der König zumindest einen Teil der Gaben für den Bau des heiligen Tempels in Jerusalem, der ihm das bis heute anhaltende Wohlwollen der Geistlichkeit sicherte.

Die darauffolgenden Könige waren an göttlichen Geschenken nicht sehr interessiert, und wahrscheinlich beruht darauf der Niedergang der Monarchie. Zu den mißgünstigen Herrschern gesellten sich mahnende Propheten, die den Untergang jeglicher Kultur ob dieser Gedankenlosigkeit vorhersahen, aber nur wenig Gehör fanden. Erst im babylonischen Exil wurde den Israeliten langsam wieder bewußt, was sie mit ihrer Undankbarkeit verschenkt hatten. Und um ihnen das noch einmal persönlich vor Augen zu führen, beschloß der Herr, seinen Sohn als Mensch gebären zu lassen, auf daß sich die Abtrünnigen wieder auf die göttlichen Gaben besännen.

Die grausamste Geschenkgeschichte des Neuen Testamentes aber steht in Zusammenhang mit Johannes dem Täufer, dem Rufer in der Wüste, der kurz vor Christi Geburt auf die Welt kam. Es ist die Legende vom Leicht-

sinn des König Herodes, der im Gegensatz zu Gott nicht
auf die Weisheit derjenigen bauen konnte, die er mit einem freien Wunsch bedachte. Zugute halten kann man
dem verwirrten Herrscher im nachhinein nur, daß er
zum Zeitpunkt seiner Charakterschwäche blind vor
Liebe und sehr erregt war. Auf seiner ausgelassenen Ge-
burtstagsfeier hatte nämlich seine verführerische Stief-
tochter Salome einen so wunderbaren erotischen und
betörenden Tanz vorgeführt, daß der König in seiner
Hingerissenheit unter Eid versprach, ihr alles zu schenken, was sie sich wünschte. Diese Blöße nutzte die Mutter der Schönen geschickt aus und stiftete ihre Tochter an,
sich das Haupt Johannes des Täufers zu wünschen, von
dessen mahnenden Worten sie sich kritisiert fühlte. Um
die Geschmacklosigkeit auf den Höhepunkt zu treiben,
sollte der blutige Schädel auch noch auf einem silbernen
Tablett serviert werden. Natürlich verfluchte sich der König ob dieser kopflosen Entscheidung, da aber alle in der
nun nicht mehr lustigen Runde seinen Schwur gehört
hatten, mußte er wohl oder übel den grausamen Befehl
zur Hinrichtung des Rufers in der Wüste geben. So ist
es wieder ein mißratenes Geschenk eines Menschen,
das ein heilendes Gegengeschenk Gottes nötig macht;
diesmal in fast unfaßbarer Form.

Die Botschaft des Neuen Testamentes wird gern in einem Vers aus dem Johannesevangelium (3,16) zusammengefaßt: »Also hat Gott die Welt geliebt, daß er seinen
eigenen Sohn hingab, auf daß alle, die an ihn glauben,
nicht verloren werden, sondern das ewige Leben haben.«
Jesus Christus, wie ihn die Bibel versteht, ist ein Ver-
söhnungsgeschenk des Höchsten, ein wahrhaftiges Geschenk des Himmels. Damit die selbstsüchtigen und
lebensunfähigen Menschen verstehen, was Liebe und

verzeihende Freundschaft heißen können, muß einer für alle sterben; allerdings behält sich Gott die kleine Option vor, den erlösenden Mittler zwischen Himmel und Erde nach der ganzen ver-gebenden Geschichte wieder neben seinen Thron zu holen – etwas, was sich nur ein Gott erlauben kann, der das Beste der Menschen will.

Vorher aber nimmt die Erzählung ihren Anfang klein und unscheinbar in einem Stall. Dort tauchen eines Nachts die eigentlichen Erfinder der Weihnachtsgeschenke auf, die drei Weisen aus dem Morgenland, und setzen mit ihren Mitbringseln den Standard für die nächsten Jahrtausende. Gold, Weihrauch und Myrrhe sollen sie dem neugeborenen Jesus an der Krippe kredenzt haben; eine Tatsache, die beweist, daß die Könige zwar viel vom Sternegucken, aber nichts vom Schenken verstanden. Übersetzt man die herrschaftlichen Gaben in die heutige Zeit, dann heißen sie: Geld und Parfüm. Das mag zwar sehr wert- und hochachtungsvoll gewesen sein, für den Jungen und seine unverheirateten Eltern hätte es aber sicher weitaus praktischere Dinge gegeben, bedenkt man dabei, daß sie als Vertriebene erst einmal nach Ägypten ziehen mußten. Von der Reise zurückgekehrt und erwachsen geworden, muß Jesus wohl ein wenig Vorsicht gegenüber unüberlegten Gaben behalten haben, denn als der Teufel versucht, den wahren Menschen in der Wüste mit machtvollen und teuren Geschenken zu bestechen, lehnt dieser als wahrer Gott selbstverständlich ab.

Kein Wunder, daß der erwachsene Jesus ein etwas wundersames Verhältnis zum Schenken hatte. Wo er hinkam, teilte er aus, mit vollen Armen und meist mehr, als er selber hatte. Man denke nur an die sonderbare Speisung der Fünftausend, bei der der Gottessohn die ganze

Fangemeinde mit frischem Fisch und Brot versorgte, obwohl es anfangs so aussah, als könnten die geringen Vor-
räte niemals reichen. Auch sonst war er freigebig: In
Kana verwandelte er großzügig Wasser in Wein, überall
schenkte er Gesundheit und dem bereits begrabenen La-
zarus sogar das Leben wieder. Allerdings liebte er es
auch, seine Gaben mit ungewöhnlichen Gesprächen zu
verbinden. Etwa wenn er der Samariterin erst lange am
Brunnen den Mund wäßrig machte mit seiner fast unverständlichen Rede vom lebendigen Wasser, das er ihr geben wolle:

> Wer von dem Wasser trinken wird, das ich ihm gebe,
> den wird in Ewigkeit nicht dürsten, sondern das Was-
> ser, das ich ihm geben werde, das wird in ihm eine
> Quelle des Wassers werden, das in das ewige Leben
> quillt.

Man stelle sich vor, wir würden heutzutage unsere Mitbringsel so aufbauschen. Zumindest aber demonstriert
Jesus eines: Geschenke, die von Herzen kommen und of-
fenherzig angenommen werden, können Menschen verändern; weniger wegen der Gaben als wegen des liebevollen Verständnisses, das hinter ihnen steht.

Vor allem aber verrät Jesus seinen Anhängern in der
Bergpredigt das biblische Grundgeheimnis des Schenkens: »Bittet, so wird euch gegeben!« Für den begeistern-
den Prediger bedeutet das, sich mit aller Sorglosigkeit
darauf zu verlassen, daß der Vater hilft. Darum folgt
auch gleich darauf der bildhafte Hinweis, daß weder die
Vögel unter dem Himmel noch die Lilien auf dem Felde
etwas für ihre Nahrung oder ihre Schönheit tun müssen.
Gott ernährt und kleidet seine Geschöpfe als Schenker,
nicht als Vertragspartner, der etwas verkauft. Darum
kann und darf auch kein Mensch seine Gaben verdienen,

sie sind im wahrsten Sinne des Wortes »Geschenke«.
Nicht zufällig stellen die Philosophen und Philantropen,
die sich mit dem Schenken beschäftigt haben, genau
die Dinge in den Mittelpunkt, die auch im Neuen Testament zu einer Ethik des Gebens führen: Der Beschenkte
muß sich die Gaben weder verdienen, noch sich durch
sie verpflichtet fühlen, er muß sie nur annehmen, um
sie zu besitzen. Erst diese befreiende Erkenntnis ist es,
die den Christen ermutigen soll, seinerseits zum freigebigen Schenker zu werden; aus einem inneren Bedürfnis heraus, nicht um sich einen Platz im Himmelreich
zu sichern. Im Matthäusevangelium sagt Jesus deutlich:
»Umsonst habt ihr's empfangen, umsonst gebt es
auch.« Keinesfalls soll sich ein Frommer mit seinen Geschenken brüsten. Wer etwas verschenkt, der tut es um
der Menschheit willen; und weil er jederzeit erleben
kann, daß er mit dem Fremden, den er beschenkt, Jesus
selbst etwas Gutes tut. Selbstlosigkeit ist dabei nicht Aufopferung, sondern der Genuß der gegenseitigen Freundlichkeit, der mehr wiegt als alles mit Lug und Trug Ver-
diente. Daraus folgt dann die bereits zitierte, tiefgründige
Aussage, daß nur der sein Leben gewinnen könne, der es
verschenkt. Ein Gedanke, der sogar atheistische Denker
wiederholt bewegt hat.

Ein nicht unbiblisches Verständnis von Sünde wäre
dann der Versuch egoistischer Personen, den göttlichen
Kreislauf der schenkenden Barmherzigkeit zu unterbrechen und sich und die eigenen Bedürfnisse über Gott
und den Nächsten zu stellen. Dabei geht es dann auch
gar nicht um die Frage, ob einer arm oder reich, verheiratet oder ledig, fröhlich oder deprimiert über diese
Erde wandelt, es ist im wahrsten Sinne des Wortes die
Geisteshaltung, die einen Menschen ausmacht. Sie macht

das winzige Scherflein der aufopfernden Witwe wertvoller als den vielstelligen Scheck des Multimillionärs.

Die Paulusbriefe verstehen unter Gaben vor allem die
von Gott geschenkten Fähigkeiten des Menschen, deren
er sich immer bewußt sein soll: »Laß nicht außer acht die
Gaben in dir«, schreibt der Spätbekehrte enthusiastisch,
als er merkt, daß viele Menschen die in ihnen angelegten
Talente nicht wirklich nutzen. Und er vertraut darauf,
daß die Gaben des heiligen Geistes, die vor allem der
Gemeinschaft nutzen sollen, den Christen jederzeit motivieren können. Der Gläubige muß nur bereit sein, sie
anzunehmen, »daß ihr keinen Mangel habt an irgendeiner Gabe«. Im Römerbrief kommt Paulus dann zu dem
Punkt, der ihm am wichtigsten erscheint: »Gottes Gabe
ist ewiges Leben«. Darin steckt nicht nur die Hoffnung
auf ein Dasein nach dem Tod, sondern das Bewußtsein,
daß das Leben selber ein Geschenk ist – auch vor dem
Tod –, hilft, es zu achten und zu pflegen. Im Himmel
aber, wenn es denn zum letzten Gericht kommt, wird
Gott ein aufmerksames Auge darauf haben, mit welcher
Einstellung seine Schäfchen auf Erden geschenkt haben;
wer reinen Gewissens seine Gaben verteilt hat, darf diesem Tag frohgemut entgegensehen.

Die christliche Tradition hat in den darauffolgenden
Jahrhunderten mit Vorliebe die Heiligengeschichten ge-
sammelt, in denen Geschenke vorkamen: Keiner war
mit seinen Gaben so hilfreich wie St. Nikolaus, keiner
hat so selbstlos seinen wärmenden Mantel mit einem frie-
renden Bettler geteilt wie St. Martin. Und beide sind in
ihrer natürlichen Spendefreudigkeit bei Kindern besonders beliebt. Vielleicht weil diese ahnen und spüren,
daß ein edler Spender immer ein wenig den Geist Gottes
in sich trägt. So wie auch die heilige Elisabeth von Thü-

ringen den Beistand des Höchsten erleben durfte. Die
Dame hatte es sich angewöhnt, den Armen, die um ihre
Burg lagerten, regelmäßig Geschenke zu bringen, damit
diese nicht verhungerten oder erfroren. Ihr wenig spendabler Ehemann verbot ihr diese Hilfsaktionen mehrmals und drohte ihr sogar Strafen an, falls er sie noch einmal dabei erwischen würde. Als sie nun eines Tages mit
mehreren unter dem Mantel versteckten Broten die
Burg verließ, stellte sie der Gatte und forderte sie auf,
zu zeigen, was sie denn da bei sich trüge. Verschüchtert
weigerte sich die Ertappte – noch nicht Heilige –, doch
ihr Mann bestand auf seinem Ansinnen. Als sie nach langem Zögern und mit großer Angst ihren Mantel öffnete,
siehe, da waren die Brote zu Rosen geworden, die sie ihrem Mann freudig, und wir vermuten, auch etwas hä-
misch, in die verdutzten Arme – wenn man das so sagen
darf – drücken konnte. So schützt Gott seine Schenker
bis in die heutige Zeit.

Griechische Mythologie

Nicht von einem, von Hunderten von Göttern schwär-
men die Griechen, ohne daß dabei einem der Unsterblichen die gleiche Erhabenheit wie dem biblischen Herrscher zugesprochen worden wäre. Die olympische
Großfamilie lebt alle menschlichen Laster in erhöhter
und extremer Form aus und wird dadurch zum transzendenten Gleichnis für das Leben an sich. Und weil Geschenke nun einmal das Mittel sind, mit dem sich Beziehungen so schön gestalten lassen, spielen sie auch in der
griechischen Mythologie und Geschichte eine göttliche
Rolle. Dabei zeigen sich einige absonderliche Phänomene, die es sich genauer zu betrachten lohnt.

Wie in der Heiligen Schrift benehmen sich die aus
Lehm geformten Menschen, die frühen Hellenen also,
anfangs recht unbeholfen, bis ihnen ein Gott etwas auf
die Sprünge hilft. Gustav Schwab schreibt fabulierend:

Da nahm sich Prometheus seiner Geschöpfe an: er
lehrte sie den Auf- und Niedergang der Gestirne beobachten, erfand ihnen die Kunst zu zählen, die Buchsta-
benschrift, lehrte sie Tiere ins Joch spannen und zu
Genossen ihrer Arbeit gebrauchen, gewöhnte die
Rosse an Zügel und Wagen, erfand Nachen und Segel
für die Schiffahrt – kurz, in alle Bequemlichkeiten
und Künste des Lebens führte er sie ein.

Reich beschenkt von dieser Wissensvielfalt vermehrten
sich die Menschen wie geplant und erhofft.

Die übrigen Götter aber, besorgt um die plötzliche
Macht der Menschen, verlangten bei näherer Betrachtung nicht nur Verehrung von diesem hochgezüchteten
Erdenvolk, sie beschlossen zur Sicherheit auch, ihnen
das kraftvolle Feuer vorzuenthalten. Der göttliche Prometheus aber, der sich inzwischen in seine wimmelnden
Kreaturen vernarrt hatte, entzündete heimlich einen
Riesenfenchel am vorüberheizenden Sonnenwagen und
brachte seinen Lieblingen doch noch die letzte lebens-
notwendige Gabe. Zeus donnerte vor Zorn. Sofort
schmiedete er mit Hephaistos einen üblen Plan, wie sie
vereint die Macht der Sterblichen beschränken könnten.
Mit vereinten Kräften schufen sie am Ende ihrer Beratungen eine göttlich schöne Dame mit Namen Pandora, die
Allbeschenkte. Denn jeder der Unsterblichen hatte der
Nicht-Guten ein unheilbringendes Geschenk für die
Menschen mitgegeben. Damit sollte der schamlosen
Selbstbeweihräucherung der Erdlinge ein für allemal
ein Ende bereitet werden. Schwab fährt fort:

Sie aber schritt zu Epimetheus, dem arglosen Bruder
des Prometheus, ihm eine Gabe des Zeus zu bringen.
Vergebens hatte diesen der Bruder gewarnt, niemals
ein Geschenk vom Beherrscher des Olymp anzunehmen, sondern jegliches sofort zurückzusenden, damit
den Menschen kein Leid dadurch widerfahre. Denn
bisher lebten die Geschlechter der Menschen frei
vom Übel, ohne beschwerliche Arbeit, ohne quälende
Krankheit. Pandora aber trug in ihren Händen ihr
Geschenk, ein großes Gefäß, mit einem Deckel versehen. Kaum bei Epimetheus angekommen, schlug sie
den Deckel zurück, und alsbald entflog dem Behältnis
eine Schar von Übeln und verbreitete sich mit Blitzes-
schnelle über die Erde.

So fand auch bei den Griechen das Ende des paradiesischen Lebenswandels eine überirdische Erklärung, ihre
Mythenschreiber aber schoben die Schuld daran nicht
wie die Bibel ausschließlich der eigenen Gattung, sondern auch den Göttern zu.

Und nun begann die Zeit der menschlichen Gaben, die
nicht weniger trügerisch waren als die Büchse der Pandora. Das hohlste Herrschergeschenk aller Zeiten, das
Trojanische Pferd, wollte zum Beispiel gar keines sein.
Nach zehnjährigem, vergeblichem Belagern der Stadt
Troja war den Griechen die hinterhältige Idee gekommen, abzuziehen und vor den Toren ein gewaltiges,
schnell zusammengezimmertes Holzpferd stehenzulas-
sen. Die Trojaner aber begingen den großen Fehler kleiner Kinder, sie glaubten, alle Geschenke seien für sie. Sofort überlegten sie, wie sie die undurchsichtige Spende
einkassieren könnten. Laokoon versuchte noch verzweifelt, die Begierigen zurückzuhalten; vergeblich – ihm waren die Hände gebunden. Vergil läßt den vorsichtigen

Helden weise sprechen: »Was es auch sei, ich fürchte die Danaer, auch wenn sie Geschenke bringen.« Wie recht er hatte! Als das Danaer-Geschenk in die Stadt gebracht worden war, kam heraus, daß es sich dabei nur um die hölzerne Verpackung einer kleinen Schar mutiger Griechen handelte, die nachts unbemerkt die Tore der uneinnehmbaren Mauern öffneten und damit den Untergang der Feinde herbeiführten. Hätte doch nur einer mal dem geschenkten Gaul ins Maul geschaut.

Wie verführerisch und gefährlich Gaben sein können, weiß jeder, der schon einmal von freigebigen Bekannten in die ewige Pflicht genommen wurde: »Da schenke ich dir ein Auto, mein Junge, und du hast noch nicht einmal Zeit, meine Obstplantage zu stutzen ...«

Wahrscheinlich bedürfen große Geschenke der entsprechenden Würde und Reife des Empfangenden, wenn sie nicht zum Fluch werden sollen. Wenn man die Sagen und Erzählungen der griechischen Mythologie als glaubhafte Zeugen betrachtet, dann gab es jedenfalls im hellenischen Denken eine ausgeprägte und hochkultivierte Schenktradition; bei einem frühreifen Volk, das von Stadtstaaten und Seehandel geprägt war, sicher eine notwendige Lebensstruktur. Ilias und Odyssee jedenfalls sind voll von mehr oder weniger gastfreundlichen Begegnungen, die alle von Gaben gekrönt wurden.

Aller Wahrscheinlichkeit und allen Texten nach wurde im frühen Griechenland jeder Gast während seines Aufenthaltes mit reichen Geschenken bedacht, vor allem beim Abschied. Gastgeschenke blieben Beweis für und Andenken an die erlebte Gemeinschaft. Sie waren so selbstverständlich, daß ein Gast seine Geschenke sogar offiziell einfordern durfte, ohne damit die Etikette zu verletzen. Selbst Odysseus forderte den Kyklopen auf, ein Auge zuzudrücken und nach heimischem Recht, ja sogar nach göttlicher Satzung, gefälligst Gastgeschenke herauszurücken, und zwar schnell. Leider weigerte sich der tumbe Riese und begann im Gegenzug, die Gefährten des Helden zum Frühstück zu verspeisen. Glücklicherweise gelang es Odysseus später doch, dem geblendeten Göttersohn zu entkommen, so als sei niemand dagewesen.

Hätte der Kyklop damals seine Pflicht getan und freundlich kleine Kostbarkeiten an den Gast verschenkt, hätte es ihm allerdings trotzdem passieren können, daß Odysseus damit nicht zufrieden gewesen wäre. Wiederholt berichten griechische Texte, daß ein Empfänger Geschenke umtauschte, wenn er sie nicht brauchte. Ob diese Sitte häufig zum Tragen kam, ist nicht bekannt; möglich ist es schon, denn die Gaben der Hellenen haben oft polemischen Gebrauchswert. Die Lieblings-Gastgeschenke in der griechischen Mythologie sind Waffen: Rüstungen, Pfeil, Bogen, Schwert, Lanze, Brustharnisch, Pferde oder Wagen. Aber auch Gebrauchsgegenstände wie Becher, Mischgefäße, Dreifüße, Kleider, Frauengewänder, Mäntel, Goldtalente oder Sklavinnen wechseln bei passender Gelegenheit den Besitzer.

Trafen sich Gastfreunde außerhalb ihrer Heimat, wurden vor Ort Geschenke ausgetauscht. Ein Brauch, der heute nur noch bei Fußballern öffentlich zelebriert wird. Bereits vor dem Kampf tauschten zum Beispiel Glaukos und Diomedes ihre Rüstungen und gelobten, sich im Kampf voneinander fernzuhalten. Wenn die Menschen des alten Griechenland einander nicht genügend geben konnten, halfen auch die Götter ab und an ein wenig mit. So bekam zum Beispiel Achill von seiner Mutter eine exquisite Waffengarnitur, um den Tod seines Freundes Patroklos zu rächen. Schwab hält fest:

Mit dem ersten Morgenlichte war sie wieder bei ihrem Sohne. Sie legte die Waffen vor Achilleus nieder, daß alle die Wunder zusammenrasselten. Dem Peliden funkelten die Augen unter den Wimpern vor Zorn und Freude; er hielt die herrlichen Gaben des Gottes in die Höhe und weidete sein Herz lange an der Betrachtung. Dann ergriff er das Göttergeschenk.

Die wirklich abenteuerlichen Gaben sind allerdings auch in der griechischen Mythologie solche, die eigentlich keiner geschenkt haben will. Verführerische, verräterische oder auf eine andere Art schädlich angebotene Anbiederungen. Selbst der allesüberwindende Herakles fiel am Ende solch einer üblen Zuwendung zum Opfer. Er bekam von seiner Frau Deianira nämlich ein neues Unterhemd geschenkt, das er besser nicht angenommen hätte; denn die enthüllende Dessous-Episode hatte eine unschöne Vorgeschichte: Auf einer Reise kam das antike Paar einst an den Fluß Euenos, in dem der Kentaur Nessos als lebende Fähre arbeitete und im Dauerbetrieb die reißende Strömung durchwatete. Natürlich war Herakles stark genug, die reißenden Wasser allein zu durchqueren, daher überließ er nur seine reizende Gattin dem Kentauren. Anfangs schien alles gutzugehen, aber mitten in der Flut »wagte es Nessos, von der Schönheit des jungen Weibes betört, sie mit schnöder Hand anzurühren«. Wo, erwähnt Gustav Schwab leider nicht. Jedenfalls war der unzüchtige Übergriff der Untergang des Nessos, denn Herakles streckte ihn am Ufer mit einem Pfeil nieder. Als das fabelhafte Wesen leise seine letzten Worte von sich gab, ließ sich die erschreckte Deianira einreden, es habe als Abschiedsgeschenk noch einen freundschaftlichen Rat für sie: Ein mit seinem Blut getränktes Gewand sichere auf ewig die Treue des Gemahls.

Die übervorsichtige Gattin aber nahm ihn beim Wort und einige Tropfen des Liebessaftes mit nach Hause.

Eines Tages nun kam bei Deianira der Verdacht auf, die schöne Königstochter Iole sei eine ernstzunehmende Konkurrentin für sie. Das jedenfalls wurde ihr berichtet, als ihr Ehemann längere Zeit nicht von einer heroischen Dienstreise heimkehrte. Nur um sicherzugehen, probierte sie das blutvolle Zaubermittel aus und schickte ihrem Helden ein entsprechend vorbehandeltes Unterkleid. Der unbesiegbare, und wahrscheinlich auch treue, Herakles aber, der das durchtriebene Geschenk seiner Gattin sofort sehnsuchtsvoll anprobierte, wurde bald darauf von der feurig-giftigen Blutrache des Kentauren getroffen und langsam zerfressen.

Deianira hatte zu Hause inzwischen entdeckt, daß eine von ihr getränkte Wollflocke, die auf dem Boden liegen geblieben war, sich unter Sonneneinstrahlung in einen giftigen Schaum verwandelt hatte. Von üblen Ahnungen ergriffen irrte sie durch den Palast, bis ihr Sohn Hyllos im Palast ankam und mit Abscheu rief:

O Mutter, ich wollte, du hättest nie gelebt. Du bist es, die mir den Vater dahinmordet. Mit eigenem Auge habe ich mich von dem Jammerlose des Vaters überzeugt. Ich traf ihn auf dem Vorgebirge Kenaion. Da erschien der Herold Lichas, sein Diener, mit deiner Gabe, deinem verfluchten mörderischen Gewand. Deinem Auftrage folgend, legte der Vater das Unterkleid sogleich an, und damit geschmückt, begann er die Opferung zwölf stattlicher Stiere. Anfangs betete der Unglückselige voll Heiterkeit. Plötzlich aber durchbrach ein heftiger Schweiß seine Haut, und eine Zuckung durchfuhr sein ganzes Gebein. Als fräße eine Natter an seinem Leibe. Er wälzte sich bald auf

dem Boden, bald sprang er heulend wieder auf, verfluchte dich und euren Ehebund, der ihm zur Todes-
qual geworden. Das ist alles dein Werk, Mutter. Den al-
lerbesten Helden hast du jämmerlich dahingemordet!
Das Ende der Geschichte entspricht dem üblichen Tragö-
dienschema: Die Mutter bringt sich aus Gram um, der
Sohn bereut daraufhin seine üblen Anschuldigungen
und grämt sich auch, Herakles läßt sich auf einem Schei-
terhaufen verbrennen, um dem schleichenden Tod zu
entgehen, und fährt zuletzt – ein schwacher Trost – auf
gen Himmel, wo er ein neues, weniger naives Weib
zum ebensolchen nimmt.

Auch der schon bei den Kyklopen geprellte Held der
Odyssee mußte noch mehrmals erleben, daß Geschenke
nicht immer ein Gewinn für den Empfänger sind. So gelingt es ihm nur mit Hilfe eines von Hermes überreichten
magischen Krautes, den animalischen Nebenwirkungen
des von der Zauberin Kirke überreichten Begrüßungs-
trankes zu entgehen. Mit ihrem flüssigen Gastgeschenk
hatte die Hexe kurz zuvor die Gefährten des Helden in
Schweine verwandelt, um sie dann mit billigen Futter-
mitteln abspeisen zu können. Die etymologische Verwandtschaft von tödlichen Beigaben und Geschenken
in den meisten germanischen Sprachen, »gift«, weist sicher auf die Ambivalenz undurchschaubarer Gaben hin.
Ob ein Geschenk zum Segen oder zum Fluch wird, offenbart sich allerdings meist erst nach einiger Zeit.

Zur Ehrenrettung hellenischer Geschenkbräuche muß
aber auch gesagt werden, daß Odysseus selbstverständlich auch mit positiven Gaben beschenkt wurde. Nackt
und ohne irgendeinen Besitz kommt der Herumtreiber
nach seiner Befreiung aus den Händen der liebestollen
Nymphe Kalypso am Ufer der Phäaken an. Mit Ge-

schenken beladen reist er wieder ab, nachdem er dem Herrscherhaus mit den abenteuerlichen Erzählungen seiner Irrfahrt einige aufregende Stunden bereitet hat. Der ganze Besuch zeichnet sich durch freigebige Gastfreundschaft aus. Von göttlicher Eingebung an den Strand getrieben kleidet die Königstochter den Entblößten erst einmal neu ein, dann wird er ob seiner Herrlichkeit bei Hof immer wieder beschenkt, und noch am Vorabend seiner Abreise schlägt Alkinoos, der phäakische König, dem versammelten Adel vor, dem Gast noch mehr gute Dinge mit auf den Weg zu geben:

Die ihr beständig allhier, in meinem Palaste, des roten Ehrenweines genießt und des Sängers Begeisterung anhört. Kleider liegen bereit in der schöngeglätteten Lade für den Fremdling, auch Gold von künstlicher Arbeit, und andre reiche Geschenke, so viel die phäakischen Fürsten ihm brachten. Laßt uns noch jeder ein großes dreifüßiges Geschirr und ein Becken ihm verehren.

Daß diese vorbildliche Freigebigkeit nicht nur mit besten Absichten gepflegt wurde, beweist allerdings der kurze Nachsatz, den Homer an die Rede des Alkinoos anfügt (nach der Übersetzung von J. H. Voß): »Wir fordern uns dann vom versammelten Volke wieder Ersatz; denn einen belästigen solche Geschenke.« Ob und wie der scheinheilige Geber am Ende auf seine Kosten kommt, ist nicht bekannt. Odysseus aber verabschiedet sich und darf nach dieser bereichernden Episode endlich gen Heimat fahren:

Gepriesener Held Alkinoos, gieß das Trankopfer aus und entlasse mich ohne Fährde! Du hast ja schon getan, was meines Herzens Wunsch ist. Die Geschenke liegen auf eurem Schiffe, zur Fahrt ist alles bereit. Möge ich mein Weib untadelhaft zu Hause finden

und Kind, Verwandte und Freunde wohlbehalten!
Dich aber mögen die Götter segnen mit allem Guten!
Ein wahrhaft freundliches und lebenserhaltendes Geschenk erhielt der junge Athener Theseus, als er beschloß, die Tributzahlungen seines Volkes an den kreti-
schen König Minos ein für allemal zu beenden. Nach
einem verheerenden Krieg war nämlich zwischen Athen
und Kreta ein Friedensvertrag abgeschlossen worden,
der die Unterlegenen verpflichtete, alle neun Jahre sieben
Jungfrauen und sieben Jünglinge auf die Insel zu schik-
ken, wo diese dem monströsen Minotaurus, einem ungeheuren Zwitterwesen aus Stier und Mensch, geopfert
wurden. Theseus meldete sich freiwillig zur Opferung,
beschloß aber bei sich, dem Ungetier in seinem Labyrinth den Garaus zu machen. Zum Glück für alle Beteiligten »zog seine Schönheit und Heldenjugend die Augen
der reizenden Königstochter Ariadne auf sich«. Sie ver-
ehrte dem recht planlosen Jüngling zwei Gaben, die zumindest für ihn zum Segen wurden: Ein schlichtes Wollknäuel und ein gefeites Schwert. Mit dem am Anfang des
Labyrinths angebundenen und während des Suchens ab-
laufenden Band fand der Held seinen Weg wieder aus
dem Labyrinth, nachdem er mit der Zauberwaffe das Un-
getüm getötet hatte. Vielleicht macht keine Geschichte
schöner deutlich, daß es niemals auf den materiellen
Wert einer Gabe, sondern immer auf die konkrete Bedeutung für den Beschenkten ankommt. Ariadne hätte ja ihrem angebeteten Theseus niemals nur Wolle geschenkt,
wenn sie nicht auch noch eine ganz persönliche Idee hin-
eingesteckt hätte, die dem Jüngling den Hades vorerst er-
sparte. So machte die Kreativität der später an Bacchus
abgeschobenen Liebenden aus einem umgarnenden
Wollknäuel ein majestätisches Geschenk.

Wesentlich eigennütziger zeigten sich dagegen drei Göttinnen des Olymps, die im ersten Schönheitswettbewerb der Weltgeschichte den unschuldigen Schiedsrichter bestechen wollten. Der Unparteiische mit dem großstädtischen Namen Paris stand eines Tages nichtsahnend in der Landschaft herum, als sich der berufende Hermes mit drei himmlischen Frauen näherte, »so daß ein heiliger Schauer den Jüngling überlief«: »Lege deine Furcht ab, Paris! Die Göttinnen kommen zu dir als zu ihrem Schiedsrichter; dich haben sie gewählt, zu bestimmen, welche von ihnen die Schönste sei. Zeus befiehlt dir, dich diesem Richteramte zu unterziehen; er wird dir seinen Schirm und Beistand nicht versagen.« Nun stand der überraschte Sohn des Priamus vor der entscheidendsten Herausforderung seines Lebens. Leider gab es auf den ersten abschätzenden Blick kein markantes Kennzeichen, das Paris die Qual der Wahl abgenommen hätte. Jede der Grazien schien ihm die Schönste und wert, den goldenen Siegesapfel davonzutragen; und jedes Zusprechen des Preises bedeutete auch, sich zwei Olympierinnen zum Feind zu machen.

Als die wartenden Schönen erkannten, daß Paris zu keinem Ergebnis kommen wollte, besannen sie sich auf die oft entscheidungsfördernde Kraft der Geschenke, da schon keine mit ihrer Grazie bestechen konnte. Als erstes trat Hera, die Gemahlin des Zeus, hervor und geizte nicht mit ihren reizvollen Talenten; sie bot dem kleinen Schafhüter dezent die Herrschaft über das mächtigste Reich der Erde an. Gleich danach nahm Pallas Athene, die Göttin der Weisheit, den Umworbenen zur Seite und versprach ihm »den höchsten Ruhm der Weisheit und Männertugend unter den Menschen«. Leider war Paris nicht ganz so weise wie Salomo, er wartete neugierig den aphrodisierenden Vorschlag der Liebesgöttin ab. Und die wußte sehr gut, wie sie den Jüngling verführen konnte:

> Paris, du wirst dich doch nicht durch Geschenke betö-
> ren lassen, die voller Gefahren sind! Ich will dir eine
> Gabe bringen, die dir keinen Kummer bereiten wird;
> ich will dir bringen, was du nur zu lieben brauchst,
> um seiner froh zu sein: das schönste Weib der Erde
> werde ich dir als Gemahlin in die Arme führen! Ich
> Aphrodite, die Göttin der Liebe!

Der erregte Jüngling ließ sich blenden. Er überreichte der Liebesgöttin, die plötzlich die beiden anderen mit ihrem lüsternen Lächeln weit an Schönheit übertraf, das gol-dene Kleinod – und brachte damit seine Heimatstadt Troja zu Fall. Die betörende Aphrodite hatte nämlich ge-logen. Zumindest mit der Behauptung, das Weib sei eine problemlose Gabe. Denn das schönste Weib der Erde, Helena, mußte erst einmal in Griechenland geraubt wer-den, das wiederum setzte die Flotte der Hellenen in Be-wegung, es kam zum zehnjährigen Krieg um Troja, und am Ende bereute Paris es sicher, sich nicht für Macht oder Weisheit entschieden zu haben. Eingestanden sei al-lerdings, daß auch wir nicht wissen, wie sich Paris besser hätte aus der Affäre ziehen können.

So ist die große Schlacht der griechischen Mythologie, der Kampf um Troja, in zwei denkwürdige Geschenkakte eingekleidet: Die Bestechungsangebote der Göttinnen lösen den Konflikt aus, das trojanische Pferd beendet ihn. Homer war ein Kenner der menschlichen Psyche, sonst hätte er die traumatischen Ereignisse nicht so ver-lockend mit zweifelhaften Gaben eingerahmt. Wo die Gier nach Geschenken den Verstand mit Glitzerfolie ver-hüllt, da droht Gefahr. Die dezente Warnung des blinden

Dichters aber zeigt, wie schnell eine solche Unachtsam-
keit epochale und universale Bedeutung erlangen kann.
Geschenke, die beim Geber oder beim Empfänger in
irgendeiner Form habgierige Gefühle einschließen, miß-
raten immer.

Das glänzendste Beispiel für diese Theorie ist sicher
der König Midas, der den Wunsch erfüllt bekam, daß
sich alles, was er berührte, in Gold verwandle. Nach kur-
zer triumphaler Freude mußte der geprellte Neureiche
erkennen, daß die unerschöpflichen Quellen des Wohlstands sein Leben bedrohten; denn auch alle Lebensmittel, die der Gold-Esel zu sich nehmen wollte, verwandelten sich sofort in Edelmetall und bekamen dadurch einen
faden Beigeschmack. Daß handschmeichlerische Geschenke meistens einen Makel haben, hätte der König
sich zwar vorher denken können, doch die Gier nach guten Gaben blendet eben manchmal den Verstand.

Alles in allem zeigt es sich, daß die Griechen ein
recht gesundes Verhältnis zum Schenken hatten, bei
dem immer auch ein wenig Kritik an unlauteren Formen
mitschwang. Geschenke sind, zumindest in der gesellschaftlichen und göttlichen Oberschicht, etwas Selbst-
verständliches, das, ohne genau geregelt zu sein, Freundschaft und Brüderlichkeit bewirkt hat. Wo diese Sitte
durchbrochen wird, da entstehen Leid und Elend, Krieg
und Unfrieden. Die Geschenke haben aber keinen Selbstzweck, sie sind Symbol der Gemeinschaft und demonstrieren Einigkeit; sie besiegeln eine gesellschaftliche
Selbstverständlichkeit mit materiellen Äußerlichkeiten.
Aufgrund des dahinter stehenden Vertragsverständnisses,
das Schenken mit eindeutigen Verpflichtungen in Verbindung bringt, scheuen sich auch Priester nicht, Wohlwollen und Beistand der Götter für eine selbstverständliche

Folge der üppigen Opferzeremonien zu halten. Der Priester Chryses etwa teilt Apollo geschäftlich mit: »Hab ich dir einst den gefälligen Tempel gedeckt, oder hab ich dir je von erlesenen Farren und Ziegen fette Schenkel verbrannt, so gewähre mir dieses Verlangen.« Mit liebevoller Reziprozität wird gerechnet, ohne daß dabei der philosophische Hintergrund eines harmonischen Miteinanders verletzt würde; letztlich ist das Schenken den Griechen ein Spiel – eines, bei dem es keinen Verlierer geben darf.

Um die Leidenschaft des homo donans auch poetisch zu fassen, haben die griechischen Erzähler immer wieder Bilder für das Schenken gesucht, die es ein wenig faßbarer machen. Bei ihrem gelungensten Versuch lassen sie die Freigebigkeit in Gestalt dreier Grazien erscheinen. Der filigrane Akt des Schenkens mit seinen verschiedenen Ebenen ist nämlich für die weisen Denker eigentlich nicht in einer einzelnen Figur, sondern nur in einem dynamischen Bild der Gemeinschaft denkbar: Die holden Mädchen der Freigebigkeit sind Schwestern, die der Welt am liebsten ihr Lachen schenken und mit einem ungebundenen und durchsichtigen Gewand durch bukolische Landschaften springen. Vor allem aber halten die drei Grazien einander an den Händen, denn sie gehören zusammen; nur in ihrer Dreieinigkeit können sie das Phänomen des Schenkens ganz verkörpern. Die erste der Schönen steht für das Erweisen der Wohltat, die zweite für das Entgegennehmen und die dritte für das Erwidern. Und weil diese Aspekte immer im Kreis tanzen, hört die Kette des Guten nie auf. Der Geber wird immer auch wieder zum Empfänger, und so wechseln sich Geben und Nehmen, Bekommen und Loslassen zum Wohle aller ab.

Der Schritt von den mythologischen Figuren Griechenlands zu den realen Geschehnissen der Weltgeschichte ernüchtert natürlich, er zeigt aber auch, wie gelungen die Mythen das Menschsein widerspiegeln.

Von Lorbeerkränzen und Carepaketen
Die Geschichte des Schenkens

Wer liebt, will alles schenken. Das war schon immer so und wird hoffentlich auch so bleiben. Wer Freundschaft oder Liebe empfindet, der freut sich, wenn er etwas möglichst Persönliches vom anderen erhält, und er genießt die Befriedigung, daß er etwas von sich beim anderen geborgen weiß. Geschenke sind die kleinen Mittler und Zeichen, die zwei menschliche Sphären miteinander verbinden; das hat sich seit Beginn der schriftlichen Aufzeichnung kultureller Geschehnisse nicht geändert. Dennoch lohnt sich der Blick in die Vergangenheit vor allem deshalb, weil sich die Verfahren des Austausches, die emotionale und inhaltliche Bewertung einer Gabe und vielleicht auch die Menschen selbst im Laufe der Jahrhunderte gewandelt haben. Geschenke aber haben die Geschichte begleitet, manchmal massiv beeinflußt und oft erfreut. Darum sind sie verpackte Zeugen des kulturellen Wandels.

Eines ist jedenfalls sicher: Geschenke, wie wir sie heute verstehen, sind ein modernes Phänomen; Luxusartikel, die mehr als alle Wünsche erfüllen und die eine überraschende Möglichkeit bieten, Emotionen in eine umsichtig verpackte Form zu bringen. Schenken ist ein amüsantes Vergnügen geworden, das manchmal auch tiefergehende Gefühle enthüllen kann, meist aber einer angenehmen, ritualisierten Pflicht genügt. In der bürgerlichen Schenkkultur überreicht man deshalb schon lange keine lebensnotwendigen Dinge mehr (wie Aussteuer oder Grundnahrungsmittel), sondern private Zeichen der Zuneigung, aus denen der Empfänger die Wertschätzung und die Verbindlichkeit des Gebers ablesen kann.

Als Ausdruck persönlicher, familiärer und freundschaftlicher Beziehungen existiert das Schenken überhaupt erst seit dem 18. Jahrhundert. Es entwickelte sich im Zuge einer wachsenden Überflußgesellschaft, die das Darbieten überflüssiger Dinge erst ermöglichte und als Gegenbewegung zum kapitalistisch-ökonomischen Tauschsystem etablierte, das alle Lebensbereiche in Beschlag nahm. Wie schon Grimm festgestellt hatte (siehe dort), lösten sich freiwillige, uneigennützige Gaben aus dem marktorientierten Denken, das jeden Transfer nur noch unter dem Gewinnaspekt betrachtete und das gewinnende Empfangen verherrlichte. So kann, etwas überspitzt formuliert, jedes Geschenk als kleines Symbol gegen die Lieblosigkeit und die Entpersonalisierung der oft zu selbstbewußten Neuzeit gelten. Als sympathisches Kulturschutzgebiet ist Schenken eine der schönsten Möglichkeiten der Liebesbezeugung. Daher ist es sicher auch kein Zufall, daß Geschenke heutzutage in den intimen Bereich zwischenmenschlicher Kontakte gehören und da, wo sie Öffentlichkeit heischen, anrüchig werden. Das früher selbstverständlich vor dem ganzen Volk zelebrierte Überreichen wertvoller Gaben gehört nun eher zu einer mißtrauisch beobachteten Randform unserer Kultur; vielleicht, weil es den Beigeschmack der Eigennützigkeit trotz sorgsamer Verpackung nicht verliert und ein wenig nach nur spärlich verhüllter Bestechung aussieht.

In den Zeiten, in denen die Bereiche von Schenken, Tauschen und Handeln noch nicht ganz so eindeutig definiert und getrennt werden konnten, war der nichtkommerzielle Austausch von Gütern immer in ein Netzwerk von Normen und Bräuchen eingebunden, die Geschenke zu einem harmonischen Bestandteil der Kultur machten

– daher stößt unsere heutige Begrifflichkeit bei den vergangenen Geschenkbräuchen so schnell an ihre Grenzen. Das heißt aber keinesfalls, daß die Menschen nicht zu allen Zeiten ausgiebig und begeistert geschenkt hätten, im Gegenteil: Geschenke gehörten in den vergangenen Epochen viel selbstverständlicher zum Alltag und zum alltäglichen Miteinander, waren dann aber natürlich auch nicht so überraschend. Und die umfangreichen poetischen Quellen über frühere Lebensformen lieben es, in einer Form von kleinen Gaben zu erzählen, die der unseren doch sehr nahe ist; zumindest dann, wenn beim Geber ein ehrliches und liebevolles Interesse an der Person seiner freigebigen Gedanken besteht.

Gerade weil das Schenken lange Zeit eng mit gesellschaftlichen Normen verbunden war, enthüllt ein kulturgeschichtlicher Blick auf die Entwicklung der freundlichen Aufmerksamkeiten nicht nur viele faszinierende und neue Zugänge zu diesem hingebungsvollen Phänomen, er schenkt auch ein klareres Verständnis der jeweiligen Epochen. Durch die Perspektive der Geschenkschleife betrachtet, gewinnen manche Zeiten ein charmant-markantes Profil. Darum steht auch das »Wie« des Schenkens in diesem Kapitel im Vordergrund, die Betrachtung der heute oft wundersam anmutenden Bräuche und Rituale – einige verlockende Ausblicke auf die interessante Frage »Was wurde denn in alten Zeiten geschenkt?« können dabei aber sicher nicht fehlen.

Römer

Geschenke schaffen Miteinander, und darum gehören sie zu einem der ältesten Kulturphänomene. Schon immer wurde geschenkt, das bezeugen die frühen Urkunden der Menschheit ebenso wie die uralten, wertvollen Grabbeigaben einbalsamierter Edelleute. Und weil Geschenke nicht nach festen Regeln, sondern überraschend und zusätzlich zu allen Lebensvollzügen verteilt wurden, zählten sie immer zum Luxus. Der aber wurde von jeher in den Zeiten des Wohlstands besonders kultiviert, und es sind deshalb auch immer die Hochkulturen, die beginnen, ausgiebig über das Schenken zu reflektieren. Nur wer es sich leisten kann, tut mehr als seine Pflicht und beschenkt die Öffentlichkeit in so großem Maße und mit einer solchen Regelmäßigkeit, daß die Freigebigkeit selbst zu einem Thema wird. Durch die Verbindung von Wohlstand, ethischem Bewußtsein und rechtlicher Normierung bekommen die freiwilligen, freundschaftlichen Gaben in bestimmten Kulturen erstmals eine eigene Rolle und Funktion in der Gesellschaft, die gegenüber anderen Tauschgeschäften definitorisch abgegrenzt werden muß. Schenken ist nun nicht mehr unter Helfen oder Tauschen subsumierbar, es muß als eigenständiges Phänomen gewürdigt werden. Dabei findet aber auch eine Überhöhung des Schenkens statt, weil sich der Prozeß des wohlwollenden Weitergebens aus allen faßbaren und kontrollierbaren Lebensformen heraushebt und nach einer inneren Begründung heischt. Warum ist der Mensch eigentlich freigebig, wenn er die Möglichkeit dazu hat? Man will nun wissen, was es mit dem Schenken auf sich hat. Ein funktionierender Staatsapparat schafft glücklicherweise auch Freiräume für philosophische Denker, die nicht nur nach Recht und Ordnung, sondern auch auf einer höheren Ebene nach Gut und Böse fragen. In Europa sind nach den Griechen die Römer die erste Gemeinschaft, die sich auf die Suche nach dem faszinierenden und fast unfaßbaren Phänomen des Schenkens macht (zu den »primitiven« Strukturen siehe das Kapitel »Ethnologie des Schenkens«).

Für Seneca und Cicero ist das Erweisen von Wohltaten eine Tugend, zählt also zu den kulturellen Eigenschaften, die einen Menschen vor anderen auszeichnen. Es ist moralisch gut und ein Zeichen sittlicher Reife, selbstlos anderen Menschen zu helfen und ihnen eine Freude zu machen. Wer sich den Luxus einer ethisch reiferen Daseinsform gestattet, für den ist die Freigebigkeit ein Muß. Die beiden römischen Denker fragen deshalb nicht nur, warum, sondern auch wem und wie ein vollkommener Schenker seine dinghafte Aufwartung zu machen hat, um wirklich glücklich zu werden. Das Geben wird in dieser moralischen Sichtweise zu einer der seelischen Qualitäten, die den Menschen von seinen verbliebenen animalischen Trieben, von seiner eigenen Unreife befreien können. Wer mit der richtigen Einstellung schenkt, der zeichnet sich vor Göttern und Menschen aus. Wahre Freigebigkeit kann deshalb niemals eigennützig sein, weil sie den Menschen achtet. Ein idealer Schenker aber versteht jede Gabe als einen Ausdruck der Hochachtung und der Liebe.

Eine weitere Gabe der Hochkultur ist die Auseinandersetzung mit der eigenen Herkunft. Seneca weist seine Leser immer wieder darauf hin, daß die Existenz und die Schönheit der Erde Geschenke der Götter seien und nur der Mensch die höchsten Weihen der Glückseligkeit erlangen könne, der sich dieser zugesprochenen oder zugewiesenen Existenz bewußt sei; kein Wunder, daß es den christlichen Apologeten, den Verteidigern des Glaubens im zweiten Jahrhundert nach Christus, nicht schwer fiel, viele der bedeutenden griechischen und römischen Philosophen im nachhinein zu unbewußten Christen zu erklären (zu Seneca und Cicero siehe auch »Die Philosophie des Schenkens«).

Doch zurück zur ewigen Stadt. Natürlich unterschied sich auch in Rom der Geschenk-Alltag von den geistigen Idealen. Der Ethnologe Marcel Mauss hat festgehalten, daß in einigen sehr alten Ausdrücken des lateinischen Rechts noch deutlich zu erkennen ist, wie sehr die Römer ein magisches Verständnis der Dinge hatten. Der Austausch von Geschenken fand mit einem heute fast unverständlichen Formalismus statt – es mußten zum Beispiel mindestens fünf Zeugen oder zumindest Freunde und ein offizieller Waaghalter anwesend sein –, der den Übergang eines Gegenstandes zu einem neuen Besitzer als sehr eigentümliches Ritual kennzeichnet. Dadurch wurde einerseits die Rechtskräftigkeit einer Schenkung gesichert, andererseits die genuine Bedeutung der Gabe hervorgehoben. Kein Römer trennte sich leichten Herzens von seinem Eigentum. Das hatte unter anderem damit zu tun, daß die res, die Dinge, mit zur familia, zur Hausgemeinschaft, gehörten, also eher personae als leblose Teile waren. In einer Kultur, in der Sklaven wie selbstverständlich zum Besitz gezählt wurden, existierte die moderne Trennung eines Haushalts in Menschen und Sachen nicht. Alles gehörte zur Familie. Daher war möglicherweise die Seele der Geber emotional stärker an der Gabe beteiligt, als dies bei einem Mitbringsel nach heutigem Verständnis der Fall wäre. Die innige Verbindung mit den Dingen begründete den für uns erstaunlich sorgfältigen Umgang mit allem Eigentum.

Sehr wahrscheinlich gab es deshalb auch in Rom bei allen Geschenken den Brauch des »Nexum«, einer symbolischen Gegengabe, die verhinderte, daß die Empfängerpartei Macht über denjenigen erhielt, dem der Gegenstand ursprünglich gehörte. Die Vorstellung einer der Sache innewohnenden und an den Besitzer gebundenen Kraft verlieh jedem Geschenk eine geisterfüllte, ja eine religiöse Dimension. Und um so mehr waren die Lateiner darauf bedacht, daß jede Schenkung letztendlich nach dem Gesetz des »do ut des«, »ich gebe, damit du gibst«, ablief.

Aus dem rituellen Charakter der Schenkung entstand auch nicht zufällig im neueren römischen Recht erstmals in der Geschichte die »Widerrufbarkeit einer Schenkung wegen Undankbarkeit«. Ein enttäuschter Römer konnte sein Geschenk zurückfordern, wenn er den anderen dessen nicht mehr würdig befand oder eine passende Reaktion vermißte. Denn: Wer durch Einseitigkeit das seelische und magische Gleichgewicht seiner Geber verachtete, hatte auf die Gaben nicht angemessen reagiert. Und gerade in diesem auf Gerechtigkeit bedachten Rechtsdenken konnte das Streben nach gänzlich uneigennützigem Geben zu einem höchst ideellen Wert reifen.

Das römische Geschenkverständnis entartete in dem Augenblick, in dem überreiche Sponsoren begannen, Gaben als wirksame Mittel der Öffentlichkeitsarbeit zu entdecken. Weil die Denker des Staates Freigebigkeit zu einer Tugend erklärt hatten, gelang es immer mehr Menschen, sich auf diesem Weg einen guten Namen zu machen. Wie sehr das reine Ideal der Freigebigkeit die

Römer angespornt und motiviert hat, bezeugen zum
Beispiel die vielen gestifteten Statuen, Gräber und sonstigen Gaben, auf denen sich die Geber mit der kurzen, allen
verständlichen Formel »d.d.«, »dono dedit«, »als Geschenk gegeben von« verewigten. Wenn sich ein Geschäftsmann oder Politiker großzügig zeigte, sollte die
Welt wenigstens wissen, wer da dem Ideal entgegen-
strebte. Kein Wunder, daß Seneca das anonyme Geschenk weit höher einordnete als die nur scheinbar altru-
istische, demonstrative Gabe. Teilweise wurde das
prahlerische Weitergeben edler Kostbarkeiten so sehr
übertrieben, daß der Philosoph die Auflistung beliebter
Geschenke seiner Zeit mit scharfer Kritik an den geist-
und phantasielosen Gebern verbindet. Er spricht den
unmäßigen Luxusgütern den Wert eines wahren Geschenkes aus guter Absicht heraus ab und nennt sie nur
kurz »den tiefen Kot des Reichtums«:

Ich sehe die mit genauer Farbgebung ausgearbeitete
Schildkröte und scheußlicher, überaus träger Tiere
Schalen, um ungeheuren Preis gekauft. Ich sehe dort
Tische und Holz vom Wert eines Senatorenvermögens,
desto wertvoller, zu je mehr Knoten es die ungünstigen
Wachstumsbedingungen des Baumes gedreht haben.
Ich sehe dort feine Glasgefäße, deren Zerbrechlichkeit
sogar den Wert erhöht. Ich sehe Trinkgefäße aus Fluß-
spat; zu wenig teuer war natürlich die Verschwendung,
wenn sie nicht, um zu speien, in Edelsteingefäße von
einem Liter Fassungsvermögen vornüber geneigt den
Mund aufreißen. Ich sehe Perlen, nicht als Einzelstück
für einzelne Ohrläppchen beschafft; nicht genug hätte
der Wahnwitz der Frauen die Männer übertroffen,
wenn nicht zwei oder drei Vermögen an jedem Ohr ge-
hangen hätten. Ich sehe seidene Gewänder, an denen

nichts ist; wenn eine Frau sie anlegt, wird sie mit zu
wenig gutem Gewissen schwören, sie sei nicht nackt.
Ich sehe leere Sinnbilder des Besitzens, den Schatten
einer mancherlei erarbeitenden Habsucht, womit sie
den Geist täuscht, indem er sich an dem günstigen
Urteil über Nichtiges freut.

Die kritischen Worte Senecas blieben philosophische
Theorie, in der Praxis wurde die öffentliche Schenkung
zur populistischen Selbstdarstellung, zum Stimmenfang
und zur Gewissensreinigung. Die demonstrative Verschwendung hatte zwar auch in anderen Epochen und
Kulturen ihren Platz, in derart systematischer Form erreichte sie ihren Höhepunkt aber sicherlich im römischen
Reich. Jeder Konsul, Kaiser oder in sonstiger Form her-
vortretende Mann festigte seine Autorität mit der ausgiebigen Verteilung seines Wohlstandes.

Wer Anerkennung gewinnen wollte, war in Rom mit
einer Largitio am besten beraten. »Largitio«, Schenkung,
Spende oder Freizügigkeit, ist eng mit dem Adjektiv »lar-
gus«, »überreich hervorquellend«, verwandt und bezeichnet die großzügigen Spenden bedeutender Persönlichkeiten. Ob Gastmähler, Landgüter, Kunstwerke,
Gelder oder Naturalien: Einer, der sich als Wohltäter
zu erkennen gab, konnte mit der Zuneigung und dem
Wohlwollen der Empfänger rechnen. So wurden alle Formen des Sympathie-Heischens vor großer Öffentlichkeit
gepflegt.

Die erfolgreichsten Schenkungen aber erreichten das
Volk direkt. Nicht nur mit Brot und Spielen, auch mit
kleinen Bestechungsgeschenken wurde die Stimmung
der Bürger beeinflußt. Dazu diente die »Sparsio«, das
Zerstreuen oder Versprengen kleiner Geschenke. Während großer Festivitäten ließen wohlhabende Spender

unterschiedlichste Gaben in die gierige Menge werfen; eine Form, die man heute in ihrer ursprünglichen Form nur noch bei Karnevalsumzügen, säenden Bauern und Hochzeitszeremonien erlebt. Die Gegenstände wurden »Missilia«, in der eigentlichen Bedeutung »Wurfgeschosse«, genannt und beschäftigten die Bevölkerung der Weltstadt tagelang. Der Dichter Statius rühmt zum Beispiel eine Sparsio des Kaisers Domitian als maßgebliches Ereignis:

> Kaum strahlt leuchtend das Morgenrot, da regnen Näschereien dem Volk im Zirkus nieder, wie von Bäumen den Tau der Ostwind schüttelt. Edle Nüsse von Pontus reichen Hainen, Herrlichkeiten von Palästinas Bergen, was das heilige Damaskus beut an Früchten, was am karischen Strande reift bei Caunus, unentgeltlich zu reicher Beute fällt es. Zuckermännchen und andres süßes Backwerk, amerinisches Obst, obwohl noch unreif, streut man nieder, mit Most gebackene Kuchen, dazu Schalen, gefüllt mit süßen Datteln. Nicht die trüben Hyaden noch Plejaden überschütten das Land mit solchem Regen. Da! Körbchen tragen sie her und saubere Tücher, glänzend weiße, gefüllt mit leckren Speisen. Horch! Welch lauten Tumult erzeugt das Werfen und das Streuen der Geschenke. Sieh! Da fallen im jähen Flug von oben große Massen von wohlgebratenen Vögeln. Der Beute ist's schon für die Hände zu viel, es bauschen sich die vollen Gewänder.

Auch Kaiser Caligula »ließ unterschiedliche Geschenke in die Menge werfen und an das Volk Körbe voller Lebensmittel verteilen«, wie Flavius Josephus berichtet. Kein Wunder, daß die Verschwörer, die ihn dann ermordeten, zur Ausführung ihres Planes ausgerechnet den Tag einer Sparsio wählten. Im Tumult der habgierigen

Sammler und mit beiden Händen austeilenden Sklaven war es ein leichtes, den Despoten zu beseitigen.

Kaiser Nero dagegen versüßte den herbeigerufenen Bürgern das Ertragen seiner umwerfenden Gesänge mit materiellen Wohltaten. Sueton schrieb ironisch:

> Jeden Tag ließ man auf die Menge ganz verschiedene Geschenke regnen: täglich tausend Vögel aller Arten, verschiedene Lebensmittel, Gutscheine für Getreide, Kleider, Gold und Silber, Edelsteine, Perlen, Gemälde, Gutscheine für Sklaven, für Schlachtvieh und selbst für gezähmte Raubtiere und schließlich für Schiffe, Häuser und Landgüter.

Was der Kaiser da so überfließend ausschütten ließ, erfreute sicherlich die Leute, es symbolisierte aber bereits den Niedergang des Römischen Reiches.

Der Brauch der »Sparsio« lebte in verschiedenen Kulturen noch lange weiter. Führer aller Nationen und Zeiten werteten gesellschaftliche Ereignisse mit Hilfe ausgestreuter Gaben auf und sicherten sich so die Zuneigung ihrer Untergebenen. Gerade die fast ziellose Verteilung der Geschenke, ihre massenhafte Verschwendung, blieb ein geeignetes Mittel der Politik. Was sich in modernen Gesellschaften durch Steuerkürzungen eleganter bewerkstelligen läßt, machte als öffentliches Phänomen Geschichte.

Jean-Jacques Rousseau erlebte eines Tages einen besonderen Genuß, als er im Angesicht einer prügelnden Menge, die sich um Geschenke stritt, kleine Kinder mit Äpfeln beschenken konnte, die vorher ängstlich neben der Rauferei gestanden hatten. Im Gegensatz zu den hemmungslos um sich schlagenden Erwachsenen nahmen die Kinder die fruchtige Gabe in stiller Dankbarkeit an und entlarvten so den Brauch der Sparsio als entartete

Eitelkeit des Gebers. Anstatt die wilde Konkurrenz der Burschen zu beachten, erfreute sich der umstrittene Pädagoge an den wirklich empfangenden Händen: »Als ich über die Art des Vergnügens, das ich kostete, nachgedacht hatte, fand ich, daß es weniger im Gefühl des Wohltuns bestand, als in dem Vergnügen, zufriedene Gesichter zu sehen.«

Als das Römische Reich immer mehr mit den nordischen Völkern in Berührung kam, mußte es nicht nur gegen verbissene Kämpfer antreten, es wurde auch mit einer Kultur konfrontiert, die sich von der eigenen so sehr unterschied, daß ein gegenseitiges Verstehen kaum möglich war. Die ärgste Herausforderung für die Römer aber war die Feststellung, daß sie von den Germanen nichts geschenkt bekamen.

Germanen

Für die großen blonden, schreckenerregenden Hünen, denen weder die römische Streitmacht noch die Bildung der Philosophen imponierte, war Schenken kein tugendsames Ideal, es war die Realität; denn zu jeder öffentlichen Kundgebung gehörte ein verbindlicher Geschenkakt, der viel mehr bedeutete als nur den Austausch moralischer Feinsinnigkeiten. Am deutlichsten wird das vielleicht anhand einer historischen Begebenheit:

Im Lager des Königs Aethelstan beobachtet ein Krieger eines Nachts bei der Wache etwas sehr Verdächtiges: Der Harfenspieler des Herrschers, Olaf Sigtrygson, schleicht an ihm vorbei und beginnt, an einem vermeintlich unbeobachteten Ort ein Loch in den Boden zu graben. Als die Vertiefung groß genug ist, legt der Vertraute des Königs seinen kurz zuvor in Form eines Geschenks erhaltenen Sold in die Erde, um ihn zu verstecken. Der entsetzte Posten hat genug gesehen, er greift zu, denn nun weiß er ganz sicher, daß der Künstler Olaf nichts als ein hinterhältiger Spion ist.

Welche Hintergründe hatte diese ungewöhnliche Entlarvung? Für die Germanen waren Geschenke gleichbedeutend mit der Besiegelung einer Blutsbrüderschaft. Die Tatsache, daß der Harfenspieler die erhaltene Gabe nicht bei sich tragen, sondern zumindest symbolisch von sich weisen wollte, bewies deshalb, daß er sich seinem angeblichen Herrn nicht verpflichten wollte. Hätte Olaf das Geschenk behalten, wäre zwischen den Beteiligten ein ideeller Bund geschlossen worden, den er als Spion nicht mit seinem Gewissen vereinbaren konnte. William von Malmesbury, der diese Anekdote berichtet, belegt damit das ganz eigentümliche Verhältnis der Germanen zum Schenken und seinen Folgen, das wie kein anderes Europa geprägt hat.

Während die Römer in ihrem ausgearbeiteten Rechtssystem deutlich zwischen der klassischen, »bedingungslosen«, im Prinzip unwiderruflichen Gabe und den übrigen Formen des Tausches wie Kauf- und Verkaufsakten unterschieden, war den Germanen eine solch kleinkarierte Trennung fremd. Schenken war ihnen ein Phänomen, das mit der rechtlichen Verpflichtung zur Gegengabe verbunden war und bei Nichtgefallen auch rückgängig gemacht werden konnte, was allerdings einer kleinen Kriegserklärung gleichkam. Dafür hatte dieser geschäftsmäßige Austausch von Wohltaten eine weitaus mehr verpflichtende und bindende Dimension als das römische Getändel: Im Gegensatz zu gewöhnlichen Transaktionen fügte ein germanisches Geschenk Geber und

Empfänger so fest zusammen, daß darin ein eindeutiger
Akt der Freundschaft, zumindest der gegenseitigen Anerkennung lag. Dieses besondere Beziehungsgeflecht der
Gaben beschreibt Richard Meyer in seinem Aufsatz
»Zur Geschichte des Schenkens« sehr kritisch; man
könne eigentlich gar nicht von wirklichen Geschenken
sprechen: »Die Germanen kennen nicht das freie Schenken, sondern nur dreierlei nah verwandte Begriffe, aus
deren jedem der neue sich zum Teil entwickelt hat, nämlich den des Leihens, des Erkaufens und des Austeilens.«
Die germanische Praxis des Schenkens aber widersetzt
sich solcher Kritik, schließlich besaß auch ein fränkischer
Krieger ein ausgeprägtes Bewußtsein für die Bedeutung
und die Folge einer freiwillig überreichten Gabe, und
so ist es kein Zufall, daß Gregor von Tours in seiner Fran-
kengeschichte erstmals den Begriff der »Ars donandi«,
der Kunst des Schenkens, erwähnt.

Wenn Geschenke mit klaren politischen Folgen behaf-
tet waren, dann mußte man nur richtig mit ihnen umge-
hen, um von den immer gleichen Konsequenzen profitie-
ren zu können. Und nur ein Volk, das die eigentümlich
emotionale und bindende Funktion des Schenkens
durchschaute, war in der Lage, sie auch diplomatisch einzusetzen. Die straffe Organisation der Germanen in
Stämmen, Häuptlingszirkeln und größeren politischen
Zusammenschlüssen hatte zur Folge, daß dem Miteinander strenge Regeln auferlegt wurden, die für einen ge-
wieften Diplomaten ein wunderbares Experimentierfeld
schufen.

Schon Tacitus erkannte in seiner »Germania« das ausgeprägte Bewußtsein der Germanen für Zusammengehörigkeit und soziales Miteinander:

Geselligkeit und Gastfreundschaft pflegt kein anderes

Volk in so reichem Ausmaß wie die Germanen. Irgendeinen Menschen von der Tür zu weisen gilt als Unrecht. Jeder bewirtet den Gast nach seinen Mitteln an
dem reich besetzten Tisch. Geht der Vorrat zur Neige,
so weist der Gastgeber ihn in das nächste Haus. Und es
ist kein Unterschied: mit gleicher Freundlichkeit werden sie aufgenommen. Ob bekannt oder unbekannt,
gilt für das Gastrecht gleichviel. Wenn der Gast beim
Abschied einen Wunsch äußert, so ist es Sitte, ihn zu erfüllen. Mit der gleichen Unbefangenheit kann auch der
Gastgeber eine Gegenforderung stellen.

Beziehungen werden nun bei den Germanen grundsätzlich an ein materielles Substrat gebunden. Freundschaft,
Ehe, Versöhnung – jede Kommunikation findet in den
dazugehörigen Geschenken ihre Manifestation. Ohne einen bekräftigenden, greifbaren und materiellen Beleg
bleibt ein Versprechen ungültig. Mit seinen Gaben traut
einer dem anderen ein Stück seiner Seele an, und der Ger-
manen-Forscher Grönbech schreibt: »Wer mit einem
Fremden Waffen getauscht hat, kann sich neben ihn
schlafen legen: er kann ihm keinen Schaden zufügen ...«

Freunde machen einander Geschenke, und Geschenke
machen Freunde; der germanische Kreislauf trennt das
eine nicht vom anderen, und genau da beginnt die Ars donandi. Wenn Geschenke automatisch Freundschaft bedeuten, dann müssen sie nur geschickt eingesetzt werden.
Und es funktionierte: Um 566 etwa unterlag König Sigibert, der Verwalter des ehemaligen Theuderich-Reiches
den angriffslustigen und expandierenden Awaren aus
Gallien; eine Niederlage, die sich die damaligen Ge-
schichtsschreiber nur mit dem Vorhandensein von Zau-
berkünsten bei den siegreichen Eroberern erklären konnten. Das Ergebnis schien das Ende zu bedeuten: Der

König wurde gefangengenommen, das Heer zerstreute sich in Panik, und keiner der umliegenden Fürsten oder Könige wollte dem Unterlegenen zu Hilfe kommen. Doch, so erzählt Gregor amüsiert, »da Sigibert fein und verschlagen war, besiegte er die, die er nicht im Kampfe besiegen konnte, durch die Ars donandi.« Durch den gewagten Einsatz großzügiger Geschenke zwang der unterlegene König seine Gegner gegen deren Willen zu einem Freundschaftsbund und erhielt obendrein selber noch wertvolle Gegengeschenke.

Fasziniert von diesem pazifistischen Sieg stellt Gregor, der frühmittelalterliche Erzähler der Geschichte, deshalb die Ars donandi neben so hochgeschätzte Fähigkeiten wie die »elegantia« und die »versutia«, neben diplomatisches Geschick und Weltläufigkeit, Qualitäten, die einen großen Staatsmann ausmachten. Gregor berichtet übrigens noch an mehreren anderen Stellen von der charmantesten Form der Betörung: Einmal stritten zwei Kandidaten, Jovinus und Marcellus, um das lukrative Bischofsamt von Uzès. Als sich Marcellus vor der Übermacht des königlich protegierten Kandidaten in seiner Stadt verschanzen mußte, »wollte er sich mit Waffengewalt verteidigen, aber er siegte dann durch Geschenke«. Die Fertigkeit, im rechten Augenblick eine betörende Gabe zu senden, um damit aufkeimenden oder längst offenbaren Widerwillen zu besänftigen, ist sicher bis heute äußerst kunstvoll, im Germanien Gregors war sie aufgrund der gesellschaftlichen Bedeutung von Geschenken ein eigener politischer Machtapparat, der über Sieg oder Niederlage entschied.

Die verpflichtende Nebenwirkung geistreicher Gaben erklärt auch die vielen auf den ersten Blick befremdenden Berichte über die Zurückweisung von Geschenken, die

damals kurz »munera« genannt wurden. Jeder vorsichtige Empfänger prüfte sorgfältig, ob er es sich leisten
konnte, ein Geschenk anzunehmen. Gregor selber überliefert die gefangennehmende Episode eines fränkischen
Geiseldramas: In der Gegend von Trier wird der Neffe
des Bischofs von Langres, Attalus, eingesperrt. Der für-
sorgliche und gewitzte Oheim sendet dem seinerseits
adeligen Geiselnehmer Geschenke zur Auslösung des
Gefangenen, die dieser zurückweist und statt dessen lieber eine weit unter dem Wert der Gaben liegende Summe
als Lösegeld fordert. Ganz offensichtlich war die Angst
vor der sozialen Verpflichtung größer als die Habgier
des Grundherrn. Die Ablehnung der angebotenen Gaben
aber ermöglichte es dem cleveren Bischof, nun ganz
rechtmäßig den Gefangenen zu befreien und den unso-
zialen Barbaren zu übertölpeln. Eine geistreiche Tat,
die Grillparzer zu seiner Komödie »Weh dem, der lügt«
inspirierte.

In seinem hintergründigen Aufsatz über die »Ars donandi« führt Jürgen Hennig noch weitere markante Beispiele an, die auf die nicht zu unterschätzende Bedeutung
des germanischen Geschenkideals hinweisen. So verwei-
gert der Bischof Agerich von Verdun die Annahme von
Kostbarkeiten, weil er dem Spender, König Gunthram,
nicht die von diesem mitverschuldete Ermordung eines
Freundes verzeihen will. Und ehe die Burgunder es wagen, die Brautwerbung des Königs Chlodwig um die
edle Prinzessin Chrodechildis abzulehnen, prüfen sie
sorgfältig, ob Chlodwig nicht schon heimlich Geschenke
gesandt hat. Wäre dem so gewesen, hätte man durch eine
Ablehnung dem potentiellen Ehemann die Gelegenheit
zu einem gerechten Krieg gegeben.

Die Verpflichtung durch Geschenke erlöst in der ger-

manischen Kultur die Frau aber auch von der Last einer
Mitgift. Der Mann ist es, der mit schönen Gaben um
die Liebste wirbt; nicht aus Galanterie, sondern weil er
sie sich damit verpflichten will. Der Kulturwissenschaft-
ler Johannes Scherr berichtet: »In Rindern, in einem auf-
gezäumten Rosse nebst Frame und Schwert bestanden
die Gaben des Werbers.« Am Morgen nach der Hoch-
zeitsnacht bestätigten der Gatte und die Verwandten
die vollzogene Umarmung noch einmal mit Geschenken
– ein Brauch, der in einigen Gegenden heute noch als
»Morgengabe« gepflegt wird. Häufig bildeten diese Gegenstände den eigentlichen Grundstock für den neuen
Hausstand. Sollte aus irgendeinem Grund die Beziehung
wieder gelöst werden, so wurden einfach die Geschenke,
und damit die Gefühle, zurückgegeben. In den Gaben
spiegelten sich somit alle inneren Vorgänge und Verhältnisse. Das ermöglichte es den Germanen, ihre Geschenke
als Sprache einzusetzen. Wer eines Morgens seine Gaben
vor der Tür liegen sah, der wußte ohne große Worte, daß
es mit der Freundschaft oder der Ehe aus war. Und wer
mit zwei vollbeladenen Armen ins Zimmer trat, der er-
füllte keine Pflicht, der warb um eine dauerhafte Freundschaft. Eindeutig und klar sprachen die Gaben für sich.
Etwas von dieser magischen Kraft wohnt ihnen auch
heute noch inne.

Die beziehungsstiftende und besänftigende Bedeutung
der Geschenke, ohne die ein Ehrenverhältnis keine Gültigkeit bekommen hätte, brachte in der germanischen
Kultur auch ein Phänomen hervor, das sich in vielen
nachfolgenden Epochen wiederfindet: das Lohn- oder
Angeld. Um zu zeigen, daß ein Geschenk niemals einseitig sein kann und um die darin enthaltene Verbindung der
beiden beteiligten Personen besonders hervorzuheben,

wurde jedes Geschenk direkt bei der Übergabe symbolisch erwidert; meist mit einem Stück aus dem ganz
persönlichen Besitz. Jacob Grimm spricht von »handschuh oder ring oder münze, die dem geber feierlich mu-
sten dargereicht werden«. Quer durch Europa zieht sich
der Brauch des Angeldes, und selbst als der altfranzösi-
sche Tristan seiner geliebten Königin einen prachtvollen
Hund schenkt, nimmt sie sofort einen Ring von ihrem
Finger und steckt ihn an seine Hand. Was heute als Un-
höflichkeit gelten würde, ein Mitbringsel sofort zu erwidern, besiegelte im germanischen Denken die Verbundenheit und die Gleichheit der Partner, die nunmehr
dauerhaft durch ihre Gaben aneinandergekettet und einander verpflichtet waren. Daß das Lohngeld die Schenkung erst rechtskräftig machte, zeigt noch einmal, wie
sehr Gabe und Geschäftsdenken sich bei den Germanen
vermischten. Der Akt des Schenkens wurde demonstrativ in einen, wenn auch nur symbolischen, Kauf umgewandelt, damit er nicht widerrufen werden konnte. Mit
Hilfe der Gegengabe war das Geschenk nun wirklich erkauft und der Pakt von beiden Seiten bestätigt.

In einigen Gegenden lebt die alte germanische Form
des Schenkens auch heute noch im Aberglauben fort:
So muß etwa ein gefundener Schatz durch eine kleine
Abgabe erkauft werden, und ein nicht erwidertes Geschenk bringt Unglück.

Der germanische »Kauf« von Geschenken ist aber
nicht nur eine Formalität, er ist notwendig, um dem
Akt seine eigentliche Bedeutung zu verleihen. Richard
Meyer begründet dies in seiner »Geschichte des Schenkens« damit, daß die Weltanschauung der Germanen
von der Idee durchzogen war, »daß nur erworbenes
Gut Wert habe, geschenktes minderwertig sei«. Obwohl

sich alle Krieger nach Frieden sehnten, gingen sie davon
aus, daß er nicht einfach verschenkt werde, er müsse er-
worben werden. Freiheit, Besitz oder Tugend wollten
mit vollem Einsatz gewonnen werden. Die Unterschiede
der germanischen Auffassung von Geschenken zu anderen Kulturen zeigen sich sogar im Vergleich der Mythologien sehr deutlich: Während in der griechischen Sagen-
welt das Volk seine Buchstaben geschenkt bekommt,
muß Odin für die Germanen um den Besitz der Runen
kämpfen. Dieser Gedanke prägt das Geschenkverständnis, und er zeigt sich noch einmal besonders deutlich
bei Parzival, der auf seiner eiligen Suche den heiligen
Gral zu einem bestimmten Zeitpunkt hätte geschenkt bekommen können. Doch ist er bei der ersten Begegnung
der Gabe noch nicht würdig – noch hat er zuwenig geleistet, um sie zu erhalten: Sie will während eines langen
menschlichen Reifeprozesses erobert werden.

Frühmittelalter

So sehr die germanische Geschenkkultur sich bis ins Mittelalter hinein über ganz Europa ausbreiten konnte, bekam sie doch bald heiligere Konkurrenz. In der staaten-
losen Umbruchphase der Völkerwanderungen verloren
die positiven germanischen Rechtssysteme an Einfluß,
und die Kirche konnte sich als Maß aller Dinge
und Bewahrerin von Lehre, Ethik und Juristerei etablie-
ren. Anknüpfend an das germanische Reziprozitätsprin-
zip und das römische Modell des magischen Rituals
brachte das christliche Weltbild ein eigenes Verständnis
von idealem Schenken hervor. Bedeutend daran wurde
vor allem der Ansatz, in Geschenken die Forderung an

den Empfänger, das Erhaltene auch auf jeden Fall ausglei-
chend zurückzuerstatten, selbstverständlich vorauszu-
setzen; dies allerdings weniger auf einer sozialen als auf
einer materiellen Ebene und ohne die Möglichkeit, den
einmal geschlossenen Bund auch wieder aufzulösen.
Der Empfänger einer Gabe wurde theologisch und
moralisch verpflichtet, sie zu erwidern, ob in der Form
von Gütern, verabredeten Handlungen, Unterlassungen
oder anderen Leistungen, war dabei fast gleichgültig.
Ein Denken, das an jedes Geschenk sofort die Erwiderung knüpft, mag nach heutigem Verständnis wenig edlen
Geist verraten, damals aber war es von geistlicher Bedeutung, es ermöglichte nämlich einen Weg zum Seelenheil.
Die Tatsache, daß der Geber auf eine garantierte Einlö-
sung der »Schuld« vertrauen durfte, führte zur Erfindung
der »donatio pro anima«, der Gabe für die Seele, die sich
zum Grundstock kirchlichen Reichtums entwickelte.
Schon bald nach der Errichtung des christlichen Staates
unter Konstantin – der angeblich deshalb Christ wurde,
weil er glaubte, Gott habe ihm seinen entscheidenden mi-
litärischen Sieg an der Milvischen Brücke geschenkt –
versprachen sich die Menschen von ihren Geschenken
an die Kirche eine freundlichere Aufnahme der Seele in
himmlische Gefilde. So begann mehr als ein Jahrtausend
vor Luthers Streit gegen den Ablaß der Versuch, Gottes
Gnade mit Gaben zu gewinnen. Wer etwas für die Kirche
tat, war überzeugt, dafür im Himmel belohnt zu werden.

Das gleichzeitige Vorkommen von Schenkungen und
Verkäufen in ein und derselben Urkunde bekräftigt die
Theorie, daß im Frühmittelalter zwischen Schenken
und Kaufen höchstens ein gradueller, jedoch kein prinzi-
pieller Unterschied gesehen wurde. Beigetragen hat dazu
auch der erste christliche Kaiser selbst, der 323 allen Ge-

schenken eine neue Form der Öffentlichkeit zugestand. Er ordnete an, daß auch einseitige Gaben, also Geschenke, beurkundet und vor möglichst vielen Zeugen übergeben werden mußten, damit es später nicht zu Streitigkeiten kommen konnte. Dadurch erhielten alle Geschenke einen völlig neuen Rechtsstatus. Schriftlich fixierte Gaben wurden in unangenehmer Weise in die Öffentlichkeit gerückt und verloren dadurch auch ihren privaten Charakter.

Die Verlagerung des Geschenkverständnisses von seiner bei den Germanen vorherrschenden Funktion der sozialen Stabilisierung zur Vorstellung eines Handelns mit Gott entsprang aber nicht nur der staatlichen Umwertung der Schenkungsbräuche, sondern auch der wachsenden Bedeutung des frühen Mönchtums. Benedikt von Nursia, der Gründervater des europäischen Ordenswesens, schrieb in seiner noch heute weltweit angewandten Mönchsregel aus dem sechsten Jahrhundert ein eigenes Kapitel über die Gaben, »Daß der Mönch keine Geschenke annehmen darf«:

Es sei in keinem Falle dem Mönche erlaubt, weder von seinen Eltern oder sonst jemand noch untereinander Briefe, Eulogien oder sonstige Geschenke anzunehmen oder ohne Erlaubnis des Abtes auszuteilen. Wenn einem auch etwas von den Eltern zugeschickt wird, soll er es doch nicht annehmen, bevor es dem Abt mitgeteilt ist. Wenn der Abt gestattet, daß man es in Empfang nehme, steht es doch bei ihm, es zu geben, wem er will. Der Bruder, an den es gerichtet war, soll sich alsdann nicht betrüben, damit er dem Teufel keine Gelegenheit bietet.

Besorgt um das Seelenheil seiner Schützlinge, verwehrte Benedikt ihnen den weltlichen Brauch des beziehungsstiftenden Schenkens. In der asketischen Tradition dürfen sinnenverwirrende Geschenke nicht die Gleichheit unter den Mönchen gefährden oder zu materialistischem Denken verleiten. Gewöhnliche Zuwendungen aller Art erhielten durch diese mönchische Bewertung einen negativen Beigeschmack, wenn sie als einseitige, ausschließlich private oder persönliche Gaben den Besitzer wechselten.

Die Betonung ihrer Bedeutung als Heilsbringer dagegen verlieh den Geschenken gleichzeitig eine positive Dimension. In der Institution Kirche dienten sie deshalb – angeblich – nur zu sakralen Zwecken und waren damit abgesegnet. So schreibt Childbert II. im Januar 528 an den Pariser Bischof:

> Wir glauben, daß wir uns größtmöglichen Lohn für die Seligkeit ewiger Wiederbelohnung verschaffen, wenn wir den Stätten der Heiligen geeignete Wohltaten erweisen. Deshalb hat uns unser Bischof in seiner Predigt auch kundgetan, daß wir, während wir noch in dieser Welt leben, immer an die Zukunft denken müssen. Er hat uns darüber hinaus daran erinnert, daß wir die heiligen Kirchen in Bedacht haben sollen und immer ihren Gütern noch weitere hinzufügen sollen, damit deren Vermehrung auch uns wieder zugute komme.

Bald entstand ein sakrales Verständnis von Schenken, das etwas ganz Neues in das damalige Europa brachte. Das an Bedeutung wundersam gewinnende Papsttum hatte keine Schwierigkeiten damit, den eigenen Aufstieg mit Gottes gebender Gnade zu begründen, und auch das Königtum erhielt in dieser Zeit die für das ganze Mittelalter charakteristische Legitimation durch die kirchliche Weihe, die ihm erst die Daseinsberechtigung schenkte. 754 ernannte der Papst den Frankenkönig Pippin zum

Schutzherrn über Rom. Zum ideellen Ausgleich für diesen papal abgesegneten Karrieresprung erhielt die Kirche italienische Gebiete und wurde damit zur Großgrundbesitzerin. Die sogenannte »Pippinsche Schenkung« legte den Grundstein zum Kirchenstaat. Noch bedeutender aber wurde die »Konstantinische Schenkung«. Eine im achten Jahrhundert auftauchende Urkunde besagte, daß bereits der erste kaiserliche Christ, Konstantin, dem damaligen Papst die Herrschaft über das ganze weströmische Reich übertragen habe. Der Wunsch, daraus den Anspruch des Kirchenoberhauptes auch auf weltliche Macht auszudehnen, wurde viele Jahrhunderte lang erneuert. Erst im Humanismus gelang es Laurentius Valla, das päpstliche Dokument als Fälschung zu entlarven.

So fanden die Germanen bei ihren immer intensiveren Begegnungen mit dem Christentum nicht nur ein sorgfältig erdachtes Urkundensystem für alle freiwilligen Gaben vor, sondern auch eine ideologische Neubewertung des Schenkens. Und schon die ersten merowingischen Könige, die nach der Eroberung Galliens über großflächige Besitztümer verfügten, folgten dem neuen Ideal voller Eifer. Bei den Karolingern, deren Schenkungen besser beurkundet sind, wurde dieser Brauch eifrig weitergeführt. Karl der Große verschenkte innerhalb eines Jahrzehnts an die Großkirche oder an einzelne Klöster mehr als ein Dutzend Städte, unzählige Güter und Höfe sowie den Zehnten fast aller großen Gemeinden. Den Urkunden über die Verleihung der Ländereien wurde der Hinweis »ad remedium animae meae«, zum Heil meiner Seele, offen beigefügt, manchmal sogar mit dem Zusatz »für die ewige Wiedervergeltung«. Der Geber war überzeugt, er lege »Kleines für Großes, Irdisches für Himmlisches, Hinfälliges für Ewiges auf den Altar

des höchsten allmächtigen Gottes«, wie es in einer
Urkunde für das Kloster Prüm aus dem Jahr 720 heißt.
Das kaufmännische Denken konnte sogar in frommen
Bruderschaften zum Ansporn für alle erbrachten Lei-
stungen werden. Noch im Spätmittelalter notiert »St. Ur-
sulas Schifflein«, eine brüderliche Gemeinschaft:

> An geistlichen Schätzen, welche zur Erwerbung der
> ewigen Seligkeit helfen sollen, angesammelt 6455 Mes-
> sen, 3550 ganze Psalter, 200000 Rosenkränze, 200000
> Te deum laudamus, 1600 Gloria in excelsis Deo. Ferner
> 11000 Paternoster und Ave Maria.

Eine aus heutiger Sicht kritische Betrachtung des unkri-
tischen und materialisierten frühmittelalterlichen Glaubenslebens mag diesen Formen skeptisch gegenüberste-
hen; letztendlich zeigt der Wunsch nach Heilsgewißheit
aber nur die tiefe und nicht unberechtigte Hoffnung
der damaligen Christenheit auf eine Rettung vor der
fleißig gepredigten Hölle. Daß die Kirche sich die Vorteile eines funktionierenden Geschenksystems zu eigen
machte, bleibt denkwürdig, zur Ironie wurde es aber
spätestens da, wo sie sich ins eigene Fleisch schnitt: Der
Brauch, Neugetaufte mit einem symbolischen weißen
Gewand zu beschenken, bescherte zum Beispiel den
Priestern lange Zeit viele willige Täuflinge. Einmal sollen
es bei einer Osterfeier so viele gewesen sein, daß die be-
reitgehaltenen Kleider nicht ausreichten und der Kaiser
in aller Eile aus Bettzeug neue nähen ließ. Das aber erregte den Zorn eines dänischen Häuptlings, der wütend
ausrief:

> Zehnmal schon habe ich mich hier taufen lassen und je-
> desmal ein wunderbares weißes Kleid bekommen;
> aber ein Sack wie der da steht einem Krieger nicht
> an, und schämte ich mich nicht, nackt zu gehen, so

würde ich dir den Lappen samt deinem Christus an den Kopf werfen.

Die Theologisierung des auch schon religiös begründeten »do ut des« verlagerte das Schenken ausschließlich in geistlich-ökonomische Bereiche, in denen es bald ganz dem Nutzdenken untergeordnet wurde. Als Politikum seiner eigentlichen Aufgabe beraubt, wurde jedes Geschenk später so institutionalisiert, daß nun endlich als Gegenbewegung eine Rückbesinnung auf die eigentlichen Werte der Freigebigkeit stattfinden konnte.

Mittelalter

Chrétien de Troyes faßt die Geschenkphilosophie des Mittelalters in einem kurzen, aber vielsagenden Spruch zusammen: »Freigebigkeit ist die Herrin und Königin, die alle Tugenden erstrahlen läßt.« Keine Zeit kultivierte das Schenken in einer derart heiteren und doch anspruchsvollen Form, und nie mehr wurde derart bewußt geschenkt wie in der Blüte des höfischen Lebens. Das liegt in erster Linie an der tiefgründigen Entwicklung der Etikette, vor allem an der der Minne; eines Phänomens, das in der Moderne kein Äquivalent besitzt. Jeder nach Vollendung strebende Ritter machte es sich zur alles beherrschenden Pflicht, ein tugendhafter Mensch zu werden. Zu diesem Streben gehörte es, eine hochwohlgeborene Dame anzubeten. Mit Liedern, Turniererfolgen, kleinen Gesten – und auch mit Geschenken. Dabei kam es nicht darauf an, daß der Edelmann jemals darauf hoffen konnte, daß sein flehentliches Verlangen auch erfüllt würde, im Gegenteil: Meist waren die gepriesenen Damen verheiratet. Der Ritter, der sich inbrünstig werbend immer wieder selbst anpries, bemühte sich nur deshalb, weil er selber in der Kunst des Liebens reifen wollte. Natürlich war dieses Anliegen egoistisch, es zeigt aber, daß man die Fähigkeit, anspruchsvoll und geistreich zu schenken, als eine Stufe zur Entwicklung der Persönlichkeit ansah. Wer das Herz einer Dame durch anständige und originelle Geschenke zumindest gnädig stimmen konnte und dafür eines Tages ein winziges Zeichen der Gunst erhielt, etwa ein kleines Taschentüchlein, der hatte sich auch vor der Gesellschaft als edler Charakter entpuppt. Erst in der Spätzeit der Minnelyrik, etwa bei Walther von der Vogelweide, findet dann das Liebeswerben auch einmal greifbarere Erfolge; eine Entwicklung, die von vielen als Niedergang des wahrhaft charaktervollen Anbetens betrachtet wurde. Minne in ihrer Blüte war und blieb das platonische Ringen um die Aufmerksamkeit einer Burgschönen, die mit kleinen Gaben und Liedern aufgefordert wurde, dem Verehrer bei seiner sittlichen Vollendung zu helfen.

So wurde das Schenken zu einem Akt der Selbstvervollkommnung, forderte es doch den edlen Ritter zur Selbstbesinnung, Selbstüberwindung und Demut auf. Guillaume de Lorris preist in seinem berühmten »Rosenroman« die Vorzüge der Freigebigkeit. In personifizierter Form trifft sie auf Schönheit, Reichtum und Höflichkeit und wird sinnbildlich gepriesen:

Danach nahm Freigebigkeit teil,
die wohlerzogen war und sehr unterwiesen darin,
Ehre zu erweisen und zu verteilen.
Sie war aus dem Geschlechte Alexanders
und freute sich über nichts so sehr,
wie wenn sie sagen konnte: »Nimm«.
Selbst der elende Geiz

war nicht so sehr aufs Nehmen bedacht
wie Freigebigkeit aufs Geben;
und Gott ließ ihr all ihre Güter
sich vermehren, so daß sie niemals
so viel geben konnte, wie sie im Überfluß hatte.
Sehr gepriesen und gelobt wurde Freigebigkeit;
die Weisen sowohl wie die Toren
hält sie ganz in ihrer Gewalt,
so viel hatte sie mit ihren guten Gaben erreicht.
Selbst wenn jemand sie hassen würde,
so glaube ich, daß sie ihn durch ihre großen Dienste
zu ihrem Freund machen würde;
und deshalb besaß sie nach ihrem Wunsch
die Liebe der Armen und der Reichen.

Natürlich weiß auch de Lorris sehr genau, daß die rechte
Freigebigkeit wohl überlegen muß, wem sie welche
Dinge zukommen läßt. Wie schon bei den römischen
Philosophen kommt es dabei nicht auf die Quantität,
sondern auf die Qualität des Schenkens an. Nur mit
dem rechten Maß ist es überhaupt möglich, ein Lebens-
künstler zu werden. Darum stellt de Lorris dem bewußten und passenden Schenken die törichte Freigebigkeit
gegenüber. Sie ist es, die am Ende den ritterlichen Verehrer in der Armut landen läßt, womit er seine Tauglichkeit
zur höchsten Tugend in deutlicher Form verspielt hat.
Die falsche Weise des Schenkens beschreibt er so:

Dieser Weg heißt Viel Geben;
Törichte Freigebigkeit legt ihn an,
die so manche Liebhaber dort verschwinden ließ.
Ich kenne den Weg nur allzu gut,
denn ich verließ ihn erst vorgestern
und bin auf ihm gepilgert
mehr als einen Winter und einen Sommer lang.

Auf dem Weg wohnt Törichte Freigebigkeit,
die an nichts weiter denkt als an Spiele
und unmäßige Ausgaben zu machen;
denn sie gibt ihr Geld so aus,
als schöpfte sie es aus Speichern,
ohne zu zählen und ohne zu messen,
wie lang das etwa dauern könne.
Armut wohnt am anderen Ende,
voller Scham und Ungemach.
Macht daher auf freundliche Weise
schöne kleine Geschenke in vernünftiger Weise,
Es ziemt sich wohl, daß man ein schönes
Geschenk aus frischen Früchten
in einer Serviette oder einem Korb darreiche;
dafür seid nicht zu faul.
Äpfel, Birnen, Nüsse oder Kirschen,
Spillinge, Pflaumen, Erdbeeren, Vogelkirschen,
Kastanien, Quetten, Feigen, Berberitzen,
Pfirsiche, Riesenäpfel oder Elsbeeren,
Edelmispeln oder Himbeeren,
wilde Pflaumen, Damaszener Pflaumen, Spillinge,
neue Weintrauben schickt ihnen
und habt auch frische Brombeeren zur Hand;
und wenn Ihr diese gekauft habt,
so sagt, sie seien Euch von einem Freund
geschenkt worden und von weit her gekommen,
selbst wenn Ihr sie auf der Straße gekauft habt.
Oder schenkt rote Rosen,
Primeln oder Veilchen
in schönen Körben zur Jahreszeit.
In solchen Geschenken liegt nichts Unvernünftiges.
Denn käufliche Liebe wurde
niemals von einer Frau erdacht,

es sei denn aus gewisser Unzucht;
und gewiß gibt es keine Liebe
in einer Frau, die sich für ein Geschenk hingibt.
Falsche oder übertriebene Geschenke machten den Geber in aller Öffentlichkeit lächerlich, und eine Dame,
die sich von ihnen angesprochen fühlte, war genauso
bloßgestellt. Schenken wurde eben auch in dieser Zeit
als Kunst verstanden: Nicht zu viel und nicht zu wenig
sollte es sein, mit ein wenig Phantasie konnte man alltäglichen Dingen den Hauch einzigartiger Exotik geben,
und bei wahrhaft minniglichen Geschenken rechnete
man auch nicht mit einer wie auch immer gearteten Gegenleistung. Ein korrekter Schenker gab um des Gebens
und der Freigebigkeit willen und um sein höfisches Ta-
lent zu beweisen, wohl auch, um ein bißchen auf sich hinzuweisen, nicht aber, um dafür materiell oder amourös
entschädigt zu werden.

Der tugendhafte Erfolg der Freigebigkeit war allerdings auch darin begründet, daß die gesamte Gesell-
schaftsstruktur des Mittelalters an sich auf einem – zumindest so benannten – »System von Geschenken«
aufbaute. Jürgen Hannig hat die wichtigsten Charak-
teristika dieser »totalen sozialen Tatsache« ausführlich
dargestellt. Entscheidend sind für ihn die Funktionen
des Schenkens, wie sie in den großen Lebenszusammen-
hängen von Beruf und Diplomatie deutlich werden.

Maßgeblich für die mittelalterliche Geschenkpraxis ist
die Tatsache, daß sich auch offizielle Tauschgeschäfte
gern den Anstrich der wohlmeinenden Freigebigkeit gaben. Er bestand zum Beispiel darin, daß jegliche Abgabe
an den Grundherren äußerlich auf einem Geschenkakt
beruhte. Die »dona annualia«, die Jahresgabe, war nichts
anderes als die spätere Besteuerung, sie wurde nur euphe-

mistisch als Geschenk verpackt. Man tat so, als seien die regelmäßigen Zuwendungen freiwillige Zeichen der Freundlichkeit. Karl der Große hatte maßgeblich dafür gesorgt, daß der Brauch der friedensstiftenden Geschenke an die Landesfürsten geordnet und systematisiert wurde. Aus »Ab«-Gaben wurden Abgaben. Die sozusagen selbstverständlich geforderten »Pflichtgeschenke« – Waffen, Pferde, feine Kleider, Naturalien und viele andere Schätze, die auf den Reichstagen den Königen dargeboten wurden, waren ursprünglich weder Bestechung noch Zeichen der Unterwürfigkeit, sondern ein gesellschaftlich akzeptiertes Mittel zur Stabilisierung der bestehenden Macht- und Rechtsstrukturen. Im Lauf der Jahrhunderte wurden die scheinbar freiwilligen Gaben immer weiter vereinheitlicht und entfremdet, bis zuletzt nur noch eine Zwangssteuer in Form unpersönlicher Geldbeträge oder Naturalien übrigblieb.

Ebenso stellten auch die grundherrschaftlichen Gaben an die Untergebenen im Verständnis des Mittelalters eigentlich Geschenke dar, für die der Herrscher eine materielle Gegengabe erwarten konnte, weil er ja deren Schutz garantierte. So wurde das Lehenssystem, ebenso wie die ausufernde Besoldung verdienter oder unverdienter Untertanen mit Pfründen und Gütern, durch seine Kennzeichnung als Austausch von Geschenken euphemistisch legitimiert. Wer ein Stück Land als Lehen erhielt, fühlte sich beschenkt und war durch diese soziale Geste nicht nur materiell, sondern auch ideell an seinen Lehnsherrn gebunden. Wenn ein weltliches oder geistliches Gut häufig sogar auf Lebenszeit verliehen wurde, wußte der Vasall, welche Ehre und zugleich Pflicht ihm damit zuteil wurde. Wahrscheinlich stand am Anfang des Lehnswesens ohnehin der in eine Gefolgschaft eingebundene Waffengefährte eines Kriegers, der seine Ergebenheit durch ständige Anwesenheit ausdrückte und für diese alleinige Treue mit Geschenken bedacht wurde.

Just zu dieser Zeit entstanden auch viele andere Berufe, deren Salär jahrhundertelang auf Geschenken basierte. Lehrer, Kirchendiener, Hirten und andere Angestellte lebten von den Gaben der Bevölkerung, für die sie arbeiteten; das mehr symbolische Grundgehalt war zum Leben keinesfalls ausreichend. Die so Bestallten hatten das ausdrückliche Recht, an bestimmten Tagen Geschenke zu erwarten oder sie sogar im Sammelgang einzufordern. Goethe läßt in seinem »Tasso« deutlich sagen: »Er halte gnädiges Geschenk für Lohn«, ein Brauch, der wie selbstverständlich das Leben der Untertanen bestimmte. Ein ritterlicher Arbeitgeber zahlte keine Gehälter, er wußte von sich aus, daß er sich um die elementaren Grundbedürfnisse seiner Untergebenen zu kümmern hatte, wenn er sie nicht an besser zahlende Herren verlieren wollte. Auch bei den zerstörerischen Auseinandersetzungen zwischen Staufern und Welfen, die im 12. und 13. Jahrhundert mit ihrem Streit um die Herrschaft das Land überzogen, ging es vor allem darum, durch gezielte Geschenke mehr treue Vasallen zu halten als der Gegner. Einige Fürsten, wie etwa Dietrich von Meißen, wechselten mehrmals das Lager, wenn sie von Gaben dazu motiviert wurden.

Walther von der Vogelweide, der wahrscheinlich bedeutendste und revolutionärste mittelalterliche Dichter, diente nacheinander drei verschiedenen Thronanwärtern, natürlich immer dem, der gerade den besseren Stand hatte. Für die Gunst, Reichspropagandist zu sein, war sich der Künstler auch nicht zu schade, seinen jeweiligen Herrn in den höchsten Tönen zu loben, um dann wenig später grußlos die Seite zu wechseln. Wie alle Mitglieder des Hofgefolges konnte sich Walther darauf verlassen, daß er regelmäßig mit Geschenken bedacht wurde. Die einzige authentische Quelle über die Existenz des Dichters ist sicher nicht zufällig eine Quittung aus dem Jahr 1203: über den Erhalt eines Pelzmantels. Walther von der Vogelweide ging aber noch weiter. Er wurde der erste Poet, der sich seiner Kunst so sicher war, daß er, obwohl abhängig vom Wohlwollen seiner Mäzene, begann, lautstark seinen Lohn einzufordern. Er weigerte sich unter anderem, weiterhin die abgetragenen Kleider seines Dienstherrn als Bezahlung anzunehmen. Der weit bis ins achtzehnte Jahrhundert gepflegte Brauch, die Dienstboten zu Endverbrauchern der nicht mehr ganz so frischen Altkleider zu machen, war dem Poeten zuwider. Und als er einmal angefangen hatte zu meckern, konnte er nicht mehr aufhören. Immerhin tat er seinen Protest gegen die Knausrigkeit der Herrschaften in äußerst poetischer Form kund:

König Philippus, aus genauer Beobachtung werfen
Dir manche vor,
Du seist nicht von Natur aus freigebig. Darüber will
mir scheinen,
wie Du solchermaßen nur weit mehr verlierst.
Du solltest lieber aus freiem Willen tausend Pfund
geben
als dreißigtausend widerwillig. Dir ist nicht bekannt,
wie man durch Geben Ruhm und Ansehen erlangt.
Denk doch an den freigebigen Saladin,
der da sagte, Königshände sollen durchlässig sein,
dann würden sie gefürchtet wie geliebt.
Denk doch an den von England,
um welchen Preis er freigekauft wurde von seiner
großzügigen Hand.

Ein Verlust ist nützlich, wenn er zwei Vorteile
einbringt.

oder

Philipp, edler König,
sie alle wünschen Dir Glück
und möchten Freude nach Leid.

Jetzt herrschst Du über Schätze und Würden,
wie sie zwei Könige reich machen könnten:
Stell sie der Freigebigkeit anheim!
Der Lohn der Freigebigkeit ist wie die Saat,
die in dem Maße herrlich aufgeht
als man sie ausgeworfen hat.
Wirf aus mit großzügiger Hand!
Welch König der Freigebigkeit zu schenken weiß,
dem schenkt sie, was er anders nie gewonnen hätte.
Wie klug war Alexander!
Der schenkte und schenkte, sie aber schenkte ihm
die ganze Welt.

Als Walther einige Jahre später vom Welfen Otto zu dem
Staufer Friedrich II. wechselt, nutzt er sein Überlaufen,
um den alten Brotgeber zu beschimpfen, den neuen
aber zu ermahnen:

Ich habe Herrn Ottos Versprechen, er wolle mich noch
reich machen:
Wie aber konnte er meine Dienste annehmen und mich
betrügen?

Schließlich wird der wechselfreudige Poet immer heraus-
fordernder; an gesundem Selbstvertrauen mangelt es ihm
nicht. Auf dem Höhepunkt seiner Laufbahn wünscht er
sich als angemessene Entlohnung nur noch eine Kleinigkeit: ein Eigenheim.

Vergessen darf man bei diesen Texten nicht, daß sie alle
vor dem gesamten Hofstaat vorgetragen wurden und

auch eine dementsprechende Öffentlichkeitswirkung hatten:

> Schirmherr Roms, König Apuliens, laßt es euch erbarmen, daß man mich in allem Reichtum meiner Kunst so arm läßt. Ich wünschte sehr, wenn es sein könnte, mich am eignen Feuer zu wärmen.

Offensichtlich nahm sich der angerufene Kaiser die Ermahnungen seines Hofpoeten zu Herzen, denn wenig später kann Walther als stolzer Besitzer eines kleinen Häuschens mit dazugehöriger Leibrente freudig singen:

> Ich hab mein Lehen, in alle Welt ruf ich's hinein:
> ich hab mein Lehen.
> Nun fürchte ich nicht mehr den Februarfrost an den
> Füßen
> und werde künftig die geizigen Herren nicht mehr
> anflehen.
> Der edelmütige, der großmütige König hat mich
> versorgt.
> Ich war so voller Scheltworte, daß mein Atem stank.
> All dies hat der König rein gemacht und mein Singen
> dazu.

> (*Übersetzungen: Peter Wapnewski*)

Wahrscheinlich hat nie wieder ein Angestellter so poetisch und zugleich so erfolgreich um eine Gehaltserhöhung gebeten. Natürlich wußte auch Walther von der Vogelweide, daß er letztlich vom guten Willen seines jeweiligen Herren abhängig war, da aber seinesgleichen keine regelmäßigen Gehälter erhielt, blieb für Lohnverhandlungen nur der Gang in die Öffentlichkeit.

Nun läßt sich aus den dreisten Bittgesängen des großen Minnedichters nicht automatisch schließen, daß die mittelalterlichen Arbeitgeber grundsätzlich knauserig gewe-

sen wären. Sie wußten sehr wohl, daß ihre Untergebenen
auf Geschenke angewiesen waren. So wird berichtet, daß
der Marschall Wilhelm von England, als er 1219 auf dem
Totenbett lag, seinen letzten Willen sehr fürsorglich verkündete. Er hinterließ sein eigentliches Vermögen der
Kirche, damit dort für seine Seele gebetet würde. Als
man ihn aber daran erinnerte, daß in seiner Kammer
noch viele wertvolle Pelze hingen, und ihn aufforderte,
diese doch ebenfalls zu verkaufen, um noch mehr Seelenheil dafür zu bekommen, wurde Wilhelm zornig. Es ging
auf Pfingsten zu, und der Ritter hatte nicht vergessen, daß
an diesem Tag seine höheren Angestellten Anspruch auf
neue Gewänder hatten. Sehr zum Ärger vieler Anwesen-
der entschied er, zugunsten seiner Untergebenen auf etwas Segen zu verzichten. Sicherlich nicht nur aus reinem
Eigennutz, sondern weil er verstanden hatte, welches System hinter den Geschenken stand: Freigebigkeit bedeutete Macht – gebunden an die Loyalität der beschenkten
Untergebenen.

Aber nicht nur Lohngeschäfte und der normale Güter-
verkehr waren von einer Philosophie des Schenkens getragen, auch die Diplomatie bestand vordergründig erst
einmal aus dem rechten Maß an Gaben. Freundschaftsge-
schenke wurden dabei kaum von eigentlichen Tributen
fremder Herrscher unterschieden, da zumindest anfäng-
lich kein wirklicher Unterschied zwischen freiwilligen
Gebern und abhängigen Vasallen gemacht wurde. Der
Wert und die Beschaffenheit der Geschenke spiegelten
das Verhältnis der Beteiligten zueinander wider. Nach einem kaum nachvollziehbaren Schlüssel wurden Wert
und Stimmigkeit der Gaben beim Überreichen geprüft
und für gut oder schlecht befunden. Wer im zwischen-
staatlichen Gespräch etwas erreichen wollte, war auf Geschenke angewiesen.

Minutiöse Aufzeichnungen vieler Höfe über die versandten und eingegangenen Geschenke zeigen, welche Bedeutung der Wert der angeblich freiwillig gegebenen Dinge hatte. Zum Leidwesen vieler Herrscher gehörte zu allen Geschenkakten die noch aus älteren Zeiten stammende Pflicht, bei Gleichgestellten den anderen mit jedem Gegenzug zu überbieten. Besonders gern zitieren Wissenschaftler dazu einen Beschwerdebrief des Papstes an Karl den Großen aus dem Jahre 787. Der Kaiser hatte zuvor beim Papst durch einen Gesandten um die Übersendung von Marmor und musivischem Schmuck aus Ravenna gebeten. (Man sieht, die Herrscher waren sich nicht zu fein, ihre Wünsche konkret auszusprechen.) Als der Herrscher die edlen Gaben erhalten hatte, sandte er dem Papst seinerseits eine Herde rassiger Pferde. Leider überlebte nur eines der feinen Tiere die strapaziöse Reise über die Alpen. Das sichtlich angeschlagene Rest-Pferd wurde Auslöser für den mahnenden Brief. Das Kirchenoberhaupt forderte in einem langen Schreiben, daß der König das nächste Mal doch bitte bessere Pferde senden solle, starkknochige und gut im Fleisch stehende, die dem Weg auch gewachsen seien. Von Interesse ist hierbei die päpstliche Begründung: Der Kirchenfürst läßt Karl wissen, es gezieme sich nicht für einen König, sich in Geschenken überbieten zu lassen.

Bezeichnend für den Niedergang der eigentlichen Geschenkkultur ist dann auch das eklatante ausufernde Schenken eines bereits leicht angekratzten Adels im 12. Jahrhundert. Geoffroi de Vigeois hat einen ausartenden Wettstreit im Vergeuden überliefert, der wundervoll zeigt, wohin die Sehnsucht nach Anerkennung die Freigebigkeit treiben konnte. An römische Sitten erinnernd manifestierte sich nämlich der Status der Landesfürsten vielerorts an dem Luxus, den sie verschwenderisch wie aus einem unerschöpflichen Füllhorn vor die geblendeten Augen der Neider werfen konnten. So kam es immer öfter während eines Hoftages zu orgiastischen Versuchen, die eigene Prosperität unter Beweis zu stellen. Da gewöhnliche Demonstrationen des Reichtums nicht mehr ausreichten, ließen sich die Edelleute sinnlose Schauspiele einfallen, um ja genügend Eindruck zu schinden: Ein Ritter säte aus Spaß an der Freud kleine Silbermünzen in ein vorher gepflügtes Feld, ein anderer kochte sein Essen auf kaum bezahlbaren Wachskerzen, und ein dritter befahl »aus Prahlerei«, dreißig seiner besten Pferde bei lebendigem Leib zu verbrennen. Wer so verderblich mit seinem Eigentum umging, der erhoffte sich natürlich vor den überbordenden Verschwendungen einen Vorsprung an Autorität, Prestige und Beziehungen, der dazu verhelfen sollte, die Verluste später mehr als auszugleichen.

Parallel zu diesen Verirrungen uferten auch die Preise bei Turnieren immer weiter aus. Der sogenannte »Turnierdank« steigerte sich zu luxuriösen Belohnungen, die mit heutigen Sportprämien allemal mithalten konnten. Hatte es ursprünglich »nur« goldene Ketten und Kränze, Waffen, Stickereien oder Pferde gegeben, so mußte ein Veranstalter des ausgehenden Mittelalters verlockendere Gaben anbieten, um die großen Kämpfer seiner Zeit an seinen Hof zu ziehen. Markgraf Heinrich von Meißen etwa ließ bei einem Turnier in Nordhausen einen großen Baum mit goldenen und silbernen Blättern errichten. Wer die Lanze seines Gegners brach, erhielt ein silbernes, wer ihn aus dem Sattel hob, ein goldenes Blatt. Die Stadtjunker von Magdeburg offerierten 1229 sogar ein »gelüstiges Mädchen« als Turnierdank, was den Chronisten nun

endgültig empörte. Andererseits mußten die Kämpfer
für ihre fürstliche Bezahlung auch einiges bieten, so daß
bald nur noch Todesmutige an den Festen teilnahmen.
Noch im ausgehenden 16. Jahrhundert, einer Zeit, in der
das Rittertum längst abgedankt hatte, fanden Turniere
statt, die mit dem alten ehrenhaften Wettkampf nichts
mehr zu tun hatten. Ein Chronist schreibt:

> Freitags, den 12 Mar. 1596 hult man ze hof im schlosz
> ein fechtschul. Der herzog verkündet inen, es mieszte
> rot oder blut geben, sunst gelt es nit. Wer den andern
> blutruns macht, bekam von den richteren ein gob, et-
> lich münchsköp, schnaphann, auch etlich taler.

Da gerade offizielle Feiern gegen Ende des Mittelalters
immer mehr zu wahrhaft monströsen Geschenkritualen
wurden, ging man in einigen italienischen Städten Anfang des fünfzehnten Jahrhunderts sogar daran, den Ex-
zessen gerichtlich Einhalt zu gebieten. In Bologna wurde
es 1401 verboten, zu einem Festbankett mehr als vierund-
zwanzig Damen einzuladen, wobei die der gastgebenden
Familie natürlich nicht eingerechnet wurden. Auch Flo-
renz, Siena und Modena erließen ähnliche Verfügungen,
die sowohl für Umzüge als auch für andere öffentliche
Feste die Teilnehmerzahl begrenzten.

Bis ins Spätmittelalter gehörten der Austausch von Geschenken und ein gemeinsames Mahl (convivium et munera) darüber hinaus zu den konstituierenden Elementen
aller vertraglichen Abschlüsse und Schwüre. Jede Begegnung zwischen Herrschern unterlag einem strengen Zeremoniell, das eingehalten werden mußte, um nicht die
Zusammenkunft an sich ungültig werden oder in einem
Eklat enden zu lassen. In der Diplomatie waren der feier-
liche Bruderkuß, die gemeinsam besuchte Messe und das
gegenseitige Überreichen von Gaben unverzichtbarer
Bestandteil der Beratungen.

Entscheidend bei allen Formen des Geschenketau-
schens waren jedoch nicht Wert und Art der Gaben,
sondern immer die öffentliche Präsentation. Erst wenn
die Öffentlichkeit Zeuge des Besitzerwechsels geworden
war, war das Geschenk verbindlich. Ein Brauch, der dazu
führte, daß alle Schenker zu ihren Gaben gleich auch den
notwendigen Rahmen schaffen mußten. Private Gaben
oder Spenden für Notleidende galten als notwendige Almosen und wirkten in ihrer unmittelbaren Bezugnahme
auf die Armut eher als peinlich. Wurden zwischen gleichgestellten Persönlichkeiten heimlich Wertgegenstände
ausgetauscht, so war der Tatbestand der Bestechung bereits erwiesen. Eine gutgemeinte Aufmerksamkeit verlangte nach dem würdigen und würdigenden Publikum.
Wirkliche Geschenke wurden am liebsten vor den Augen
aller, vor dem Kreis der Sippe, der Gefolgsleute, auf den
Reichs- und Hoftagen oder vor dem gesamten Hofstaat
überreicht. Das hatte zur Folge, daß in den geschlossenen
sozialen Systemen auch jeder an der Art der Geschenke
sehen konnte, welchen Stand der andere in den Augen
des Gebenden hatte. Dadurch erst bekam jedes Geschenk
seinen hierarchisch differenzierenden und verbindungs-
stiftenden Wert, der es zu einem der wichtigsten stabili-
sierenden Faktoren der mittelalterlichen Gesellschaft
machte.

Die Darreichung wertvoller Geschenke im Angesicht
wertender Zeugen verlieh dem mittelalterlichen Schenken nicht nur eine ungeahnte Breitenwirkung, sie führte
auch zur Entwicklung vieler Geschenkrituale, die in ihrer
Eigentümlichkeit immer wieder faszinierend sind. Bei jeder traditio, jeder Übergabe von Wertgegenständen, wird
zu jener Zeit die Besitzergreifung erst durch eine symbolische Handlung vollständig und gültig. Bei Tausch und

Kauf genügt dem mittelalterlichen Recht längst eine kleine symbolische Geste – ein hingeworfener Handschuh, ein Hut zum Hineingreifen –, um den Handel perfekt zu machen, bei Geschenken wird eine festliche Darbietung zelebriert; man übergibt sie nicht einfach, der Akt wird zu einer spektakulären Show. Verschenkt zum Beispiel ein Kaufmann ein Pferd, so steigt er für jeden sichtbar davon ab und fordert den Empfänger auf, sich daraufzusetzen; nur wer demonstrativ aufsteigt, wird der neue Be-Sitzer. Ein Grundstück wird in dem Augenblick zum Eigentum, in dem sich der Empfänger leibhaftig mit einem Stuhl darauf niederläßt. Bei der Übergabe eines Amtes muß der Ausscheidende vor aller Augen abtreten, der Nachfolger aber muß offiziell antreten. Auch eine Ehe wird unabhängig von allen kirchlichen oder weltlichen Beurkundungen erst dann für gültig erklärt, wenn sie vollzogen ist. Kommt es nicht dazu, ist sie jederzeit auflösbar. Ein Besitzerwechsel, ganz gleich welcher Art, gewinnt in der sinnlichen Erfahrung seine Gültigkeit. Jedes Kleidungsstück, das jemand überreicht bekommt, muß er sofort anziehen, um die Inbesitznahme auch unmißverständlich deutlich zu machen. Man schlüpft in seine neue Rolle, sein neues Eigentum hinein. Kostbare Spangen werden vor aller Augen angelegt, andere Gaben durch Anbinden mit dem Körper des Nehmenden in Verbindung gebracht. Der neue Eigentümer will und soll Kontakt mit den Dingen bekommen. Die Form des Anbindens hat sich in unserem Ausdruck »Angebinde« erhalten, die körperliche Kontaktsuche dagegen im Umhängen von Medaillen, Plaketten oder dem Anstecken von Orden. Der öffentliche Akt besiegelt eine Aktion: Mag ein ausgezeichneter Mensch auch schon lange vor dem offiziellen Staatsakt wissen, daß er das Bundesverdienstkreuz oder den Nobelpreis erhält, erst mit dem körperlichen Entgegennehmen gehört ihm die Auszeichnung wirklich. Der moderne Gedanke, daß die Bedeutung einer Auszeichnung darüber hinaus von der Würde des Verleihenden abhänge, ist erst dem neuzeitlichen Personenkultus entsprungen. Im Mittelalter wäre niemand auf die Idee gekommen, ein vom Kaiser überreichter Preis könne höherwertig sein als ein gleichartiger, den der Nachbar überreicht: Damals bestand der eigentliche Wert einer Gabe in der körperlichen Annahme. Wichtig war dabei nicht der Geber, sondern der in sich einzigartige Gegenstand. Nach mittelalterlichem Verständnis wurde er nämlich nicht etwa weitergereicht, sondern er tauschte seinen Besitzer. Daher mußte die Gabe deutlich und öffentlich in das vertraute Eigentum aufgenommen werden. Ein Mantel etwa, den der Empfänger gleich in seine Truhe legte, konnte im Mittelalter jederzeit zurückgefordert werden, er hatte sich seinem neuen Besitzer noch nicht intim genähert. Ein nur einmal vom Empfänger getragener Mantel war dagegen unwiderruflich in dessen Eigentum übergegangen. Dieses Verständnis von Besitzergreifung erklärt auch, warum für die mittelalterlichen Krönungen die Reichsinsignien von heute kaum mehr faßbarer Bedeutung waren. Wer Reichsapfel und Zepter nicht in angemessener, leiblicher Form empfangen hatte, besaß auch nicht deren Amt und Würde; er konnte noch so oft zum Kaiser gewählt worden sein. Das neuzeitliche Aufsetzen eines Doktorhutes und auch die Umgürtung mit einem Schwert spiegeln ein wenig von diesen Bräuchen wider.

Die Lust an der körperlichen Vereinigung mit dem geschenkten Gegenstand führte nebenbei zu der gern gepflegten Sitte, Frauen Geld oder andere Kleinigkeiten

in den Ausschnitt zu schieben, um ihnen die stolz ge-
schwellte Brust mit ein wenig wertvollem Besitz zu füllen. Jakob Grimm zitiert einen Text des Dichters Kaufmann, in dem dieser Brauch beschrieben wird:

> Da schob er ihr zur selben Stund
> in ihren Busen wohl ein Pfund
> und bot ihr große Mieten.
> Er schob den Frauen in ihr Kleid
> auch zu der gleichen Stund
> viel mehr noch als zehn Pfund.

Ein solcher Eingriff in die Privatsphäre fand aber auch
harmlosere Varianten: So wurden etwa Halsbänder fest
um den Hals der Damen gelegt. In der Schweiz und
auch im Schwäbischen heißen deshalb viele Geschenke
auch heute noch Helseta oder Wörgeta, würgende Hals-
geschmeide, wenn sie sich wie ihre Namensvettern eng
mit der Empfängerin befassen.

Natürlich spielte auch die symbolische Verbindung
der beiden am Schenkakt beteiligten Personen im Lauf
der Zeit eine immer größere Rolle. Mit angebundenen
Gaben, später einfach mit Bändern, bezeugten sich nicht
nur Liebende ihre Zuneigung. Wie sehr dieser Brauch
verbreitet war, besingen die Volkslieder. Das bekannteste
ist sicher folgendes: »Zum Tanze, da geht ein Mädel mit
güldenem Band. Das schlingt sie dem Burschen ganz
fest um die Hand.« Wer einem anderen eine Kleinigkeit
an den Körper band, genoß den zarten Körperkontakt
und wurde damit im wahrsten Sinne des Wortes »anhäng-
lich«. Über viele Jahrhunderte wurden Angebinde so
sehr gepflegt, daß auch gleichgeschlechtliche Freunde
sie selbstverständlich benutzten. Gryphius beschreibt
die im Barock besonders einwickelnde Bedeutung des
Angebindes, die zwischen den beteiligten Personen eine
feste Beziehung aufbaut:

Und da werd ich dich auch finden,
Freund, und eine große Schar,
die dir bunte Kränze winden
in dein schwarzes krauses Haar;
die mit Blumen um dich streiten
und mit grünem Glanz bespreiten,
die in einem Schreien schrein:
Freund, du sollst gebunden sein!
Ich, der kleinste unter allen,
an Person, an Freundschaft nicht,
will dir auch sehr gern gefallen,
so wie da ein jeder spricht:
Sei gebunden! Ich muß sorgen,
daß, je besser du dich morgen
lösen wirst, je mehr wirst du
diese Schlingen ziehen zu.

Die Form der Bindgedichte selber ist inzwischen sicherlich verschwunden, der Brauch, Bänder, Blumen und Kränze anzuheften, lebt dagegen in Hochzeitszeremonien und Volksbräuchen fort. In New-Age-Kreisen erlebt das Anlegen von reliquiengleich verehrten Amuletten zu Heilungszwecken sogar eine neue Blütezeit. Jacob Grimm schreibt dazu:

Übrigens gleicht das anbinden der geschenke dem der heilmittel und reliquien; die ihnen beiwohnende kraft sollte durch das binden auf das kranke glied übergehn und es wäre denkbar, dasz man auch von geschenken, die aus geliebten händen empfangen werden, ähnliche einwirkung erwartete.

Zumindest war es lange Zeit üblich, daß Liebhaber sich ein Haar der Geliebten um den Arm banden, um sie so immer bei sich zu tragen.

Angebinde im Sinne einer Beziehung sind allerdings

eine sehr späte Erscheinungsform des Schenkens. Der Wunsch eines Beschenkten, sich inniglich mit den Gaben zu verbinden, existierte vorher lange Zeit eher einseitig; erst im Spätmittelalter wurde aus der festlichen Übergabe ein verbindendes Element. Im Frühmittelalter nahm man Geschenke zwar körperlich in Besitz, der Kontakt zwischen den Personen wurde aber möglichst vermieden; stand doch ausschließlich der Gegenstand im Zentrum des Interesses. Unter Kriegern, die in ihrer tugendhaften Würde stark auf Distanz achteten, herrschte deshalb der Brauch, wenn möglich Gaben auf der Speerspitze darzureichen und sie auch so in Empfang zu nehmen. Viele Sagas berichten von Geschenken, die auf Speeren oder Schwertern einen großen Bogen über die Menge der Zuschauer machten, im Zenit übernommen wurden und sich dann deutlich zu dem Empfänger neigten. So wurde aus jedem überreichten Ring ein Schauspiel. Wahrscheinlich entwickelte sich dieses Ritual aus dem Ringelstechen bei Turnieren. Dort mußten die Ritter im Galopp einen aufgehängten Ring mit der Speerspitze zu fassen bekommen und ihn dann dem Wettkampfleiter präsentieren. Daß auch die Burgfräulein ihre Tücher dem Kämpfer ans Schwert hefteten, mag zur Verbreitung dieser Sitte beigetragen haben.

Offensichtlich bot das Überreichen von Geschenken zu allen Zeiten die Möglichkeit, das Verhältnis der Beteiligten zueinander zu eruieren und zu demonstrieren. Die Art der Darbietung verdeutlichte allen Anwesenden den Rang von Geber und Empfangenden. Die Gabe selbst diente als Medium der Nachrichtenübermittlung. So reichten Krieger nicht nur Kleinigkeiten mit ihren Waffen weiter, größere Gaben, etwa prall gefüllte Geldbeutel, wurden auf dem Schild dargeboten, sozusagen auf dem

Präsentierteller. Von einem St.Gallener Mönch ist aus dem Jahre 937 darüber hinaus folgendes Erlebnis überliefert: Er las König Konrad eine Messe und sollte dafür Gold als Lohn erhalten. Das aber wurde in aller Ruhe auf die Füße seiner Majestät gelegt, von wo der gebeugte Mönch es aufsammeln mußte. Ob dieser noch mehrfach bezeugte Brauch die Gabe, den Geber oder den Empfänger ehren sollte, ist wohl nicht geklärt; ebensowenig wie eine nur schwer verständliche Stelle, nach der der gleiche König Goldzuwendungen angeblich nach »mundvoll« gemessen haben soll.

Bei allen exzentrischen Ausschweifungen, die es in der mittelalterlichen Geschenkkultur gegeben hat, sind die Standardgaben doch an einer Hand abzählbar: Pferde, Kleider, Waffen, Nahrungsmittel und Gold. Eine charmantere Vielfalt findet sich nur in den Gedichten der Minnesänger, die ihren Angebeteten einfallsreichere Symbole ihrer Liebe zukommen ließen. Die anbetungswilligen Ritter handelten jedenfalls nach einem der großen Grundsätze des Schenkens: Sie versuchten, in den Gaben der Beziehung von Geber und Empfängerin eine Form zu geben. Bis zu welchem Grad von Verrücktheit die Lust an der platonischen Selbstverherrlichung einige Männer treiben konnte, zeigt die Biographie Ulrichs von Lichtenstein, der in seinem Buch »Frauendienst« einen kleinen Einblick in sein allzu freigebiges Werben um eine edle »Herrin« gibt.

Die Dame, die sich Ulrich als Herzallerliebste erwählt, ist auch in der Realität seine Herrin, denn schon im Alter von zwölf Jahren hat sein Vater den Jungen als Edelknaben an ihren Hof gegeben. Als der Heranreifende beschließt, den provenzalischen Brauch des Minnedienstes an seiner eigenen Vorgesetzten auszuprobieren, läßt er sich tatsächlich voller Leidenschaft auf dieses Abenteuer ein. Anfangs bringt er ihr vor allem Blumen und ist dann »wohlgemut«, wenn ihre Hand den Strauß auch an der Stelle berührt, wo er ihn angefaßt hat. Begeistert trinkt der Jungverliebte heimlich das Wasser, in dem die Dame ihre Finger gewaschen hat, und nachdem er herangewachsen und zum Ritter geschlagen ist, beschließt er, sein Leben ganz in den Dienst seiner einzigartigen Liebe zu stellen. 1223, zu einer Zeit, in der die Minnekunst bereits sehr ritualisiert ist, schickt Ulrich von Lichtenstein seiner Angebeteten bei einem Turnier eine von ihm zu ihrer Ehre gedichtete Tanzweise. Leider reagiert die holde Dame auf das poetische Geschenk nur mit einer gehässigen Bemerkung über seine wulstige Unterlippe. Sofort reitet der Ritter nach Graz, um sich dort von einem bekannten Arzt operieren zu lassen. Als auch die anschließenden Briefwechsel vor allem daran scheitern, daß Ulrich weder lesen noch schreiben kann und nicht immer einen Gelehrten zur Hand hat, zerstört der in Liebe entbrannte Ritter auf einem Turnier in Friesach hundert Speere zur Ehre seiner Herrin. Im Sommer 1227 wird ihm bei einem Schaukampf ein Finger zerstochen, der so schlecht heilt, daß er krumm und steif bleibt. Da die Herrin einfach nicht glauben will, daß er um ihretwillen seine Hand so sehr geschädigt hat, ersinnt Ulrich von Lichtenstein sein apartestes Geschenk: Er läßt sich von einem Freund das verletzte Glied abschlagen und sendet seinen Knappen mit diesem Fingerzeig und einem romantischen »Büchlein« an die Herrin. Nach diesem feinen Präsent wogt die Geschichte noch einige Mal hin und her. Der Ritter, von dem der Leser nebenbei erfährt, daß er auch verheiratet ist, verkleidet sich als Frau, mischt sich unter Aussätzige und macht noch viele bemerkenswerte Dinge, um damit demonstrativ sein Leben der spröden Herrin zu Füßen zu legen. Sie trat es mit den solchen, und nach dreizehn langen Jahren erst sieht der Geschundene ein, daß all seine Geschenke wirkungslos waren und ihn selber nicht weiser, sondern zum Narren gemacht haben.

Wesentlich ernsthafter als die Minnepoeten gingen im Mittelalter die Mystiker mit der Hochachtung des Schenkens um. Sie betonten, der Reformation vorgreifend, die göttliche Freigebigkeit in bezug auf das Seelenheil. Nicht der Gewinn frommer Charaktereigenschaften, sondern gerade das Loslösen von allen irdischen Dingen und Gefühlen wird in der Mystik Voraussetzung für geistliches Leben. Der Mensch in seiner Schuld hat nicht zuwenig Gutes, er hat zuviel Böses. Darum wird es zur mystischen Lebensaufgabe, die Seele so von allem Weltlichen zu befreien, daß überhaupt Raum für das göttliche Geschenk des Glaubens geschaffen wird. Meister Eckhart, der große Systematiker dieser Geisteshaltung, spricht am liebsten von der »Abgeschiedenheit« und »der wahren Armut«, die der Mensch erreichen muß, um für Gottes Gaben frei zu werden. Da, wo die Loslösung von allem Irdischen gelingt, ereignet sich eine kleine Neugeburt Gottes im »Seelenfünklein« des Mystikers. In dieser Verbindung wird es dann plötzlich auch gleichgültig, wer der Gebende und wer der Nehmende ist: In der Tiefe des menschlichen Seins empfängt das darauf vorbereitete Ich ein Stück Göttlichkeit und wird darin, wenn man es so verstehen will, eins mit Gott. Der Papst allerdings hielt diese doch sehr eigenwillige Theologie, die den Menschen so nah beim Höchsten vermutet, für häretisch und verurteilte Meister Eckhart noch kurz vor seinem Tod als Ketzer. Auf dem Index stand auch folgende These des Denkers:

Ich habe neulich darüber nachgedacht, ob ich wohl von Gott etwas annehmen oder begehren wollte. Ich möchte mir das gar sehr überlegen, weil ich da, wo ich der von Gott Empfangende wäre, unter ihm oder unterhalb seiner stünde, wie ein Diener oder Knecht; er selbst aber ein Herr wäre durch sein Geben; und so soll es mit uns nicht stehen im ewigen Leben.

Die geistlichen Höhen und die merkantilen Tiefen der mittelalterlichen Geschenkkultur verblassen ab dem ausgehenden zwölften Jahrhundert immer mehr. Beziehungsreiche Bräuche werden zu nicht mehr verstandenen Ritualen degradiert, und der Dualismus von Herrschergewalt und dazugehörigem Geschenk verliert nach und nach seinen tieferen Sinn. Erst jetzt, und das ist vielleicht das aussagekräftigste Zeichen der kulturellen Entwicklung, trennt sich der Begriff »Schenken« von seinen Namensvettern »Geben«, »Tauschen« oder »Überlassen«. In dem Augenblick, in dem das Schenken seine Selbstverständlichkeit im Gefüge des menschlichen Miteinanders verliert, braucht man dafür einen eigenen Begriff.

Steigende Bevölkerungszahlen, Intensivierung des Ackerbaus, Aufschwung des Handels, Wachstum der Städte, Stärkung des Bürgertums und damit einhergehende Mobilität gestalten aber nicht nur das soziale Leben um. Als Folge und Ursache der Entwicklung zugleich entwertet die wachsende Geldwirtschaft jedes Objekt, das seinen Besitzer wechselt. Wer vorher seinem Freund als Anerkennung ein Pferd schenkte, der gab etwas von sich, wer ihm nun einen Geldbeutel reicht, der instrumentalisiert das Schenken. Zum ersten Mal und sich schnell entwickelnd existiert nun im germanischen Europa eine organisierte Produktion von Waren, eine städtische Privateigentumsgesellschaft mit individualisierten Existenzrisiken und eine abnehmende Bedeutung von Vertrauen. Da, wo nun eine marktgebundene Preisbildung den Wert einer Sache bestimmt, ist sie selbst das Ausschlaggebende, nicht mehr die symbolische oder soziale Bedeutung, die damit lange verbunden war. Der Abt Odo von Cluny berichtet eine Anekdote, die genau die Zerrissenheit eines Grafen zwischen den verschiedenen, einige Jahrzehnte parallel laufenden Wertesystemen aufzeigt: Auf einer Pilgerfahrt erwirbt der Adelige Gerald von Aurillac in Rom für einen recht üppigen Preis ein kostbares Gewand aus orientalischem Tuch. Als er auf der Rückreise vor den Toren Pavias Station macht und dort seine Kontakte zu den ansässigen Kaufleuten pflegt, fragt er sie auch, ob er denn mit seinem Gewand »einen guten Kauf gemacht habe«. Dabei erfährt er von einem Venezianer, daß er das Kleid sogar für einen sehr günstigen Preis erstanden habe. In Konstantinopel nämlich, so der abschätzige Kaufmann, hätte er für die gleiche Qualität einen wesentlich höheren Preis zahlen müssen. Anstatt sich seines vorteilhaften Handels zu freuen, ist Gerald entsetzt. Und als er auf dem weiteren Heimweg Rompilgern begegnet, händigt er ihnen den Differenzbetrag zwischen dem römischen und dem byzantinischen Preis aus; mit der Bitte, diesen dem Händler in der Hauptstadt zukommen zulassen. Was hatte den merkwürdigen Grafen dazu bewegt, die tatsächlich ausgezeichneten Handelsbeziehungen seiner Zeit so zu gebrauchen?

Gerald wußte sehr wohl, was es bedeutet, ein gutes Geschäft zu machen, denn das merkantile System setzte sich ja schon zu seiner Zeit immer mehr durch. Dennoch hielt er sich in diesem speziellen Fall ganz an die alten Maßstäbe. Die verlangten von ihm grundsätzlich, daß er nach christlichem Gebot niemanden übervorteilte. Viel wichtiger aber war die ideelle Bedeutung des gräflichen Prunkgewandes. Das durfte nämlich auf keinen Fall ein billiges sein. Sein öffentlicher Wert bemaß sich nach dem, was der Adelige sozusagen als Gegengeschenk dem Händler überlassen hatte. Um vor sich und seinen Standesgenossen mit dem neuen Kleid erfolgreich prahlen zu können, wollte Gerald besonders viel dafür ausgeben und gerade kein Schnäppchen machen. Der Prestigepreis stellte die eigene finanzielle Potenz unter Beweis. In diesem langsam verschwindenden Wertekatalog bestimmten nicht die Qualität oder der Markt den Wert einer Ware, sondern ihre Rolle in einem funktionierenden, auf Präsentation ausgerichteten Sozialsystem.

In der neuen Gesellschaft ist leider kein Raum mehr für die archaische Form von Solidaritäts- und Herrschaftsbeziehungen, die sich über den Austausch und die Forderungen von reziproken Geschenken bestimmen. Alle Formen des Miteinanders werden nun sofort aufgerechnet mit gleicher Münze heimgezahlt; sowohl umständliche Präsentationen als auch bedeutungsschwere Ideologien sind dabei kaum noch gefragt. Die monetäre Säkularisierung aller Gaben sorgte aber auch für eine Umwertung des kirchlichen Heilsverständnisses. Wo das Abgeben persönlicher Reichtümer zu besseren Chancen für das Seelenheil führen soll, entsteht jetzt das Geschäft mit der Gnade; so wird das Ende der mittelalterlichen Geschenkkultur zugleich ein Auslöser für die Reformation.

Beginn der Neuzeit

Das sechzehnte Jahrhundert drängt zum Aufbruch: Die eingefahrenen Rituale einer überkommenen Epoche werden abgelöst durch zwei große Bewegungen, die – ein zu allen Zeiten auftretendes Phänomen – gegeneinander arbeiten und doch ohneeinander nicht denkbar sind; zwei Seiten einer Medaille. Auf der einen Seite wirkt die erste Phase der Industrialisierung, die weniger von umstrukturierten Arbeitsverfahren als von einer langsamen Verlagerung der Macht in das Bürgertum geprägt ist, andererseits wird die Gesellschaft durchdrungen von einer verzweifelten Suche nach neuen tragenden Werten, die durch das nach und nach alles beherrschende merkantile Weltverständnis tragen. Beide Phänomene gehören zusammen und bedingen einander. Ohne marktwirtschaftliche Ausrichtung wäre es nicht zur Sehnsucht nach Konzepten und ohne geistige Aufbrüche nicht zum Erfolg des Materialismus gekommen. Lange Zeit arbeiten die beiden Komponenten einer epochalen Entwicklung Hand in Hand. Das zeigen auch die großen Bewegungen dieser Tage: Kolumbus sucht neue Seewege, weil er ernsthaft missionieren und außerdem Gewinn machen möchte; die aufständischen Bauern verlangen streitlustig bessere Arbeitsbedingungen, weil zum ersten Mal die Freiheit als Wert des menschlichen Daseins in den Blick kommt und weil sie als Untertanen mehr verdienen wollen; und die Fürsten des Landes fördern eine reformatorische Bewegung, die nach langer Zeit wieder das Individuum in seiner Gottessehnsucht ernst nimmt und gleichzeitig neue Herrschaftsstrukturen ankündigt, die dem Adel machtvoll zugute kommen.

Der alles überlagernde Wunsch, den einzelnen in einer
immer stärker funktionalen Welt deutlicher wahrzuneh-
men, prägt dabei alle Lebensbereiche. Der Humanismus
entdeckt zum Beispiel den von der Geschichte überwu-
cherten Wert einstiger Hochkulturen wieder, doch nicht
wie in der Scholastik als intellektuelle Spielerei, sondern
als pädagogischen Auftrag; jeder Mensch soll nun in der
Schule die Chance erhalten, am Erbe vergangener Zeiten
zu partizipieren. So entwickelt sich tatsächlich ein neues
Denken, und es ist kein Zufall, daß in dieser Zeit überall
neue Universitäten entstehen. Doch die Umwälzungen
sind noch tiefgreifender: Die konziliaren Prozesse des
fünfzehnten Jahrhunderts, die eine Ablösung vom abso-
lutistischen Papsttum und eine gremienorientierte Kir-
chenform anstreben, bereiten die Reformation ebenso
vor, wie die Entdeckung neuer Erdteile und die massive
Bedrohung durch Ungläubige; Faktoren, die das ge-
schlossene Weltbild des Mittelalters aufbrechen und die
Sicht auf neue Horizonte der Existenzgestaltung frei-
geben.

Auslöser für die großen gesellschaftlichen Umwälzungen des sechzehnten Jahrhunderts wird aber die römisch-
katholische Finanzpolitik, die ihre herrschaftlichen Anliegen mit dem Geld eingeschüchterter Gläubiger umsetzen will. Der mittelalterliche Brauch des Jubeljahres – ein
aus dem Alten Testament übernommenes Jubiläumsjahr,
in dem besondere Sammlungen durchgeführt werden
dürfen und das ursprünglich nur einmal im Jahrhundert
gestattet war – findet nun fast jedes Jahr statt, und um
die unter ihrer Sündigkeit leidenden Spender zu motivieren, macht es der Klerus per Dekret möglich, sich mit
Hilfe üppiger Gelder die Wartezeiten im höllischen Vor-
zimmer zu verkürzen. Im sogenannten Ablaß lebt das

frühmittelalterliche reziproke Geschenkdenken weiter,
nach dem jede Gabe automatisch eine passende Reaktion
auslöst; nur daß es jetzt ausschließlich um Bargeld geht –
und genau bei dieser anachronistischen Einstellung zum
Schenken wird es dem jungen Augustinermönch Martin
Luther eines Tages zu viel. In seinen Wittenberger Thesen wendet er sich hart und offen gegen sakrale Tausch-
händel, die dem Menschen falsche Tatsachen vorspiegeln.
Nicht nur, daß es dem Reformator unredlich erscheint,
Gott zu irgend etwas verpflichten zu wollen, wichtiger
ist noch, daß nach seiner Überzeugung die mageren Geschenke, mit denen der an sich verdorbene Mensch auf-
warten kann, niemals ausreichen, um Gott in irgendeiner
Form beeindrucken zu können. Doch wie es sich für
einen großen Denker gehört, verurteilt Luther nicht
nur die überholten Lebensmodelle, er entwickelt in seiner Rechtfertigungslehre auch ein neues, individuelleres
und tragfähigeres Verständnis des Seins. Dem unmögli-
chen Versuch, Heil zu erwerben, stellt der Reformator
eine andere Bestimmung des Verhältnisses von Gott
und Mensch gegenüber: Alles, wirklich alles – Leben,
Glaube, Vergebung und Sinn – wird dem Menschen
von Gott geschenkt. Ohne Wenn und Aber. Wer das nicht
versteht und etwa versucht, aus eigener Kraft selig zu
werden, der hat das Evangelium als Zu-Spruch und
Gabe Gottes nicht verstanden.

Weil der Höchste als Geber handelt, werden dann auch
mönchische Klosterformen, Gottesdiensrituale und
moralische Appelle erst einmal bedeutungslos. Wichtig
sind nur noch die Elemente, die die Reformation des
Schenkens für den einzelnen Heilssucher verdeutlichen:
die Schrift, die Gott als den Geber und Jesus als Geschenk
verkündet, der Glaube, der das unfaßbare Geschenk an-

nimmt, und die Gnade, die dem Menschen Gerechtigkeit vor Gott bedingungslos zuspricht.

Natürlich deutet auch Luther an, daß ein so großes Geschenk wie das der Versöhnung Gottes mit den Menschen in einem zweiten Schritt zu einer bescheidenen Gegengabe auffordert: zu einem wohlanständigen Leben nämlich. Die moralische Reife darf aber immer nur dankbare Folge sein; für sich genommen ist sie wertfrei und dem Heil in keiner Weise zuträglich, das heißt, daß der Mensch Geschenke Gottes immer nur erwidern kann, zum eigenmächtigen und vorausgehenden Überreichen ist er nicht fähig. Der reich beschenkte Sünder sucht aber gern und freiwillig Gelegenheiten, wie er sich für das Erhaltene revanchieren kann. Schließlich spürt er, daß jetzt nicht mehr der Zwang zu schenken den einzelnen knechtet, sondern dieser sich erst einmal als Empfänger betrachten darf. Luther sagt dazu:

Gott will, daß wir fröhlich seien,
und haßt die Traurigkeit.
Wenn er nämlich gewollt hätte,
daß wir traurig seien,
hätte er uns nicht die Sonne,
den Mond und die anderen Schätze
der Erde geschenkt.
Dies alles gibt er uns zur Freude.
Sonst hätte er Finsternis geschaffen,
und nicht zugelassen,
daß die Sonne immer wieder aufgeht
oder daß der Sommer immer wiederkommt.

Womit sich Gott als ein begnadeter und begnadender Schenker erwiesen hätte, der sich über diese reformatorische Erkenntnis nur freuen kann.

In dieser vom »Beschenkt-Sein« geprägten Zeit haben

kleine zwischenmenschliche Gaben lange Zeit keine herausragende Bedeutung. Der Adel aber zelebriert immer
deutlicher ein festgelegtes Spiel, in dem mit Geschenken
um Macht gepokert wird. In einem Kreislauf von Luxuswaren und Kostbarkeiten wird nach einem spezifischen
Regelsystem demonstrativ vergeudet, um Einfluß oder
eine hochgestellte Position zu erreichen. Nur wer an
diesem Austauschsystem partizipiert, ist Teilnehmer in
einem riesigen Wettstreit, dessen Ziel es ist, möglichst
nah an den König, den Meister des Verschwendens, heranzukommen. Aufgrund der wachsenden Prosperität
verschleudern die Höfe ihre Gelder unter anderem bei
immer rauschenderen Festivitäten, die zwar auch als öffentliche Zuwendungen verstanden werden, mit dem eigentlichen Charakter einer Gabe aber nichts mehr zu
tun haben. Als 1511 Herzog Ulrich in Württemberg die
Prinzessin Sabina von Bayern heiratet, sind siebentausend Gäste in Stuttgart anwesend. Zu ihrer Bewirtung
werden 136 Ochsen und 1800 Kälber geschlachtet, 6000
Scheffel Getreide zu Backwaren verarbeitet, und Tag
und Nacht fließt aus zwei eigens dafür angefertigten
Brunnenröhren edler Wein. Die prunkvollen Hochzeiten
des siebzehnten Jahrhunderts überbieten dieses Beispiel
aber noch bei weitem. Bankette, Jagden, Schauspiele,
Feuerwerke, Schmuck und überbordende Geschenke
dienen dann nur noch zur Demonstration des eigenen
Reichtums. An den großen Höfen entstehen zu dieser
Zeit auch die vielen fürstlichen Tiergärten, die teilweise
heute noch zu besichtigen sind – Privatzoos, die einfallslosen Gebern ganz neue Möglichkeiten des Schenkens eröffnen. Ein wohlwollender Besucher bringt neuerdings
als kleines Gastgeschenk bei jeder Gelegenheit im Handgepäck ein Gnu oder einen Leoparden mit. Ist ein Herr

scher dafür bekannt, daß er besonders seltene Tierarten in seinem animalischen Geschenkeschrank züchtet, dann kommt es sogar zu Bettelbriefen – Geschenkeheischen ist in dieser frühen Wirtschaftswunderzeit nichts Anrüchiges –, ein Herzog wolle doch bitte so freundlich sein, die eigene Sammlung zu vervollständigen, und bei seinem nächsten Besuch einen Kragenbären mitbringen. 1569 verehrt Herzog Heinrich von Liegnitz dem König von Polen zwei Löwen, Herzog Albrecht von Preußen verschenkt überallhin Falken, und auch die kontrollierte Zucht von Rassepferden hat damals ihren Anfang.

Um so reizvoller ist es zu beobachten, wie in den darauffolgenden Jahrhunderten als Gegenbewegung ganz persönliche Geschenke an Bedeutung gewinnen. Vielleicht um gegen Protzerei und materielle Entwertung der Gaben ein Zeichen zu setzen. Leicht, aber inhaltsschwer sollen die intimen Kleinigkeiten sein. Neben dem Angebinde des Barock setzen sich noch viel vertrautere Gewohnheiten durch; so wird beispielsweise das Anbeißen zu einer ganz spielerischen Form, Eindruck zu hinterlassen. Gab ein Mädchen ihrem Geliebten einen Apfel oder eine Aprikose, dann biß sie vorher hinein, um die Frucht unverwechselbar zu machen und selbst daran teilzuhaben (übrigens ein ganz biblisches Modell, Obst zu sich zu nehmen). Eine kleine symbolische Handlung, die bei Fremden möglicherweise sogar Ekel erregen könnte, wird in der Geborgenheit einer Zweierbeziehung zu einem vertrauensfördernden Erlebnis. Aus einem frühen serbischen Volkslied erzählt Grimm die Geschichte einer Jungfrau, die auf einer Frühlingswiese den Mantel ihres Angebeteten findet. Als sie auf dem danebenliegenden Tuch einen Apfel entdeckt, sinnt sie einen Moment nach, dann beißt sie in den Apfel, um so ihrem

Freund ein einzigartiges Zeichen ihrer Anwesenheit zu hinterlassen. An anderer Stelle wird dagegen von einem Jüngling berichtet, der seiner kranken Freundin heilende Speisen überbringt, unter anderem einen »apfel mit dem zahne angebissen, angebissen und nicht aufgegessen«.

Bevor es zu diesen mundgerechten Zeichen bissiger Nächstenliebe kommt, wird das Schenken aber noch einmal gierig zweckentfremdet: Bei den Versuchen, »neuentdeckte« Völker gefügig, handelswillig und untertan zu machen, sind es immer wieder eigennützige und den Naturvölkern unbekannte Geschenke, die den Weg ans Ufer ebnen.

Wo immer Entdecker auftauchten, trafen sie auf eigentlich friedfertige Stämme, die neugierig die mitgebrachten Kleinigkeiten betrachteten. Ein kritischer Reisegefährte von Kolumbus beschreibt eines der Annäherungsrituale:

Als wir uns der Küste näherten, um Wasser zu holen, lag plötzlich ein Boot auf den Wellen, in dem vier Indianer saßen. Ein Matrose sprang blitzschnell ins Wasser, warf das Canoe um, nahm die Insassen gefangen und brachte sie vor den Admiral. Ich stand neben Colon, als die Indianer, verzweifelt um sich schlagend, über das Deck gezerrt wurden. Aus ihren Augen sprach die Angst in eine Falle gegangener, um ihr Leben bangender Tiere. Als sie vor dem Admiral niederknieten und bittend die Hände hoben, traten mir die Tränen in die Augen. Die ›Wilden‹! Colon gab ihnen sofort zu verstehen, daß sie nichts zu befürchten hätten. Er beschenkte sie mit Glasperlen – dem Zuckerbrot des Teufels –, Schellen und anderem wertlosen Kram und ließ sie dann zu ihrem Boot zurückkehren. Gleich darauf gingen wir in der Nähe vor Anker.

Der traurigste Irrtum der selbsternannten Eroberer be-

stand fast immer darin, daß sie bei den Fremden die gleiche Gier und Skrupellosigkeit erwarteten, die sie selber
mitbrachten. Die Azteken etwa begegneten der Sucht
der Fremden nach Gold nur mit Verachtung. In ihrer
Hochkultur blieben ihnen die niederen europäischen Bedürfnisse fremd, und wahrscheinlich hätten freundlichere Besucher auch ohne Gewaltanwendung alles bekommen, was ihr im prosperierenden Europa geschultes
Herz begehrte. Ein Reisebericht erzählt über die Azteken folgendes:

> Sie trafen ihn (den Kapitän) zwischen dem Popocate-
> petl und dem Iztactepetl, an dem Ort Quauhtechcac;
> sie schenkten ihm das Goldbanner, das Quetzalfeder-
> banner und die goldene Halsperlenkette. Als sie es ih-
> nen gegeben hatten, lachten sie (die Spanier unter Cor-
> tez) über das ganze Gesicht, freuten sich sehr, wie
> Affen griffen sie nach dem Golde, ihr ganzes Herz rich-
> tete sich gleichsam darauf, ihr Herz war gleichsam
> blank, ihr Herz war gleichsam frisch. Denn danach
> dürsteten sie sehr, verlangen danach, hungern danach,
> suchen das Gold wie die Schweine, und die goldene
> Fahne schwenken sie hin und her, prüfen sie, wie sie
> gleichsam eine fremde Sprache spricht.

Den Eingeborenen Amerikas erschienen die weißhäuti-
gen Spanier wie Götter ihrer eigenen Mythologie. Daher trauten sie ihnen anfangs gar keine niederen Gelüste zu. So wurden die ersten Kontakte tatsächlich zur
Begegnung zweier Welten und Denkstrukturen. Die Erkenntnis, daß Gold nur eines unter vielen Metallen ist,
wurde in Amerika in dem Moment aufgehoben, als die
Europäer ihr eigenes Wertesystem auf die eroberten Gebiete übertrugen. Kolumbus berichtet in seinem Tage-
buch von dem ersten Zusammentreffen dieser verschiedenen Anschauungen:

Sie brachten uns als Geschenke Papageien, aus Baumwolle gefertigtes Garn und eine Art Brot mit, das sie Cassava nennen und aus einer Wurzel zubereiten, die den Namen Yuka trägt. An unseren Geschenken hatten sie viel Freude. Sie scheinen zu glauben, daß alles, was aus unseren Händen kommt, überirdische Kräfte besitzt. Ich bemerkte – und nicht nur ich! –, daß manche Indianer die Nase durchlöchert und in die so entstandene Öffnung ein Stück Gold gesteckt haben. Sie tauschten das Gold, das sie offenbar für wertlos ansehen, gern gegen Glasperlen ein, doch verbot ich diesen Tauschhandel sofort; das Gold gehört der Krone allein!

Im sechzehnten und siebzehnten Jahrhundert nimmt Europa den Rest der Welt bedenkenlos in Besitz. Um den Schein zu wahren und nicht doch überall Kriege zu riskieren, führen die Eroberer wenigstens bei Erstkontakten minderwertige Gegenstände als Bestechungsgeschenke in Kulturen ein, die noch gar keine merkantilen Strukturen kennen (siehe Ethnologie des Schenkens). Für die Ureinwohner, die weder Geld noch Gehalt kennen und sich eher über Machtstrukturen definieren, macht es daher auch keinen Unterschied, ob sie Gegenstände als Geschenk oder Bezahlung erhalten; beides ist für sie gleichzeitig eine Art Selbstverpflichtung zur Revanche. Eine Quellensammlung über die Geschichte der europäischen Expansion berichtet über die Bewohner der westafrikanischen Küste:

Die in Küstennähe wohnenden Negervölker dienen den Holländern und den einheimischen Händlern, die das Gold aus dem Landesinnern herbeischaffen, als Unterhändler und als Dolmetscher, dafür erhalten sie einen Lohn, den sie ›dache‹ nennen, was eigentlich Geschenk meint.

Wie sinnentstellend der Gebrauch solcher Gaben war und wie leicht sie nur noch als oberflächliche Entschuldigung für Ausbeutung herhalten mußten, bestätigt der Reisebericht einer russischen Pelzjagdexpedition, der von niedere Dienste verrichtenden Insulanern erzählt, »welche sie sich durch Geschenke und eingeforderte Geiseln zu Freunden gemacht zu haben glauben«. Offensichtlich vertrauten die Geber nicht allein auf die Macht ihrer Gaben, sie sicherten sich die Hörigkeit ihrer Sklaven auch noch mit drastischeren Mitteln.

Unglücklicherweise erliegen an manchen Orten die Häuptlinge dem verlockenden Glitzern der eingeführten Glasperlen oder des Whiskeys. Jerome-Auguste Chambon schreibt in seinem Handbuch über den Handel mit Amerika auch ein charmantes Kapitel mit dem Titel »Worauf beim Kauf von Sklaven zu achten ist«:

> Die erste Sorge des Kapitäns muß es sein, einen Dolmetscher auszuwählen. Ist der Dolmetscher gefunden, so soll sich der Kapitän aufmachen, um den König zu besuchen, ihm die üblichen Geschenke machen und die Abgaben vereinbaren, die für den Sklavenhandel festgesetzt sind. Die Minister des Königs und die Vornehmsten der Krone sind immer um ihn und teilen mit ihm die Geschenke, die üblich, ja man kann wohl sagen notwendig sind, denn kein Kapitän kann sich diesem Brauch entziehen. Für den König bestehen die Geschenke aus einer Korallenkette, oder einem Spiegel mittlerer Größe, oder einem Scharlachmantel, oder einem Schlafrock aus Damast oder mit geflammtem Taft gefüttertem Satin in einer auffallenden Farbe, mit einem Kästchen Likör oder Branntwein. Sind die Geschenke vorbereitet, so beauftragt man den Dolmetscher, für die Reise die nötigen Träger zu mieten.

Normalerweise war es ein Kinderspiel, die häufig allzu naiven Anführer mit eindrucksvollen Gaben zu gewinnen. »Diese Medizin heilt noch immer alle Krankheiten, sogar den Haß und die Rachsucht.«

Die leicht zu bestechenden Stammesführer wachten meist dann auf, wenn die europäischen Eindringlinge begannen, sich auf ihrem Grund und Boden dauerhaft niederzulassen. Dann verloren die Einwanderer nämlich ihren Gästestatus, der das freundliche Verhalten der Eingeborenen bestimmt hatte; außerdem spürten die offenherzigen Stämme sehr wohl, daß die Eroberer das bislang funktionierende Sozial- und Wirtschaftssystem durcheinanderbrachten. Wie schnell erzwungene Freundschaft in Haß umschlagen konnte, mußte schon Kolumbus erleben. Ein früher Teilnehmer seiner Expeditionen beschreibt ein Gespräch mit einem Stammesfürsten so:

»Unser Häuptling wartet auf dich«, sagte ich. »Er hält viele Geschenke für dich bereit; zehn Hände voll Perlen, einen Ballen Stoff, viele Glocken und einen Spiegel wie diesen hier.« »Ich brauche keine Geschenke.« »Du führst dein Volk ins Verderben.« »Ihr werdet alle sterben«, sagte er. Ich lachte. »Weißt du nicht, daß wir unsterblich sind?« »Du lügst. Einen von euch hat ein großer Fisch gefressen.«

In der alten Welt tobten während der globalen Inbesitznahme ganz andere Formen von Umsturz und Gewalt: Reformation und Gegenreformation, Bauernkrieg, Dreißigjähriger Krieg und in seinem Gefolge die großen Pestepidemien entvölkerten weite Landstriche und ließen die Menschen illusionslos und resigniert zurück. Die barocken Höfe versuchten zwar mit allen Mitteln, gegen die Depression anzuschenken, der Plan mißlang aber. Die barocke Literatur wandte sich daher ganz bewußt wieder den einfachen Genüssen der Natur zu – unverdorben, staunend, intensiv. Niemand hatte in dieser Zeit wirklich etwas zu verschenken!

Erstaunlicherweise reagierte die Kultur erneut mit einer liebevollen Gegenbewegung, die mithalf, das fast vergessene Schenken, das sich eigentlich in dieser zerstörerischen Zeit niemand mehr leisten konnte, neu zu institutionalisieren. Darin offenbart sich ein immer wieder zu beobachtendes Phänomen. Wo die Wirtschaftslage große Freigebigkeit nicht mehr gestattete, erfanden die Menschen neue Bräuche, um den Segen des Schenkens nicht zu verlieren. Gegen das Chaos der Zeit wurden nun umfangreiche Bestimmungen gesucht, die das Mitmenschliche auch während der harten Zeiten am Leben erhielten. In nicht gekannter Art und Weise bekam das Schenken einen festen Rahmen. Um lebensrettende Bräuche nicht preisgeben zu müssen, fixierte man sie und opferte sogar ein wenig von der Freiwilligkeit. Ein ökonomisches Lexikon der Zeit beschreibt diesen Zustand so:

Geschenke sind Gaben an Geld und Sachen, welche man in der Wirtschaft über den Lohn nach freier Willkür Dienern der Kommunen, Kindern und Gesinde geben solle und könnte, die aber bei verschiedenen Gelegenheiten und Zeiten nach einem strengen Herkommen gegeben werden müssen und gefordert werden.

Die strenge Reglementierung der Geschenke fügte sich also nahtlos in die Sehnsucht des siebzehnten Jahrhunderts, auf die politische und ideologische Unordnung mit funktionierenden Denkschemata zu reagieren. Beide Kirchen versuchten damals mit allen Mitteln, ihrem Anliegen eine präzise ausgefeilte Struktur zu geben, und viele dogmatische Feinheiten der Konfessionen wurden erst in dieser mehr als orthodoxen Zeit geboren. Gegen die Unruhe der Realität entwickelte sich eine klare Sehnsucht nach Ordnung; das bekannte Wissen wurde neu systematisiert, analysiert und kategorisiert. Die Suche nach benennbaren Kriterien für eine Bewertung der Welt machte dabei auch vor den Geschenken nicht halt. Es entwickelten sich nun unzählige Regeln, die ein Geber beachten mußte. Stieler etwa führt eifrig ein Verzeichnis über die neuentstandenen bzw. erstmals katalogisierten Bräuche auf: Da gab es zum Beispiel die donatio mortis causa, das Geschenk an die Familie im Fall eines Todes, die donatio inter vivos, das Geschenk zwischen lebenden Personen, und besondere Zuwendungen wie etwa das Geschenk »auf das Wochenbett«, das lustricum mnemosynon.

Ganz bewußt umgeben sich in dieser Zeit auch die großen allzumenschlichen Ereignisse eines Lebens mit Geschenkritualen: Geburt, Taufe, Hochzeit und Tod. Mit einem sinnerfüllenden Automatismus verbinden sich in so noch nicht gekannter Form Ereignis und dazugehörige Bräuche. Schenkte man vorher vor allem bei gemeinsam begangenen Festivitäten, so wurden nun die Lebensstationen des Individuums zum vordringlichen Anlaß für die Spendefreudigkeit der Freunde und Verwandten. Das hatte auch damit zu tun, daß die Familien an den Wendepunkten ihres Daseins besonders auf zusätzliche Einkünfte angewiesen waren. Ein Frauenzimmerlexikon aus jener Zeit informiert zum Beispiel: »Aufs bette schenken ist an etlichen Orten ein Gebrauch, nach welchem die gevattern auszer dem pathengelde, der sechswöcherinn nach vollbrachter taufhandlung, auch noch etwas geld zum Geschenke auf das bette reichen.« Die in Notzeiten oftmals eingeschränkte Lust, andere mit Geschenken zu überhäufen, wird mit unumgänglichen, fast schon kultischen Verpflichtungen motiviert. Viele Standardgeschenksituationen der heutigen Gesellschaft haben ihre Verbindlichkeit aus dieser Zeit in die Gegenwart gerettet.

Auch die bräutliche Pflicht, den gesamten Hausrat mit in die Ehe zu bringen, wird im siebzehnten Jahrhundert perfektioniert. Was vorher im Rahmen politischer Eheschließungen eher eine frei verhandelbare, geschäftliche Dimension besaß, wird nun festgeschrieben. Unabhängig von den darüber hinaus mitgebrachten Besitztümern mußte die Jungfrau im Lauf ihres kurzen Vorehelebens und mit den Handarbeiten langer Winternächte eine üppige Grundausstattung zusammenbringen. Diese wurde natürlich auch von den zukünftigen Gatten freudig und gern in Empfang genommen. Sogar der abgeklärte Goethe, der seine Christiane nun wahrlich nicht aus finanziellen Interessen ehelichte, bemerkte:

Und es behaget wohl, wenn mit dem gewünschten Weibchen auch in Körben und Kasten die nützliche Gabe hereinkommt. Nicht umsonst bereitet durch manche Jahre die Mutter viele Leinwand der Tochter von feinem und starkem Gewebe; nicht umsonst verehren die Paten ihr Silbergeräte. Und der Vater sondert im Pulte das seltene Goldstück: Denn sie soll dereinst mit ihren Gütern und Gaben jenen Jüngling erfreun, der sie vor allen erwählt hat.

An vielen Stellen übernahmen Geschenke nun die Rolle fest eingeplanter Finanzhilfen, ohne die arme Familien ihren Alltag kaum noch bewältigen konnten. Mit dem Wissen, daß es zu bestimmten Gelegenheiten garantierte Gaben in festgelegter Höhe gab, entstand unter der Hand eine zweite, vom gewöhnlichen Markt unabhängige Wirtschaftsebene. Natürlich unterschied sich dieser Be-

reich bald gar nicht mehr von der übrigen Ökonomie;
machte es doch für einen einfachen Arbeiter sachlich keinen Unterschied, ob er eine Steuer bezahlen oder ein
Geschenk besorgen mußte, zu dem er verpflichtet war.
Dennoch war die Trennung dieser Bereiche für das
menschliche Miteinander ungemein wichtig, denn es
wehte ein anderer Geist in dem, was scheinbar freiwillig
gegeben wurde. Die kulturellen Gaben sicherten ein Mi-
nimum an sozialer Geborgenheit und forderten öffentliche Verantwortung auch da, wo sie ganz ohne gesellschaftlichen Druck wahrscheinlich niemals wahrgenommen worden wäre.

Ein gutes Beispiel für die Bedeutung des gebefreudigen
Brauchtums sind die Zünfte, die den ärmeren, verwitwe-
ten oder noch in Ausbildung befindlichen Mitgliedern
beistanden; natürlich nach festgelegten Spielregeln.
Hier etablierten sich sehr früh Vorformen unseres heutigen Sozialsystems. Damalige Azubis mußten sich zum
Beispiel keine Sorgen um ihr Überleben machen. Ein
Chronist definiert und beschreibt die zünftigen Geschenke so Sie sind »eine Beisteuer an Geld und Her-
berge, so den wandernden Gesellen mancher Innungen
von den Mitgliedern ihrer Zunft in jeder Stadt gereicht
wird. Daher heißen Handwerke, die das Geschenk halten, geschenkte Handwerke, im Gegensatz zu den unge-
schenkten.« Ein Junge auf der Walz konnte sicher sein,
daß er in jeder Stadt von dem dort ansässigen Vertreter
seiner Zunft für eine gewisse Zeit Unterkunft und Verpflegung bekam. Ohne ausdrückliche Geschenkordnung
hätten sicher nur die menschenfreundlichen unter den
Meistern ihre Pflicht getan, so übernahm das Gabensy-
stem den Schutz der Minderbemittelten.

Es ist kein Zufall, daß dieses funktionierende Pflichtgeschenksystem eine große Chance für die Pflege menschlicher Beziehungen bot. Gaben eröffneten soziale Kontakte, die durch reine Geldwirtschaft so niemals entstanden wären. Mag in der Realität auch der Unterschied oft nur minimal gewesen sein, er bestand; und er förderte gleichzeitig mehrere menschliche Bedürfnisse. Hätte der Bäckermeister einem fahrenden Lehrling nur ein Geldstück in die Hand gedrückt, wäre das zwar freundlich, aber doch etwas gänzlich anderes gewesen als die Innungspflicht, den reisenden Kollegen mit an den eigenen familiären Mittagstisch zu holen und dort zu verköstigen. Rudimentäre Reste dieser Sitten gibt es übrigens heute noch. Überall da, wo junge Gesellen sich tatsächlich wieder auf die Walz begeben und mit ihren Handwerkstrachten nostalgische Gefühle wecken, sind ihnen in den meisten Zünften weiterhin Verpflegung und Unterkunft gesichert.

Wie stark die gemeinschaftsfördernde Kraft institutionalisierter Geschenke war, zeigt die Tatsache, daß sie auch in die gebildeten Schichten vordrang. Nach und nach wurde es immer selbstverständlicher, daß wohlhabende Familien einen oder mehrere Studenten regelmäßig zu einem sogenannten Freitisch zu sich nach Hause einluden. Wer die Biographien oder Entwicklungsromane des siebzehnten und achtzehnten Jahrhunderts liest, erfährt, wie wichtig es für die oft sehr schmal gehaltenen Studenten war, in einer neuen Stadt als erstes angesehenen und wohlhabenden Bürgern ihre Aufwartung zu machen, um möglichst bald eine Einladung zu bekommen, die ihnen zumindest eine warme Mahlzeit am Tag sicherte. Die Kaufleute, Grundbesitzer und Amtspersonen genossen es dafür, einmal täglich ein wirklich intellektuelles Gespräch führen zu können, das sie auch mit

dem aktuellen Stand der Wissenschaften vertraut machte.
Auch hier fungierten also Gaben als Beziehungsstifter.
Die soziale Funktion dieser kulinarischen Geschenke
aber war eine gar nicht wegzudenkende Überlebenshilfe
für die Studierenden, während sie ihnen gleichzeitig Zugang zu den Honoratioren der Stadt und damit Beziehungen brachte, die auch für ihr weiteres Berufsleben
von Bedeutung waren. Und natürlich fanden viele Einge-
ladene, wenn sie sich bei Tisch bewährt hatten, in der
Firma ihres wöchentlichen Gastgebers später eine An-
stellung oder in der Tochter des Hauses eine passende
Ehefrau.

Die seit den Kreuzzügen immer intensiver gepflegten
Handelsbeziehungen in alle Welt sorgten derweil bei
Hof für eine weiter wachsende Vielfalt von Geschenken.
So grenzenlos und überall erreichbar waren die Angebote, daß es Geschenkkünstlern schon damals immer
schwerer fiel, neue und geistreiche Gaben zu finden. Gegen Ideenlosigkeit bei der Wahl der Geschenke half man
sich wie so oft mit Quantität: Die ausgehende Barockzeit
präsentierte ihr Vermögen darum grell, massiv und aus-
wuchernd. Reichtum und Protzerei bedingen einander,
und es existiert kaum ein Lebensbereich, der von der
Lust nach Prunk verschont blieb. Dennoch gab es auch
zu dieser Zeit bei einigen besonders einfallsreichen Gebern dezente Ausnahmen. So beschreibt die Tochter
von König Friedrich Wilhelm einen Besuch ihres Vaters
am Hof des sehr ausschweifend lebenden August des
Starken folgendermaßen:

Eines Tages, nachdem man weidlich gezecht hatte,
führte der König von Polen meinen Vater im Domino
auf die Redoute. Immerfort schwatzend, ging man von
einem Zimmer in das andere. Endlich gelangte man in

ein großes schöngeziertes Zimmer, in welchem alles Gerät äußerst prächtig war. Mein Vater bewunderte alle diese Schönheiten, als plötzlich eine Tapetenwand niedersank und das befremdlichste Schauspiel sich darstellte. Ein Mädchen, schön wie Venus und die Grazien, lag nachlässig auf dem Ruhebette; in dem Zustand unserer ersten Eltern vor dem Sündenfalle zeigte sie einen Körper weiß wie Elfenbein und Formen wie die mediceische Venus. Das Kabinett, worin sie sich befand, war von so vielen Kerzen erhellt, daß sie das Tageslicht überstrahlten. August glaubte, daß diese Angel durchaus fassen müßte. Allein es ging anders. Bei dem ersten Blicke nahm der König seinen Hut, hielt ihn meinem Bruder vor's Gesicht und befahl ihm, sich zu entfernen. Dann wandte er sich zu dem König von Polen und sagte: »Sie ist recht schön!«, worauf er fortging. Noch am selben Abend sagte er, daß er solche Dinge nicht liebte und nicht wiederholt sehen möchte.

Als das Rokoko die Kunst der Selbstdarstellung und -überschätzung nicht nur architektonisch, sondern auch gabentechnisch auf ihren Höhepunkt gebracht hatte, brach plötzlich die so sorgsam erbaute Fassade äußerer Präsentation und kontrollierter Geselligkeit zusammen; es begann das große Nachdenken über Sinn und Unsinn eingefahrener Institutionen und Rituale. Plötzlich konnte niemand mehr Auskunft darüber geben, womit denn die Verschwendung zu rechtfertigen sei. Doch es ging noch viel weiter: Alles, was in irgendeiner Form institutionalisiert war, war nun verdächtig: Kirchen, Staat, Kultur und Gesellschaft mußten sich fragen lassen, inwieweit sie den Menschen mit etablierten Regeln und Statuten entmündigten. Dieser frühaufgeklärte Kritizis-

mus wandte sich in seinem Selbstverständnis in erster
Linie gegen etwas und versuchte energisch, das Alte ab-
zuschaffen. Die Antipathie betraf bedauerlicherweise
auch die Bereiche des Lebens, in denen Kulturoptimisten
versucht hatten, auf den Materialismus mit einer halbwegs akzeptablen Form der Menschlichkeit zu reagieren;
eben das auf Geschenke bauende Sozialsystem. Denn es
ging um eine Umwertung aller Werte. Das Schenken in
seiner barocken Struktur sollte gänzlich individualisiert,
das heißt von den nunmehr staatlichen Aufgaben der
Fürsorge entbunden werden, weil man allen alten gesellschaftlichen Normen mißtraute. Der berechtigte Protest
der Aufklärer gegen jegliche Einschränkung des Individuums sprach den vorherigen Trägern ethischer Werte
die Kompetenz ab. Doch die traditionell gewachsenen
Geschenkriten widersetzten sich jeder Kritik.

Aufklärung und bürgerliches Zeitalter

So sehr die Aufklärung mit ihren revolutionären Nebenwirkungen das Denken der Menschen verändert hat, für
das private Miteinander und damit für das Schenken
bringt sie keine markanten Neuerungen. In den Wirren
der Veränderungen bestehen höfische Zeremonielle
ebenso weiter wie gutbürgerliche Verhaltensweisen und
ganz persönliche Gaben; es ist keine Zeit für klare Geschenkrituale. Die wenig später aufkeimende Romantik
entdeckt zwar die süße Minne des Mittelalters wieder,
und plötzlich quellen die Briefkästen junger Damen
von Liebesbriefen und kleinen Zeichen der Liebe über,
doch nicht mit so viel natürlicher Kraft, daß daraus eine
bleibende Kultur entstünde. Eine Modeerscheinung

löst die andere ab. Erst die Erweckungsbewegung setzt ab den zwanziger Jahren des 19. Jahrhunderts, basierend auf den pietistischen Strömungen des späten siebzehnten Jahrhunderts, der Freigeisterei der Aufklärung wieder die strenge Frömmigkeit vergangener Zeiten entgegen. So hangeln sich verschiedene Geistesströmungen aus der großen Umbruchszeit bis in die nachnapoleonische Ära. Aus all diesen ideologischen Richtungen und Idealen aber wächst nun etwas hervor, das man später die Bürgerlichkeit des neunzehnten Jahrhunderts nennen wird; es ist der Versuch, Wohlanständigkeit, Selbständigkeit und bequeme Gediegenheit in die Form einer Familie zu bringen. Nach Jahrhunderten voller Irrungen und Wirrungen ruhen sich einige Generationen auf ihren wohlverdienten Lorbeeren aus und wiegen sich mit Hilfe eines strengen Standesdünkels in relativer Sicherheit.

Stärker noch als die barocke Reaktion auf das Chaos des dreißigjährigen Krieges baut die bürgerliche Kultur auf Ordnung und Moral. Mit einem enormen Selbstbewußtsein kennt das Bürgertum seine eigenen Wertvorstellungen, Ideale und Grenzen genau und rahmt damit eine kleine, aber überschaubare Welt ein. Und weil zu schnelle gesellschaftliche Veränderungen nun ausschließlich als Gefahr für das einmal erreichte kleine Glück gelten, wird diese Geisteshaltung zur Geburtsstätte des modernen Konservativismus. Kein Wunder, daß in diese kultivierten, vom Staat geförderten Lebensmaximen, die letztendlich auf fundiertem Wohlstand basieren, immer wieder revolutionäre Strömungen einschlagen, ohne das Gut-Bürgerliche letztlich überwinden zu können: Vormärz, Kulturkampf, Marxismus, Sozialismus, Darwinismus und viele andere Theorien und Ereignisse versuchen die träge Behaglichkeit des bürgerlichen Standes aufzurütteln und zu bewegen. Wirkliche Erfolge haben sie alle erst gegen Ende des Jahrhunderts, als der etablierte Kulturprotestantismus mit dem dazugehörigen Kaiserkult deutliche Abnutzungserscheinungen zeigt.

Da ein rechtschaffener Bürger genau weiß, was sein Leben ordnet, kennt er natürlich auch die Regeln, nach denen er sich beim Schenken zu verhalten hat. Hervorragend sind dabei wie in der Barockzeit die großen Feste geeignet. »Das ganze Leben eines jungen Mädchens spielt sich ab zwischen zwei Schleiern, dem Kommunionsschleier und dem Hochzeitsschleier«, bemerkte die Comtesse de Gencé 1910. Vor der Kommunion galt das Mädchen noch als Kind, nach der Hochzeit war jede Dame an feste, unabänderliche Konventionen gebunden. Die Feiern aber markierten die großzügigen Wendepunkte des Daseins. Schon zur Kommunion überschüttete man die Jugendlichen mit Geschenken; auch um dabei seinen Reichtum zu demonstrieren. Die Gäste brachten Schmuck, Uhren und Kunstgegenstände und andere Modeartikel zu dem feierlichen Anlaß mit, die dann mit der Karte des Gebers für alle sichtbar aufgestellt wurden. Bei einer Hochzeit beschenkten sich aber auch die Beteiligten selbst reichlich. Die Aussteuer einer Braut betrug etwa 5 Prozent ihrer Mitgift und enthielt von allem Nötigen drei Dutzend Exemplare: Bettlaken, Tischtücher, Handtücher, Überzüge, Schürzen für die Dienstmädchen und vieles andere mehr. War die Familie sehr reich, dann nahmen Qualität und Quantität der Ausstattung noch zu, bis zu zwölf Dutzend. Selbstverständlich wurden auch die Wäscheberge öffentlich zur Schau gestellt, bis ein wachsendes Schamgefühl im Blick auf die ungehörige Präsentation von Damenunterwäsche die Sehnsucht zur Selbstdarstellung überwand.

Damit alles seine bürgerliche Ordnung hatte, wurde im 19. Jahrhundert bei jeder Hochzeit ein Ehevertrag aufgesetzt. Die Verlobten mußten sich bei diesem nüchternen Akt bewußt desinteressiert geben, schließlich hatten sie sich um ihre Liebe zu kümmern, die Eltern handelten währenddessen die Bedingungen des Bündnisses sorgsam aus. Der Tag des Vertragsabschlusses wurde schon bei der Verlobung ausgemacht, wenn der Verlobte den Ring überreichte. Das Mädchen revanchierte sich gegebenenfalls mit einem passenden Geschenk: einem Herrenring oder einem Medaillon, in dem ihr Porträt oder eine abgeschnittene Locke versteckt war. Natürlich durften sich die beiden Versprochenen bis zur Hochzeit nur mit Anstandsdame besuchen, und die Mutter las alle Briefe des Verlobten an die Tochter vorher durch, diese selbst durfte gar nicht schreiben. Am Tag nach der offiziellen Vertragsunterzeichnung, nicht der Hochzeit, sandte der Bräutigam seiner zukünftigen Gemahlin »den Korb« mit bestimmten traditionellen Geschenken. Der Wert des Inhalts entsprach etwa einem Jahreseinkommen; und meist prangten in der strohernen Hülle Spitzenstoffe, Schmuckstücke, Ziergegenstände, Parfümflakons, Bonbonnieren, Stoffe, Handschuhe, Stolen, Pelze und eine gefüllte Geldbörse mit dem Hinweis: »Für die Armen, um die Sie sich kümmern«. So wurden auch die sozial Schwachen an der Freude des Paares beteiligt. Im Haus der Braut aber gab es eine regelrechte Ausstellung: Im Zimmer der Fleißigen stand die Aussteuer, im kleinen Salon der Geschenkkorb für alle Freunde und Verwandte zur Besichtigung bereit.

Das Bürgertum liebte es, Anlässe zu finden, an denen es sein Selbstverständnis kultivieren konnte, und so entwickelten sich im 19. Jahrhundert viele neue Geschenk-

traditionen. Doch zuerst einmal erreichten die überliefer-
ten Feste jetzt ihre neuzeitlichen Dimensionen. Utz
Jeggle zeigt zum Beispiel in seinem Aufsatz »Vom Schenken«, daß es erst im 19. Jahrhundert üblich wird, Kinder-
geburtstage zu feiern und dazu auch Geschenke mitzubringen. Zumindest im Bürgertum, in dem lange kaum
jemand seinen Geburtstag gekannt hatte, etablierte sich
dieser vormalige Adelsbrauch erst jetzt. Wahrscheinlich
spielte dabei auch ein wachsendes Bewußtsein für lebens-
zyklische Zusammenhänge eine Rolle. Mehr noch als die
privaten boten aber die sakralen Feste eine wundervolle
Kulisse für den zärtlichen Austausch bürgerlicher Fami-
lienwerte. Weihnachten nahm bald den ersten Platz in der
Hitliste der schenkfreudigen Gelegenheiten ein, und um
nicht zu profan zu wirken, etablierte die Gesellschaft den
Weihnachtsmann als kostümierte Rechtfertigung ihrer
ausgiebigen Schenkenslust, gegen den verständlichen Wi-
derstand der Kirchen, die energisch für eine Trennung
von heiligen Festen und Konsumterror eintraten. Doch
der bärtige Geselle machte eine unaufhaltsame Karriere.
Mit seiner Hilfe war es nun einmal am einfachsten,
vor den Kindern die Flut der Gaben zu rechtfertigen
und gleichzeitig seinen strafenden Begleiter, Knecht
Ruprecht, als pädagogische Hilfskraft zu engagieren.
George Sand erzählt in der »Geschichte meines Lebens«
von den Weihnachtsfeiern ihrer Kindheit um das Jahr
1810:

> Ich habe nicht vergessen, wie absolut ich daran glaubte,
> daß der liebe Weihnachtsmann, ein gütiger alter Herr
> mit weißem Bart, um Mitternacht den Kaminschacht
> herunterkommen und ein Geschenk in meinen klei-
> nen Schuh legen würde, das ich beim Aufwachen
> finden sollte. Mitternacht! Diese sagenumwobene

Stunde, die Kinder nicht kennen. Man sagt ihnen, daß sie unmöglich bis zu dieser Stunde aufbleiben können! Gläubige Eltern versuchten verzweifelt, ihre Kinder davon zu überzeugen, daß nicht der freundliche Waldmensch, sondern das Christkind selbst die Geschenke brachte, doch der Alte war zu stark. Ingeborg Weber-Kellermann hat in ihrem Aufsatz »Über den Brauch des Schenkens« ausführlich untersucht, warum es im 19.Jahrhundert ein wachsendes Bedürfnis nach all den geheimnisvoll verborgenen und mit märchenhaften Eigenschaften versehenen Wesen gab. Denn auch der Osterhase, der Storch, die Wichtelmännchen und alle anderen Gabenlieferanten haben in dieser Zeit ihre Geburtsstunde. Weber-Kellermann ist davon überzeugt, daß gerade die rätselhafte Anonymität der Phantasiefiguren notwendig war, um der rapiden Zunahme des Schenk-Vermögens begegnen und sie gegenüber den früheren, sparsameren Lebensweisen rechtfertigen zu können.

Denn nie zuvor wurde, von Jahr zu Jahr sich mehrend, soviel verschiedenes und neuartiges Spielzeug geschenkt wie von den weihnachtlichen Gabenbringern des 19. Jahrhunderts ... Im Schoß der Bürgerfamilie wuchs der Eigenbereich des Kindes, Spielzimmer und Spielmöglichkeiten, aber auch Spielverständnis seitens der Eltern verwandelten die Jahresfeiern zu Familienfesten, mit dem vornehmlichen Sinn, den Kindern Spielzeug zu schenken.

In diesem jungen Prozeß haben die nächtlichen, eiligen Gesellen eine Alibifunktion für die sich selbst in ihrem Wandel noch nicht ganz akzeptierende Wohlstandsgemeinschaft.

Weihnachten wurde zu einem vorzeigefreudigen Ritual, in dem die Gesellschaft alle ihre Werte zu einem »heiligen Abend der Bürgerlichkeit« verbinden konnte. Geschenke spielten dabei eine herausragende Rolle, die von der Öffentlichkeit sehr ernst genommen wurde. Die Zeitungen brachten schon damals lange vor Dezember Rubriken, in denen sie Vorschläge für Weihnachtsgeschenke machten, so daß wir zum erstenmal umfassende Quellen darüber haben, was geschenkt wurde. Daß das öffentliche Zelebrieren von Geschenken den persönlichen, intimen Hintergrund einer wirklichen Gabe nur sehr versteckt besitzt, braucht wohl nicht eigens betont zu werden.

Das also waren die Lieblingsgeschenke unserer Ururgroßeltern: Damen bevorzugten Handarbeitskörbe, Utensilien für das Boudoir, kleine Sofas, parfümiertes und glänzendes farbiges Briefpapier, Schatullen und hübsch verzierte Visitenkarten. Herren bekamen zwar Geschenke, doch man sprach nicht darüber; meist blieb es bei einem Buch. Die Feste galten als Inbegriff des gesitteten Familienlebens, und darüber führte nun einmal die Mutter ihr ganz eigenes Regiment. Für die Kinder aber war Weihnachten paradiesisch, sie wurden im 19. Jahrhundert nicht nur als eigenständige Lebewesen, sondern auch als marktbestimmende Zielgruppe entdeckt und sofort von oben bis unten hofiert. Galten Kinder vorher jahrhundertelang als kleine Erwachsene, die sich streng an die Lebensform der Eltern anpassen mußten, so gestand man ihnen jetzt eine behütete Phase des Erwachsenwerdens zu. Wie sehr die Kinder diese zuwendende Haltung auch wahrnahmen, wird daran deutlich, daß sie alle in den Tagebüchern fleißig ihre Geschenke notierten.

Den Eltern war es dennoch weiterhin wichtig, daß ihre

Sprößlinge früh an der großen weiten Welt teilhatten, darum bekamen sie diese im Miniaturformat geschenkt. Puppenhäuser, kleine Puppentheater, funktionstüchtige Wassermühlen, »heiratsfähige« Puppen mit vollständiger Aussteuer und künstliche Singvögel galten damals als exquisiteste Gaben, die sich allerdings nur wohlhabende Familien leisten konnten.

Philipp Bartsch beschreibt in seinem inzwischen berühmt gewordenen Gedicht »Morgen, Kinder, wird's was geben«, das schon Anfang des neunzehnten Jahrhunderts entstand und später von Carl Gottlieb Hering vertont wurde, die beliebtesten Weihnachtsgeschenke seiner Zeit:

> Morgen, Kinder, wird's was geben,
> morgen werden wir uns freun!
> Welch ein Jubel, welch ein Leben,
> wird in unserm Hause sein.
> Einmal werden wir noch wach,
> heißa, dann ist Weihnachtstag.
>
> Wie wird dann die Stube glänzen
> von der großen Lichterzahl,
> schöner als bei frohen Tänzen
> ein geputzter Kronensaal!
> Wißt ihr noch vom vor'gen Jahr,
> wie's am Heil'gen Abend war?
>
> Wißt ihr noch mein Reiterpferdchen,
> Malchens nette Schäferin?
> Jettchens Küche mit dem Herdchen
> und dem blankgeputzten Zinn?
> Heinrichs bunten Harlekin
> mit der gelben Violin?

Wißt ihr noch den großen Wagen
und die schöne Jagd von Blei?
Unsre Kleiderchen zum Tragen
und die viele Näscherei?
Meinen fleiß'gen Sägemann
mit der Kugel unten dran?

Welch ein schöner Tag ist morgen?
Neue Freuden hoffen wir.
Unsre guten Eltern sorgen
lange, lange schon dafür.
O gewiß, wer sie nicht ehrt,
ist der ganzen Lust nicht wert.

Die Kinder revanchierten sich für die spielerischen Gaben, die zu einem ungeahnten Aufblühen der Spielzeugindustrie führten, meist mit selbstgemalten Bildern, auswendig gelernten Gedichten, kleinen Musikstücken
oder Grußkarten. So wurden sie in die bürgerliche Familie auch durch die Gaben hineinerzogen, denn Schenken
bestand ja nicht nur im Geben mehr oder minder wertvoller Dinge, sondern auch in den dazugehörigen ethischen und moralischen Qualitäten: der Einübung sozialer Fähigkeiten, der kreativen Arbeit, des Einsatzes für
andere, des Abwägens des Taschengeldes, des Geduldens
auf den nächsten Geschenkanlaß, der Ausdauer, schwierige Kunststücke einzustudieren, der Fähigkeit, etwas
geheim zu halten und ganz allgemein des Gebenkönnens.
So wurden die boomenden Geschenkrituale zu einer
Schule des bürgerlichen Lebens, in dem bereits viele der
später notwendigen Fähigkeiten auf spielerische Weise
ausprobiert werden konnten.

Weil die gebefreudige Weihnachtszeit vielen Menschen

offensichtlich noch nicht genügte, wurden – vor allem in Frankreich – zusätzlich noch Neujahrsgeschenke eingeführt, die sich aber, vielleicht sollte man sagen: glücklicherweise, nicht überall durchsetzen konnten. Dennoch wurden der Jahresablauf und die Biographie der Menschen weiter mit Tagen zum Schenken ausgefüllt: Taufe, Gründonnerstag, Schulbeginn und viele andere Ereignisse verlagerten ihren festlichen Charakter auf die Ebene einer sichtbaren Anerkennung. Dies galt übrigens auch für das Gesinde, dessen Ansprüche nach strengen Ordnungen geregelt waren. Hausangestellte erhielten an Weihnachten einen Weihnachtstaler, ein Paar Schuhe, Hemd, Hose oder den dafür nötigen Stoff. Natürlich waren diese Gaben nichts anderes als eine Naturallöhnung, die sich wie eine Neuausgabe mittelalterlicher Gehaltsregelungen ausnahmen. Geldspenden an Brief- und Zeitungsausträger, Müllmänner, Hausmeister und Schornsteinfeger stammen aus der gleichen Zeit.

Dem Wildwuchs konsumgieriger Spießbürger, der immer mehr zum Grundpfeiler des Kapitalismus wurde, stellte sich vor allem einer äußerst kritisch entgegen: Karl Marx. Er hatte für den schenkenden, spendenden oder in anderer Form freigebigen Menschen keinen Platz in seiner Vorstellung einer gerechten Welt. Der ideale Proletarier des marxistischen Kosmos bekommt nichts geschenkt und erwartet auch nichts vom Wohlwollen feiner Menschenfreunde. Alle philantropischen Rettungsversuche des Arbeiterstandes nennt Marx verächtlich Almosen, mit denen die Profithyänen doch nur ihr schlechtes Gewissen stillen wollten. Die sozialistisch angehauchten Gewerkschaften setzten deshalb auch als erstes durch, daß alle bis dahin freiwilligen Gaben, wie etwa das Weihnachtsgeld, rechtlich fixiert wurden. Der

Traum des wütenden Trierers aber war eine Welt, in der allen alles gehört und deswegen auch keiner mehr irgend jemandem etwas schenken kann. Möglicherweise lag genau da der große Denkfehler des ganzen Systems (niemand will eine Gesellschaft, in der man nichts mehr verschenken kann). Während die neuen Generationen noch darüber brüten, woran der Marxismus wohl gescheitert ist, springen wir ins zwanzigste Jahrhundert, um noch einen kurzen Blick auf die neusten Sitten des Schenkens zu werfen.

Das zwanzigste Jahrhundert

Die Moderne hat das Schenken revolutioniert, indem sie es zu einem universell einsetzbaren Kommunikationmittel gemacht hat. Kleine Geschenke erhalten die Freundschaft, große schaffen sie, und man geht kaum noch ohne aus dem Haus. Jeder schenkt, wann, wo und was er kann, ohne daß irgendein Anlaß zu heilig oder zu gering wäre. Der inflationäre Boom fordert aber nicht die Kreativität bis zum Originalitätswahn, er wird manchmal sogar zu Farce. In der Politik etwa wird das Schenken nur noch mit bedeutungsschwerer Sinnlosigkeit zelebriert. Karl Carstens bekam einmal im Niger ein Kamel geschenkt, während Ronald Reagan in Bonn mit einem Weißkopfseeadlerpärchen bedacht wurde. Richard Nixon brachte Gustav Heinemann strahlend ein Stück Mond mit, und Konrad Adenauer erhielt von den Japanern einst – vielleicht als dezente Ermutigung – ein Harakiri-Besteck. Heinrich Lübke konnte sich die vielen Geschenke, die er bekam, wahrscheinlich gar nicht mehr merken. Wenn es sich bei den Staatszuwendungen nicht

um so überdimensionale Kleinigkeiten wie Freiheitssta-
tuen oder Obelisken handelt, die der Beschenkte aufstellen muß, ob er will oder nicht, füllen die gutgemeinten
Auslands-Präsente wahrscheinlich viele Kellerräume
des Bundeskanzleramtes. Vor allem deshalb, weil ja niemand so ganz genau weiß, wem das Zeug eigentlich gehört. Dem Kanzler, dem Präsidenten, dem Volk oder
dem Staat selbst, was immer das heißen mag. Jedenfalls
kam es sogar schon zu kleinen Skandalen, als einige der
landestypischen Gaben privat verkauft wurden. Geschenkt ist geschenkt, selbst wenn diese modernen
Tauschsitten nur zur Diplomatie beitragen. Inzwischen
wird nach dem Ende einer Amtszeit der ganze internationale Kram versteigert. Diese Lieblosigkeit, die für sich
spricht, sollte sich ein Privatmann mal mit den Zuwendungen seiner Freunde erlauben.

Die neue Vielseitigkeit des Schenkens, die inzwischen
überall so freigebig gehandhabt wird, daß man sie nicht
einmal mehr als Institution bezeichnen kann, hat sich
weit von den atavistisch-reziproken Riten unserer Vorfahren entfernt. Gaben dienen nur noch in ganz kalku-
lierten Fällen zur berechenbaren und gleichzeitig offen-
sichtlichen Anbahnung von gewünschten Beziehungen
oder zum Bestimmen eines sozialen Status. Wer heute
mit Geschenken verführen oder bezahlen will, der macht
es dezent und vorsichtig. Im zwanzigsten Jahrhundert
lockt man nicht mit Offenheit, sondern mit Neugierde.
Darum heißt der große Trend unserer Zeit: Einpacken!
Je mehr ich die nackte Wahrheit herauszögere, um so ge-
spannter, sehnsüchtiger und konzentrierter bin ich. In
der Welt der unbegrenzten Möglichkeiten blüht deshalb
die Sehnsucht nach dem Geheimnisvollen auf. Nicht
nur esoterische Zirkel, auch gänzlich offenherzige Men-

schen fiebern nach den Momenten, in denen sie ihre eigene Wahrnehmung überlisten können. Dazu gehört
die Begierde nach dem ganz Unbekannten, dem noch
nie erlebten Nervenkitzel, der universellen Bewußtseins-
erweiterung, die sich eben nicht nur im tantrischen Yogi-
Flieger-Kurs, sondern auch im etwas harmloseren Auspacken verborgener Gaben erleben läßt.

Während es bis zur Jahrhundertwende selbstverständlich war, daß es beim Schenken auf die Dinge selbst ankam und diese direkt und schnörkellos überreicht wurden, verfeinern moderne Menschen den Genuß einer
Gabe, indem sie ihren Anblick hinauszögern. In aller
Welt gibt es inzwischen Geschäfte, die nichts anderes machen, als irgend etwas einzupacken, und manche Hülle
sticht den Inhalt an Qualität und Quantität längst aus.
Gut aussehen soll es! Das ist wichtig: Die potemkinschen
Schleifen verschleiern jede Lieblosigkeit, und wenn doch
ohnehin zu jeder Zeit geschenkt wird, dann kann mit der
Verpackung wenigstens ein neuer Reiz hervorgeholt werden. Denn die modernen Gaben-Jongleure sprechen alle
Sinne an. Und für jeden Nerv gibt es eine eigene Sprache
und eine eigene Grammatik. Wer beim Schenken auf all
die kleinen Zeichen achten will, die äußerlich ihre Botschaft vermitteln, muß schon ein Kavalier alter Schule
sein. Düfte, Blumensprache, Zahlenmystik, Wortspiele
und andere aphrodisierende Beigaben zeichnen den arti-
stischen Geber gerade im Massenschenkrausch aus. Wer
schenkt, der kann zeigen, was er hat. Natürlich muß
das Innere auch halten, was das Äußere verspricht,
doch die beim Überreichen ausgelöste Zuneigung ist
die beste Voraussetzung für den Beginn einer großen
Freundschaft. Es geht um Liebe auf den ersten Blick.
Der erste Eindruck bestimmt nämlich auch die Einstel-

lung, mit der die Beschenkten sich nun vorfreudig ans Auswickeln der so markant versteckten Inhalte machen. Hat die Verpackung gewonnen, kann das Geschenk nicht mehr verlieren. Eine Erkenntnis, mit der es vor allem dem Verpackungskünstler und Monumentumhüller Christo gelungen ist, viele Leute einzuwickeln.

Schenken ist ein Spiel geworden, ein amüsanter, fordernder und entzückender Zeitvertreib, der seine soziale Festigungsfunktion längst verloren hat. Doch der öffentlichen Rationalisierung steht glücklicherweise eine private Emotionalisierung entgegen, die das Schenken mit gutem Willen auch zu seinen eigentlichen Ursprüngen führen kann. Noch nie war geschmackvolles Geben so sehr eine Sache der Privatangelegenheit, und noch nie bestand eine so große Chance, den Geist des Schenkens umzusetzen. Jetzt muß es sich zeigen, ob eine Gabe wirklich ohne materialistische oder andere Hintergedanken dargebracht werden kann! Und jetzt könnte auch der richtige Moment sein, um die Kunst, Freude zu bereiten, wirklich zu kultivieren. Denn erst sie macht aus Geben Schenken, aus Pflicht Vergnügen und aus einer losen Beziehung echte Zuneigung.

Das Schenken gelernt haben viele Zeitgenossen gerade in den schweren Zeiten der Weltkriege, als sich plötzlich an der Fähigkeit, abzugeben und Freude zu bereiten, Gut und Böse schieden. Ein echter Schenker kann nicht Egoist sein, er will andere beglücken. Und die Flut von Care-Paketen, die vielen das Leben rettete, zeigt, daß für ehrliche Fürsorge nicht einmal persönliche Beziehungen Voraussetzung sind. Wenn ein ganzes Volk leidet, wird jede sinnvolle Gabe zu einem liebevollen Gruß.

Natürlich hat die Freiheit zum kunstvollen Schenken

auch ihre Feinde. In einer Gesellschaft, in der die meisten Menschen das, was sie schenken, nicht unter eigenen Opfern, sondern mit Leichtigkeit hergeben können, hat jede ernstgemeinte Gabe einen schwierigen Stand. In Gegenden, wo sich jemand von etwas trennen muß, um Freude bereiten zu können, gibt er tatsächlich etwas von sich. In Europa hat auch der Bedeutungsverlust des Wortes »Schenken« mit zur Abwertung des Phänomens geführt. Freche Phrasen wie »Das ist ja fast geschenkt« verleihen jeder noch so unwürdigen Transaktion den Glanz einer potentiellen Gabe. So werden plötzlich, zumindest in der Sprache, auf allen Ebenen Geschenke gemacht, auch wenn es weder einen Geber noch einen Empfänger gibt. Mit der Zuordnung »Geschenk« läßt sich fast jedes unerklärliche Ereignis irgendwie einfangen: die Einheit Deutschlands, der Wettkampfsieg von Boris Becker, das Schnäppchen beim Sommerschlußverkauf oder der Euro – eigentlich alles geschenkt. Obwohl im Bewußtsein offensichtlich immer noch ein Gespür für die Aufwertung existiert, die einem Ereignis geschieht, das man in Zusammenhang mit der ungewöhnlichen Welt des Schenkens bringt, rettet diese Erkenntnis nicht vor dem verschwenderischen Gebrauch dieser Beziehungsanspielungen. Vielleicht spiegelt sich darin aber auch nur eine Sehnsucht nach mehr ernsthaften Geschenken. Das vermehrte Auftreten omnipotenter Comic-Helden, die alle mit wundersamen Kräften begabt wurden, zeigt, daß der Phantasie der Menschen nun doch ein paar Grenzen gegeben sind. Ernstgemeinte Geschenke brauchen keine Mega-Idee, sie brauchen Geist. Und vielleicht entwickelt sich ja neben dem unpersönlichen »Schick's-rüber-Geben« des Internet eine neue Kunst des Schenkens, bei der dann doch einfach nur Freundlichkeit und Liebe in variierender und ganz persönlicher Form überreicht wird.

Der moderne Missionar Arno Backhaus beschreibt in seinem Buch »E-fun-gelisation« ungewöhnliche Aktionen, die Menschen zum Nachdenken bringen sollen. Bekannt wurde er vor allem durch den Versuch, auf der Straße Geld zu verschenken. Eigentlich wollte er damit nur auf die Tatsache hinweisen, daß er sich als ein von Gott beschenkter Mensch fühle, der deshalb auch selbst etwas weitergeben könne; einer, der einmal nichts fordert, sondern einfach nur etwas gibt. Seine Auswertung der Aktion offenbarte aber, daß bei den Passanten eine völlige Hilflosigkeit gegenüber diesen nicht einzuordnenden Gaben zu bemerken war. Viele Leute ließen sich zwar zu intensiven Gesprächen anregen, waren oft von den Diskussionen sogar sehr angetan, weigerten sich dann aber, selbst Geld anzunehmen. Backhaus schildert zum Beispiel das Gespräch mit einem älteren Herren:

»Ich finde Ihre Denkanstöße sehr gut. Dann wünsche ich Ihnen noch weiterhin gute Gespräche.« »Danke, aber Sie können sich, bevor Sie gehen, noch etwas aus der Schachtel nehmen!« »Nein, nein, heben Sie das Geld lieber auf für Leute, die es nötiger haben als ich.« »Aber bei der Aktion geht es doch gar nicht um ›Nötighaben‹ oder nicht; es geht einfach darum, sich beschenken zu lassen. Wir haben uns angewöhnt, immer nur zu schenken, wenn es jemand nötig hat oder wenn es einen bestimmten Anlaß gibt, wie Geburtstag, bestandener Führerschein, Firmenjubiläum, Konfirmation und so weiter. Aber ist das der einzige Sinn von Geschenken? Machen Sie doch mal Ihrem Nachbarn oder dem Straßenbahnfahrer oder dem Kioskbesitzer an der Ecke ein unerwartetes, ›unverdientes‹ Geschenk, ohne jeden Anlaß. Sie werden erstaunt sein, wie überrascht Ihr Gegenüber reagiert.«

Der Aktivist vermutet hinter dieser Haltung in erster Linie die Scheu vor unkontrollierbaren Beziehungen, wie sie schon Ralph Waldo Emerson postuliert hat. Da die Neuzeit von der Devise »Wir lassen uns nichts schenken« bestimmt sei, fühle sich der einzelne zu stolz, etwas zweckfrei anzunehmen. Vielleicht sei auch nur das Mißtrauen zu groß, weil niemand das, wozu er selbst noch nicht fähig sei, anderen zutraue: einfach etwas zu verschenken. Frustriert mußte der Missionar erleben, daß er trotz seines eindeutigen Schildes, das auf das Angebot hinwies, meist mehr Geld mit nach Hause brachte, als er eigentlich zum Verschenken ausgebreitet hatte; daß einer, der an der Straße sitzt, nicht immer etwas haben will, war den Passanten nicht beizubringen.

Das zwanzigste Jahrhundert genießt die Freiheit, das Schenken wieder neu und künstlerisch entdecken zu können. Allerdings fordert die langsame Auflösung traditioneller Bräuche mehr individuelles Engagement. Denn letztlich ist die Theorie des Schenkens nur aus der Praxis zu entwickeln. Alles Sinnieren über die historischen Erscheinungsformen des Schenkens erfüllt seinen Sinn nur dann, wenn es empirisch faßbar wird. Das Faszinosum der vielen historischen Varianten ist ja gerade, daß sie alle heute noch in der einen oder anderen Form zu erleben sind. Und darum spüren wir auch immer noch das uralte Kribbeln, wenn wir etwas geschenkt bekommen oder uns lange Gedanken darüber machen, wie wir einen Menschen erfreuen können. Wir ahnen die Kraft der Beziehung, die dahintersteht und die sich letztlich seit dem delikaten Amuse gueule »Apfel an

Schlange« aus dem Paradies nicht geändert hat. Daß sich hinter jedem Geschenk noch immer die Sehnsucht nach einer anderen Welt auftut, macht es so genußvoll.

Von Frauen und Orgien
Die ethnologischen
Spezialitäten des Schenkens

*P*apua-Neu-Guinea ist ein Geschenk für alle Volks-
kundler. Dort finden die Forscher das, was sie liebevoll
und bisweilen ein wenig von oben herab als »archaische
Gesellschaftsformen« bezeichnen, »primitive« Stämme,
die in einer früheren kulturellen Entwicklungsstufe leben
und uns deshalb unbedarft an unsere Vergangenheit erinnern. Der Neugier höchster Genuß aber bleibt Vermes-
sen: das systematische Beobachten und Katalogisieren
uns nicht mehr vertrauter Verhaltensnormen, um dabei
die eigenen Wurzeln, Gelüste und Ziele besser verstehen
zu können.

Hin und wieder passiert es dann, daß die Ethnologen
sich verlieben. In eine Welt, die der eigenen – abgesehen
von der lähmenden modernen Bequemlichkeit – eigentlich in gar nichts nachsteht. Einer der größten dieser
Liebhaber aber war der Franzose Marcel Mauss (1872-
1950). Er entdeckte im Regenwald von Papua-Neu-Guinea das, was er »die klassische Geschenk-Gesellschaft«
nannte. Eine Staatsstruktur, die auch heute noch der
abendländischen in vielem spiegelbildlich gegenüber-
steht. Während in Europa das Schenken als Ergänzung
zum kommerziellen Handel existiert, ist es bei vielen
»primitiven« Völkern umgekehrt. Mauss schreibt eupho-
risch: »Sie haben unser System von Kaufen und Verkaufen durch eines mit Schenken und Wiederschenken
vertauscht.« Der Alltag dieser Stämme befaßt sich vor-
dringlich mit Geschenken. Denn jede soziale Begegnung
findet in Gestalt von Gaben statt. Während Europäer ihr

Denken vor allem auf Verdienst und Macht ausrichten, orientiert sich ein Bewohner von Papua-Neu-Guinea vor allem an Geschenken und an dem Ruhm, den er als großer Geber erlangen kann. Und als hätte sich die von den Philosophen immer wieder herbeigewünschte Liebesgesellschaft endlich manifestiert, ist der begeisterte Franzose Mauss davon überzeugt, daß diese einzigartige Welt des Schenkens besser sei als die des Kaufens. Obwohl die beobachteten Strukturen teilweise von großer Zwanghaftigkeit sind, wie ihm Kritiker immer wieder vorhielten, hat Mauss nicht abgelassen, darin zumindest den Prototyp einer gelungenen Gesellschaftsform zu sehen; und ein Kommentator schreibt von diesem Elan mitgerissen:

> Mauss sagt uns, wieviel wir dadurch verloren haben, daß wir ein rationales ökonomisches System an die Stelle eines Systems setzen, in welchem der Austausch von Gütern keine mechanische, sondern eine moralische Transaktion war, die menschliche, persönliche Beziehungen zwischen Individuen und zwischen Gruppen herstellte und aufrecht erhielt.

Auf der Suche nach der vollkommenen Geschenkgesellschaft stöberte Mauss wie seine völkerkundlichen Vorgänger Malinowsky und Morgan sowie sein bedeutender Nachfolger Lévi-Strauss weltweit nach gebefreudigen Stammesstrukturen, die das Schenken als Lebensgrundlage kultiviert haben. Dabei stieß er auf ein derart reiches Brauchtum, das sich vor allem in der äußeren Form von unseren Traditionen unterschied, daß er das Schenken als gesellschaftliche Erscheinung ganz neu definieren konnte; bis hin zu der Vermutung, daß auch im hochentwickelten Europa eine ähnliche Entwicklung stattgefunden habe. Auch unsere Vorfahren haben demnach eine

Phase durchlaufen, in der sie das Schenken als sozial bindendes Ereignis funktionalisierten. Für Mauss sieht die Reihenfolge der Entwicklungsstufen so aus: Nach der ursprünglichen Autarkie einzelner Stämme entwickelte sich zuerst die Gesellschaftsform des Tausches. Die wurde in der nächsten Daseinsepoche von einer höheren Struktur, nämlich der des Schenkens abgelöst, bevor das Geld in einem nächsten Schritt alle Geschäfte beherrschte und dadurch entwürdigte. Für Mauss stellt dieser fiskalische Fortgang allerdings eine Fehlentwicklung dar, weil sie zu einer Entmenschlichung der lebenserhaltenden Transaktionen geführt hat. Die von ihm bei den primitiven Kulturen festgestellten Phänomene entsprechen also einer prämonetären Phase der Menschheitsgeschichte, die sich unterschwellig auch in der germanischen Geschenkkultur beobachten ließ, und rudimentär auch heute noch vorhanden ist. Daher bleiben ethnologischen Studien für den Franzosen immer aktuelle Gesellschaftskunde: »Da diese Moral und diese Ökonomie auch noch in unseren eigenen Gesellschaften wirken, können wir daraus einige moralische Schlußfolgerungen bezüglich einiger Probleme ziehen, vor die uns die Krise unseres Rechts und unserer Wirtschaft stellt.«

Daß Marcel Mauss der größte Denker unter den Geschenkethnologen war, hat auch sein nicht unkritischer Kollege Claude Lévi-Strauss zugestanden:

Keiner hat »Die Gabe« lesen können, ohne die Gefühle zu empfinden, die Malebranche in Erinnerung an seine erste Descartes-Lektüre so gut beschrieben hat: Unter Herzklopfen, bei brausendem Kopf erfaßt den Geist eine noch undefinierbare, aber unabweisbare Gewißheit, bei einem für die Entwicklung der Wissenschaft entscheidenden Ereignis zugegen zu sein.

Die verzauberte Geschenkwelt des Marcel Mauss, eines Neffen und Schülers Emile Durkheims, qualifiziert sich durch verschiedenste Eigenschaften, die vor allem deshalb zum Nachdenken bringen, weil sie im Wertesystem einer Gesellschaft andere Prioritäten setzten. Daraus ergibt sich eine so andere Gestaltung des Daseins, daß der Ethnologe seine Erkenntnisse manchmal fast als Vision einer neuen Welt preist: Ein gelungenes Leben führt in den Stämmen Papua-Neu-Guineas nicht derjenige, der Profit macht, sondern derjenige, der möglichst viele Menschen kennt, zu denen er eine persönliche Beziehung aufbauen kann. Dabei lebt keiner nur vom anderen, denn die Kraft dieser Gesellschaft liegt in ihrer Gegenseitigkeit, allerdings in humaner Form. Geschenke verpflichten zwar, ein unterlassenes Gegengeschenk bringt aber nicht ins Gefängnis, es bedeutet höchstens einen Gesichtsverlust.

Diese Kultur des einander pausenlos Beschenkens funktioniert deshalb, weil es sich, nach Mauss, dabei um ein »totales Phänomen« handelt. Die Daseinsebenen des Lebens lassen sich nicht trennen, alles hat mit allem zu tun, und als ganzheitliche Erscheinung berührt das Schenken den Menschen immer gleich in seiner Existenz. Geschenke sind die Grundlage für alle Lebensbereiche: Sie bestimmen das Miteinander in ökonomischer, juristischer, moralischer, ästhetischer, religiöser, mythologischer, sozio-morphologischer, politischer und familiärer Hinsicht. All diese Zugänge zur Strukturierung einer Gemeinschaft werden in der »Geschenkgesellschaft« durch Gaben gelöst, die an den kulturellen Höhepunkten des Jahres getauscht werden. »Unsere Feste sind die Bewegung der Nadel, die die Teile des Strohdachs zusammennäht, so daß sie ein einziges Dach bilden, ein ein-

ziges Wort«. zitiert das Werk einen Stammeshäuptling.
Wie das funktioniert? Das führt Mauss sorgfältig und
tiefgründig aus.

Der französische Mitbegründer der Année Sociologi-
que, der sich vor allem in der vergleichenden Religions-
forschung einen Namen gemacht hat, veröffentlichte
seinen »Essai sur le don« im Jahr 1925, deutsch »Die
Gabe. Form und Funktion des Austauschs in archaischen
Gesellschaften«. Darin wies er erst einmal allgemein
nach, daß in vielen Kulturen Ökonomie und Verträge
in Form von Geschenken geregelt werden. Als Motto
und gleichzeitig als verdeutlichende Einleitung zitiert
Mauss einige Verse aus dem Havamal, einer der ältesten
Spruchdichtungen der skandinavischen Edda, die die
selbstverständliche Präsenz des Geschenkgeistes im
Denken der Menschen aufzeigt:

So gastfrei ist keiner und zum Geben geneigt,
daß er Geschenke verschmäht,
oder so wenig auf Erwerb bedacht,
daß er Gegengabe haßt.

Mit Gewändern und Waffen, der Wonne des Auges,
sollen Freunde einander erfreun;
Empfänger und Geber sind Freunde am längsten,
wenn es das Glück ihnen vergönnt.

Dem Freunde sollst du Freundschaft bewahren,
Gabe mit Gabe vergilt!
Doch Hohn soll man mit Hohn erwidern
und die Täuschung mit Trug.

Ward dir ein Freund, dem du völlig vertraust,
und erhoffst du Holdes von ihm,
so erschließ ihm dein Herz und Geschenke tausche,
häufig besuche sein Haus.

Glücklich lebt der Kühne, der gerne spendet,
selten ficht ihn Sorge an;
der Feige aber hat Furcht vor allem,
und der Geizige wird der Gaben nicht froh.

Natürlich gesteht der Ethnologe sofort ein, daß es hier um ein Miteinander geht, in dem die Gaben nur theoretisch freiwillig, in Wirklichkeit aber Pflicht sind; wobei auch die archaischen Gesellschaften erwarten, daß ein Geber seine Gaben so anbietet, als sollten sie ihm niemals vergolten werden. Das Thema ist also ambivalent: »der sozusagen freiwillige, anscheinend selbstlose und spontane, aber dennoch zwanghafte und eigennützige Charakter dieser Leistungen. Fast immer nehmen sie die Form des Geschenks an, des großzügig dargebotenen Präsents, selbst dann, wenn die Geste, die die Übergabe begleitet, nur Fiktion, Formalismus und soziale Lüge ist.« Genauer gesagt, es geht um die Frage nach der Motivation für das Schenken und das Zurückschenken. Warum wird es gemacht und warum funktioniert es?

In Polynesien, so Mauss, begegne man niemals dem einfachen Austausch von Gütern, Reichtümern und Produkten im Rahmen eines zwischen Individuen abgeschlossenen Handels. Das liege unter anderem daran, daß dort gar kein Verständnis für Individualität vorhanden sei, die Menschen dächten und handelten als Kollektiv: Clans, Stämme, Familien. Darüber hinaus würden

nicht nur Dinge weitergegeben, auch alle anderen sozialen Beziehungen hätten den Charakter von scheinbar freiwilligen Geschenken, die zwischen den Gruppen
ausgetauscht werden: Höflichkeiten, Festessen, Rituale,
Frauen, Kinder, Tänze und vieles andere. Wie lebensstif-
tend diese Bräuche sind, hat Radcliffe-Brown festgehalten, der bei Pygmäen zu Gast war:

> Trotz der Wichtigkeit dieses Austauschs verfolgen
> diese Geschenke nicht den gleichen Zweck wie Handel
> und Tausch in entwickelteren Gesellschaften, da sich
> die lokale Gruppe und Familie, was Geräte usw. be-
> trifft, selbst versorgen können. Sein Ziel ist vor allem
> ein moralisches: er soll freundschaftliche Gefühle zwi-
> schen den beiden beteiligten Personen hervorrufen,
> und wenn die Unternehmung dieses Ergebnis nicht
> hatte, war ihr Zweck verfehlt.

Geschenke dienen dem Grundbedürfnis des Menschen
nach Gemeinschaft, und darum werden sie in Kulturen,
in denen das harmonische Miteinander das Überleben
sichert, zum Eckstein der Existenz.

Die gefeiertste Ausdrucksform dieses »Systems der totalen Leistungen« läßt sich sehr charakteristisch bei einigen
Indianerstämmen des nordwestlichen Amerika beobachten. Dort wird das Schenken als Inbegriff öffentlicher
Beziehungsstiftung zu einer orgiastischen Kulthandlung,
zu einem ungewöhnlichen Ritual, das sich bald zum
Lieblingskind der Ethnologen entwickelt: der Potlatsch.
Er ist der Höhepunkt jeder Kultur, die ihr Dasein auf
dem Schenken aufbaut. Ursprünglich vom Wortstamm
»ernähren« abgeleitet, bezeichnet dieser Begriff große
Stammestreffen, überbordende Feste, bei denen es den
Beteiligten eigentlich nur auf eines ankommt: die Kon-
trahenten mit Geschenken zu überhäufen und zu über-

treffen. Wer in diesem Gaben-Wettstreit siegt, der ver-
läßt den Platz als hochangesehener Mann, der dem
Clan Ehre gebracht hat. In einer Rede motiviert ein
Häuptling seinen Stamm deshalb: »Es geschieht in eurem
Namen, und ihr werdet berühmt werden unter den
Stämmen, wenn es heißt, daß ihr euer Eigentum für
einen Potlatsch gegeben habt.«

Bevor der Ethnologe die Hintergründe dieser freigebigen Festivitäten erläutert, untersucht er allerdings erst
einmal die Frage, »welche Macht dazu treibt, eine empfangene Sache zu erwidern«. Natürlich sind auch in den
Geschenkkulturen die Tauschriten meist von offiziellen
Anlässen bestimmt: Hochzeit, Geburt, Beschneidung,
Krankheit, Pubertät, Bestattung, und natürlich von Handel und Diplomatie. Ihre Bedeutung aber erhalten diese
Anlässe durch die zugrundeliegenden Motivationen:
1. die Ehre und das Prestige, ein wohlhabender Mensch
zu sein, der es sich leisten kann zu verschenken, und
2. die Verpflichtung, erhaltene Gaben zu erwidern, um
sein »mana«, die magische, auf Gerechtigkeit bedachte
Quelle von Autorität und Reichtum nicht zu verlieren.
Da die Geschenke direkt vom Empfänger erwidert werden, besitzt normalerweise nach einem Potlatsch keiner
der Beteiligten nachher wesentlich mehr als vorher.
Doch allen tut der Austausch gut. Die Freunde gehen
also nicht materiell reicher, sondern emotional zufriede-
ner auseinander.

Natürlich steht hinter diesen Sitten ein animistisches
Weltverständnis. Alle Dinge gelten als beseelt, und deshalb ist nicht nur sittsam, sondern auch für das eigene
Wohl empfehlenswert, Geschenke zu erwidern, um keinen darin lebenden Geist zu beleidigen. Mauss zitiert
dazu einen Maori-Fachmann:

Die taonga (also die Geister), die ich erhalten habe,
muß ich ihnen zurückgeben. Es ist nicht recht von
mir, diese taonga für mich zu behalten, ob sie nun begehrenswert oder unangenehm sind. Wenn ich diese
taonga für mich behalten würde, dann könnte mir
Böses daraus entstehen, ganz bestimmt, sogar der Tod.
So interpretiert wird der Wunsch nach Gegengeschenken
schnell verständlich. Weil eine Sache nicht leblos ist,
hängt sie weiterhin spirituell mit dem Vorbesitzer zusammen. Daher sorgt ein ungleicher Tausch für ein gefähr-
liches religiöses Mißverhältnis. Durch einen gerechten
Tausch aber wird das Gleichgewicht der Geister wieder
hergestellt. Das rettet übrigens nicht nur die Gaben-
experten, es motiviert auch die göttlichen Seelen, den
sie fleißig Bewegenden wohlgesonnen zu sein. Schenken
hat daher in diesem kulturellen Verständnis eine ungemein sakrale Bedeutung. Die Vorstellung des Geistertau-
sches mag fremd erscheinen, doch die Tatsache, daß auch
die Moderne weniger nach den Gegenständen als nach
dem intendierten Willen, also nach dem Geist des Gebers
eines Geschenkes fragt, bringt uns diese Weltanschauung
zumindest etwas näher.

Die Trias der Geschenkkultur heißt Geschenke machen, annehmen und erwidern. Jedes dieser Elemente
wird bei einem Potlatsch genau geregelt, und wer eines
davon unmoralisch ins Gegenteil verkehrt, der weiß
auch, was er damit auslöst. Mauss schreibt lakonisch:
»Sich weigern, etwas zu geben, es versäumen, jemanden einzuladen, sowie es ablehnen, etwas anzunehmen,
kommt einer Kriegserklärung gleich.« Malinowski, der
den Potlatsch schon vor Mauss auf den Trobriand-Inseln
entdeckte, wo er Kula genannt wird, hat einige typische
Kennzeichen dieser Geschenkorgien beschrieben:

1. Der Potlatsch wird ganz deutlich vom einfachen Austausch nützlicher Dinge, Gimwali, unterschieden. Auf den gewöhlichen Märkten darf nämlich gehandelt und gefeilscht werden, was aber als unwürdiges Verfahren nicht zu wirklichen Gaben paßt.

2. Der Geber zeigt seine Größe dadurch, daß er seine eigenen Geschenke erniedrigt. Er entschuldigt sich dafür, daß er nur seine Reste gebe, und wirft dem Partner die Geschenke zu Füßen, während im Hintergrund gleichzeitig Schneckentrompeten die Feierlichkeit des Augenblicks betonen.

3. Die Geschenke gelten als Ehrensachen, nicht als Gebrauchsgegenstände. Sie werden normalerweise nur gehortet, manchmal auch weiterverschenkt, wodurch sie an Wert gewinnen. Oft erhalten sie Namen, die ihnen eine eigene Persönlichkeit zusprechen.

4. Der Austausch ist streng ritualisiert. Der eine Partner beginnt das Spiel mit einer Eröffnungsgabe, die sofort zum Gegengeschenk verpflichtet. Dann steigern sich die beiden Parteien hoch, bis derjenige, der nicht eröffnet hat, das Ritual mit einem Abschlußgeschenk besiegelt, das exakt den gleichen Wert wie das Eröffnungsgeschenk haben muß.

5. Kann ein Geber nicht mithalten, dann überreicht er eine Art Wartegeschenk, das ihn einige Zeit von der Erwiderung freistellt, bis er wieder gebefähig ist.

6. Ist einem Stamm ein besonderer Erfolg zuteil geworden, etwa ein Walfang, dann macht er so schnell wie möglich ein rauschendes Fest. Dadurch haben auch die anderen Clans an dem Ereignis Anteil.

7. Es gilt als Schande, um etwas bitten zu müssen. Jeder hat daher ein Auge darauf, was er dem anderen schenken kann, um dessen Bedürfnisse und Wünsche zu erfüllen.

Der Potlatsch Nordamerikas aber besitzt noch einige
ganz eigene Qualitäten, die ihm bald einen mythologischen Ruf einbrachten: Heftigkeit, Übertreibung und
orgiastische Strukturen. In einem Verschwendungskrieg
versuchen dabei die Häuptlinge, das Prestige ihres Clans
zu erhöhen. Dabei sind sie bei einigen Potlatschs gezwungen, alles auszugeben, was sie besitzen, nichts darf
zurückbehalten werden. Für den guten Ruf ist dann
aber auch jedes Mittel recht. Um den anderen zu beschämen und um zu zeigen, daß man auf eine Rückgabe
gar nicht angewiesen ist, übertrifft man sich deshalb
auch stilvoll in systematischer Zerstörung. Anstatt den
Wert der Geschenke zu betonen, demonstriert der Geber,
wie wenig ihm Reichtum bedeutet; und das ist so wenig,
daß er, ohne mit der Wimper zu zucken, sein Eigentum
verschleudern kann. So arten die Festivitäten in unterhaltsame Vernichtungswettkämpfe aus; denn es ist natürlich von großer Bedeutung, daß genügend Zeugen für die
eigene Potenz vorhanden sind. Man verbrennt vor den
Augen der Gäste Kisten mit Walfischöl, Häuser, Berge
von feinen Wolldecken, man zerhackt fröhlich Boote,
zerbricht die wertvollsten Kupferplatten oder wirft sie
ins Wasser. Jede demonstrative Zerstörung bewirkt den
eigenen Aufstieg an der sozialen Stufenleiter. Nichts ist
schlimmer als der Ruf eines Geizkragens. Die Größe
seines Reichtums aber kann ein Häuptling nur dadurch
beweisen, daß er ihn ausgibt.

Potlatschs können zu vielen Gelegenheiten stattfinden, doch wer seinen guten Namen nicht riskieren will,
der sollte damit nicht zu sparsam sein. Ein Indianermy-
thos erzählt von einem alten Häuptling, der nicht genügend Potlatschs gab, worauf er natürlich auch nicht
mehr eingeladen wurde und verstarb. Seine Neffen aber

machten eine Statue des Verstorbenen, gaben in seinem Namen zehn Geschenk-Feste, und siehe da: Der Häuptling wurde wiedergeboren.

Natürlich darf ein weiser Geber keine bedeutende Persönlichkeit bei seinen Einladungen übersehen. Wie bei den vergessenen Feen der europäischen Märchen wird ein solches Versäumnis in vielen Geschichten der Indianer fürchterlich gerächt. Kluges und richtiges Veranstalten der Feste und ein Überblick über die Gästeliste zeichnet einen großen Häuptling aus und begründet seinen gesellschaftlichen Rang. Zum König der Geschenke aber wird er erst, wenn er alle erhaltenen Gaben mit einem hohen Zinssatz zurückgibt, wenn er für eine Decke zwei und für einen Speer drei schenkt. Weil diese Steigerungen irgendwann in eine rechnerische Aporie führen, hat sich auch bei den Indianern eine symbolische Geschenkkultur entwickelt. Als »Renommiergabe« zählen vor allem mit Emblemen verzierte Kupferplatten, die als höchste Potlatschgüter Träger wichtiger Glaubensinhalte sind. Jede Kupferplatte hat einen Namen, eine Persönlichkeit und einen magisch-ökonomischen Wert, der sich an der Geschichte und der Anzahl der durchlaufenen Potlatschs (und damit der Gegengeschenke) orientiert. Mit dem Fieber moderner Sammlerleidenschaft hegen und pflegen die Indianer ihre Plattensammlung, um dann damit schweren Herzens einen anderen Häuptling zu beglücken. Je bedeutender die zeitweiligen Betreuer der Stücke sind, desto größer ist ihr Sammlerwert. Die berühmte Platte Lesaxalayo hatte im Jahr 1906 einen Marktwert von 9000 Wolldecken, 50 Booten, 260 Silberarmreifen, 60 Goldarmreifen, 70 Goldohrringen, 40 Nähmaschinen, 25 Grammophonen und 50 Masken. Trotzdem stellte sich der damalige Besitzer ausgesprochen

lässig hin und sagte majestätisch: »Dem Prinzen Laqwa-
gila werde ich jetzt all diese armseligen Dinge geben.«

Die Völker, die den Potlatsch praktizieren, ordnet
Mauss als Übergangsformen zwischen der reinen Geschenkgesellschaft, die das Geben als totale Leistung
praktiziert, und dem späten Stadium des Individualver-
trages ein. In Europa hat es die Reinform des Potlatsch
so wohl nie gegeben, sieht man einmal von den aus-
schweifenden und »geschenkverwerflichen« Feiern des
Frühmittelalters ab, doch den entscheidenden Schritt
zur Automatisierung des Handels, das heißt zur Entpersonalisierung aller Gaben, haben auch verschiedene andere Kulturen erst spät gemacht. Im altrömischen Recht
gibt es eine heilige Verbindung von Geber und Gabe
(siehe Geschichte des Schenkens) ebenso wie im klassischen Hindu-Recht. Beide Systeme folgern daraus, daß
Geben die einzig mögliche Form eines zufriedenen und
von den Göttern gesegneten Lebens sei; der Geiz aber
durchbricht den funktionierenden Kreislauf. Ein hindui-
stischer Geber wird deshalb nicht nur seine Geschenke
loben, sondern immer hinzufügen: »Wie ihr seid, so bin
ich; am heutigen Tag bin ich euer Wesen geworden, und
indem ich euch gebe, gebe ich mich selbst.« Diese brah-
manische Regel stellt ein Band zwischen allen Beteiligten
her, durch das das Schenken seine magische Funktion
bekommt: es bringt Menschen zusammen.

Natürlich kommt Marcel Mauss nun nicht mehr
darum herum, auch moralische Schlußfolgerungen aus
seinen Beobachtungen zu ziehen. Viele der beschriebenen Elemente lassen sich nämlich auch in der Gegenwart
noch beobachten. Zum Beispiel findet der Ethnologe
überall da, wo in unserer Gesellschaft die feiertägliche
Gabenprotzerei zum Selbstzweck wird, Spuren des Pot-

latsch, in abergläubischen Landstrichen heische die verborgene Seele einer Gabe noch immer Beachtung, und
auch heute noch sei es erniedrigend, wenn ein Geschenk
gar nicht erwidert wird. Daß sich neben den Resten »primitiver« Geschenkstrukturen auch ganz neue Formen
entwickelt hätten, die sich nun destruktiv mit den Traditionen verbänden, gefährde das gesunde Zusammenleben
der Menschen. Die Ursache dafür sieht Mauss in einer
unguten Verquickung von Personen- und Sachrecht.
Eine Gesellschaft, die nicht genau wisse, wo Identität
und Persönlichkeit anfangen und aufhören, die könne
weder Individuen noch Dinge richtig einschätzen und
würdigen. Ein Fortschritt wäre demnach jede Entwicklung, die den freiwilligen Gaben wieder einen eigenen
Geist und eine eigene Bedeutung zugesteht. Dazu gehört
dann aber auch ein gesundes Verständnis für das Schenken: »Das Leben eines Mönchs muß ebenso vermieden
werden wie das eines Shylock. Diese neue Moral wird
eine glückliche Mischung von Wirklichkeit und Ideal
sein. So kann und soll man zu archaischen Prinzipien
zurückkehren.« Ansätze dazu sieht der Kulturwissen-
schaftler in Modellen wie der Sozialversicherung, der
Gastfreundschaft, der Selbstlosigkeit und der korpora-
tiven Solidarität. Wahlspruch muß dann das herrliche
Maori-Sprichwort sein:

Ko Maru kai atu,

Ko Maru kai mai,

Ka nghoe nghoe.

(Gib, soviel du empfängst, und alles wird zum besten
stehen.)

In einer so veränderten Gesellschaft sollen alle menschlichen Beziehungen wieder religiösen Charakter haben,
weil sie den einzelnen in seinem eigentlichen Sein berühren.

Derrida, der die Gedanken seines Landsmannes fast
siebzig Jahre später fortführte, fand den Vorgänger
zwar inspirierend, aber nur begrenzt akzeptabel. Er zitierte dazu Michel Serres:

> Mußte man drei Jahrhunderte auf dem blaugrünen
> Auge des Pazifiks umherirren, um langsam von den
> anderen zu erfahren, was wir bereits von uns selbst
> wußten, um in Übersee an archaischen Darbietungen
> teilzunehmen, denselben, die wir jeden Tag entlang
> der Seine, im Francais oder in der Kneipe gegenüber
> aufführen?

Serres war überzeugt, daß man keinesfalls nach Papua-
Neu-Guinea reisen müsse, um zu den Erkenntnissen
des Ethnologen zu kommen. Die Raucher in den ge-
wöhnlichsten Kneipen von Paris erfüllten seiner Meinung nach im gegenseitigen Darreichens des Pfeifen-
tabaks eigentlich alle Bedingungen eines klassischen
Potlatschs, zumindest einer auf das Abgeben spezialisier-
ten Clique. Auch das Ausgeben einer Lokalrunde sei von
den gleichen Gesetzen gesteuert, so daß sich Marcel
Mauss seine »primitiven« Forschungen eigentlich hätte
sparen können. Für Derrida selbst (siehe Philosophie
des Schenkens) ist jede Gabe, die im Zusammenhang
des Tausches dargeboten wird, ohnehin als Geschenk dis-
qualifiziert. Sobald der Gedanke einer Gegengabe in ein
Geschenk eingeflochten sei, sei es keines mehr. Der Philosoph fragt nach den höheren Seinskategorien einer
Gabe, und die verlangen absolute Bedingungslosigkeit,
das heißt, daß keinerlei Erwartung an ein Geschenk gestellt werden darf; Schenken finde eigentlich nur da statt,
wo Raum und Zeit in ihrer Gerichtetheit unterbrochen
seien. »Mauss beunruhigt es herzlich wenig, daß die
Gabe und der Tausch unvereinbar sind, daß eine ge-

tauschte Gabe nur eine Leih-›Gabe‹ im Blick auf die Rück-›Gabe‹, das heißt eine Annullierung der Gabe ist.« Somit versuche Mauss eigentlich etwas Unmögliches, nämlich ein ökonomisches, modernes »Tauschsystem« gegen ein archaisches, idealistischeres einzutauschen, das in Wahrheit aber auch kein Geschenksystem sei. Sein Wunsch, den Prozeß der Gabe von der kalten Rationalität von Merkantilismus und Kapitalismus abzusetzen, habe also einen inneren Denkfehler. So blieben die Anliegen des Ethnologen zwar wünschenswert, Phänomene der Gabe seien sie aber nicht. Geschenke wieder zu einer totalen sozialen Tatsache zu machen, die alle Lebensbereiche anrührten, werte Geber und Gabe auf, mehr als Idealismus stecke bei Mauss aber dennoch nicht dahinter.

Derrida urteilt hart, aber vielleicht passen die konträren Zugangsweisen von Philosophie und Ethnologie auch einfach nicht zusammen. Wo der eine Wissenschaftler nach gültigen Kategorien sucht, beobachtet der andere die Welt. Beide Forschertypen wollen natürlich letztlich die Gedankenebene des anderen erreichen; dorthin zu kommen, gelingt ihnen aber nur selten. Schenken bleibt so für beide Perspektiven unfaßbar, weil in der wissenschaftlichen Untersuchung eben keine Merkmale statuiert werden können, die nicht das Bezeichnende der Gabe verleugnen oder ihr Geheimnis aufgeben würden. Zu sehr gehört die Welt des Schenkens in den zwischenmenschlichen Bereich der Emotionen. Wer wollte entscheiden, ob ein im animistischen Glauben verhafteter Häuptling sich bei einem verpflichtenden Geschenk anders fühlt als ein zeitgenössischer Familienvater beim Juwelier, der nach einem Hochzeitsgeschenk für seine Gattin Ausschau hält. Für den Stammesfürsten hing zu-

mindest mehr von seinen Gaben ab, so daß er mit jedem
Tausch auch seine Reputation vor der ganzen Sippe mit in
die Waagschale werfen mußte. Aber bisweilen ist das
ja auch heute nicht viel anders. Als kritische Anfragen
an unsere Zeit sind die Beobachtungen des Franzosen
auf jeden Fall eine hinreißende Gabe.

Einige Jahre nach den sozialistisch-humanen Appellen
Marcel Mauss' öffnet Claude Lévi-Strauss den Blickwin-
kel der Ethnologie in zwei Richtungen. Und damit werden auch die soziologischen Ansichten des Franzosen
Mauss in greifbarerer Form aktuell. Das Standardwerk
von Lévi-Strauss, »Die elementaren Strukturen der Verwandtschaft«, forscht nicht nur nach den eigentlichen,
menschlichen Ursachen für die Geschenkkultur, es führt
auch die symbolhafte Sprachgewalt des Schenkens noch
deutlicher vor Augen. Zuallererst aber sucht Lévi-Strauss
nach der Quelle des Schenkens. Denn die Grundfrage,
woher denn überhaupt eine menschliche Freude am Gabentausch herrühre, hält er noch nicht für beantwortet.
Also beginnt er mit seinen Untersuchungen ganz am Anfang und überlegt, welches Merkmal des Schenkens in
anderen ethnologischen Zusammenhängen in ähnlicher
Form vorkommt. Und er wird auch bald in äußerst delikaten Bereichen fündig: Kein Gedanke, keine Grundidee
durchzieht die Mythologien der Völker so einmütig wie
der des Inzestverbotes, »es ist der Eingriff schlechthin«.
Selbst in den freizügigsten Gesellschaften existiert eine
Einschränkung der Verwandtenehe; und darum ist für
den Ethnologen die Frage nach dem Ur-Tauschobjekt,
dem wertvollsten und zugleich bedeutendsten Geschenk,
leicht zu beantworten: Es sind die Frauen! Gerade in
»primitiven« Stammeskulturen, in denen die Ehe vor allem der ökonomischen Lebensgestaltung dient, läßt

sich die Besonderheit des Frauentauschs beobachten. Ein unbewußtes Verständnis dafür, daß nur genetische Vielfalt Fortschritt und Fortbestand eines Stammes sichern kann, hat zu immer neuen Ritualen (oder auch Handelsstrukturen) geführt, die alle kein anderes Ziel anstreben, als eine Vermischung der Familien durch interne Heiratsverbote herbeizuführen. Das Inzestverbot ist also weniger eine Regel, die es untersagt, die Mutter, Schwester oder Tochter zu heiraten, als vielmehr eine Regel, die dazu zwingt, die Frauen der Familie anderen zu geben. Ethnologisch betrachtet, entpuppt sich die Frau als das Urgeschenk, das als rettendes Bindeglied zwischen den Stämmen den Anstoß zu allen weiteren Geschenken gab. Die natürliche Erfahrung, daß es beiden Seiten zugute kommt, wenn man nicht nur an sich denkt, manifestierte sich erstmals in der Ehevermittlung zwischen den Stämmen. Die Frau ist das Geschenk, das zur Keimzelle des Schenkens wurde; ein Gedanke, der ja bereits in der Bibel präsent ist.

Mit Hilfe dieser Erklärung – der These von der notwendigen Vermischung kultureller Einheiten – werden auch andere Geschenksitten in ihrer inneren Logik verständlich, bei denen unter logischen Gesichtspunkten keiner der Beteiligten irgendeinen Vorteil hat. Lévi-Strauss zitiert dazu Hogbin:

Tatsächlich sind die ausgetauschten Geschenke zuweilen von genau gleicher Art. So kann es vorkommen, daß ein Ballen Flechtwerk, der zeremoniell überreicht wurde, durch einen Ballen gleicher Art und gleicher Größe mit genau demselben Zeremoniell erstattet werden muß. Ebenso wird ein geschenktes Nahrungsmittelpaket mit einem Gegengeschenk beantwortet, das aus genau dem gleichen Paket mit der gleichen

Nahrung besteht, die nach gleichem Rezept zubereitet wurde.

Es gibt also bei vielen Gaben gar keinen Nutzen im Sinne unserer Konventionen, wie auch beim stammesübergreifenden Tausch von Frauen erst einmal kein rechnerischer Gewinn für eine Seite entsteht. Doch für die Ureinwohner dieser Kulturkreise gelten die Waren nicht als ökonomische Werte, sie sind Träger von Stärke, Macht, Status und Emotion. Der Sinn des Schenkens liegt in Zusammenhalt, gegenseitigem Ansporn, genetischem Fortschritt und Freundschaft. Der symbolische Wert eines solchen Geschenke-Tausches ist wesentlich höher als der materielle. Und diese Erfahrung hat bis heute den Geist des Gebens bestimmt. Übertragbar findet Lévi-Strauss diese Beobachtung vor allem deshalb, weil auch unsere Geschenkorgien zur Weihnachtszeit eigentlich nichts anderes seien als ein »gigantischer Potlatsch«.

Auch durch diesen Ansatz bestätigt sich die Theorie, daß Geschenke eine andere Aura besitzen als gewöhnliche Handelsprodukte, weil sie ein anderes Denken erfordern. In einer Gesellschaft, in der alle Menschen das Schenken als natürlichen Bestandteil ihres Daseins betrachten, herrschen im Idealfall paradiesische Zustände. So konnten sich etwa die Jakuten überhaupt nicht vorstellen, daß man irgendwo auf der Welt verhungern könne, wo es doch so einfach sei, zu einem Nachbarn zu gehen und dort ein Essen geschenkt zu bekommen. Natürlich hat auch dort die Gastfreundschaft ihre Grenzen, doch weil das auch der Bittende weiß, geht es gegen seine Ehre, ein dauerhafter Schmarotzer zu sein. Wird die Einladung zum Essen zu lange nicht erwidert, dann ergeht es dem Säumigen so wie einem Europäer, der niemals eine Runde ausgibt, sich aber stets einladen läßt.

Doch zurück zu den verheißungsvollsten aller Geschenke, den Frauen. Nicht nur bei uns, auch in den meisten »primitiven« Gesellschaften werden Hochzeiten mit großen Potlatschs verbunden. Bei einigen Völkern, wie etwa den Comox-Indianern, richten schlaue Männer sogar Pseudo-Hochzeiten aus, um einen Tauschanlaß zu haben. Ein Bewußtsein für die arterhaltende Kraft, die in Frauen und den durch sie initiierten, gemeinschaftsstiftenden Geschenken steckt, geht dabei natürlich weitgehend verloren. Die Sprachen vieler Länder haben aber einige der alten Geschenk-Riten erhalten. Eine Frau »gibt sich hin«, der Bräutigam bittet im geschäftlichen Sinne um ihre Hand, und der Vater übergibt sie bei der Zeremonie. Manche Stämme haben auch heute noch für Geschenk, Brautpreis und Verlobung überhaupt nur ein Wort. Die Braut ist also bei all diesen Zeremonien nicht der Anlaß für den Austausch der Geschenke, sondern selber eines.

Eine junge Frau, die in diesen Geschenkstrukturen eine Gabe annimmt, hat damit gleichzeitig ihrer Verlobung zugestimmt. Lévi-Strauss schreibt:

Zur Zeit der Pubertät beginnen die Konyak-Naga-Knaben, sich um die Mädchen des Clans zu bemühen, der ihrem eigenen komplementär ist, und sie tauschen kleine Geschenke aus, deren Wert und Natur von der Tradition streng festgelegt sind. Diese Geschenke haben eine so große Bedeutung, daß die erste Frage, die ein Knabe an das Mädchen stellt, um dessen Gunst er wirbt, lautet: »Willst du meine Geschenke annehmen?« Die Antwort ist entweder: »Ich werde sie nehmen«; oder: »Ich habe die Geschenke eines anderen genommen, ich will nicht mit dir austauschen.« Sogar der Wortlaut dieser Eröffnungen ist von der Tradition vorgeschrieben.

Im Geschenkakt geschieht also Verlobung, im Geben
wird Gemeinschaft gestaltet, und in der Gabe lebt der
Wunsch nach Nähe und menschlichem Austausch weiter.

Die Lebensqualität, die beim Schenken erfahren wird,
ist so hoch, daß die Ethnologen wiederholt Dörfer fanden, die von ihrer Lage her längst hätten zusammen-
wachsen können, die aber die alte duale Struktur bewußt
aufrechterhielten, um so den Kulturaustausch zwischen
beiden Seiten weiterführen zu können. Deshalb zog
sich ein unsichtbarer Zaun quer durch die Häuserreihen
und trennte die verschiedenen Gruppen ideell.

Lévi-Strauss faßt seine Beobachtungen so zusammen:
»Bis heute hat die Menschheit davon geträumt, jenen
flüchtigen Augenblick zu fassen und festzuhalten, da es
erlaubt war zu glauben, man könne das Gesetz des
Tauschs überlisten.« Bei aller Gier nach Geschenken leben viele eigensüchtige Träumer mit der Hoffnung, eines
Tages nur noch beschenkt zu werden und selber nichts
mehr geben zu müssen. Und wahrscheinlich hat der
weise Ethnologe gerade an dieser Stelle nicht zu Ende gedacht. Denn das bisher erarbeitete Ideal eines Geschenkes ist doch genau das, was sich Tunichtgute wünschen.
Natürlich nicht ganz so, wie sie es erwarten, denn die
Freude der Beziehung fehlt ihnen, wenn sie nie zurückschenken. Wer sich als Künstler des Schenkens freiwillig
der größten Tugend widmet, der erlebt ja gerade die Auflösung der rituellen Strukturen des Tauschs im Genuß
des selbstlosen Gebens: die Überwindung aller Handels-
gesetze und die freiwillige Offenheit, jemandem eine
Freude zu machen, ohne ihn oder sich selbst zu irgend etwas verpflichten zu wollen. Im engagierten Geschenk ist
der Tausch überlistet.

Eines aber machen die Beobachtungen und Schlußfolgerungen der Ethnologen deutlich: Schenken ist ein Grundbedürfnis, ja eine genetische Notwendigkeit des Menschseins, die sich sogar zur konstituierenden »Staatsform« entwickeln konnte. Und immer dann, wenn das gegenseitige Beschenken ritualisiert und nur noch in unemotionalen Bräuchen zelebriert wurde, etwa im Potlatsch, kam es zu einer neuen Form des Miteinanders. Vielleicht liegt gerade darin das Faszinosum: Sowenig wie die Liebe, die Sozialität oder die Ehrfurcht an sich eine Gesellschaft leiten können, sowenig kann es das Schenken. Denn all diese sanften Erscheinungsformen des Miteinanders lassen sich nicht in ein Grundgesetz fassen. Sie brauchen die Freiheit der persönlichen Entscheidung und der immer wieder neu engagierten Praxis. Sie gehören in eine Welt der Gefühle, des individuellen Wollens und der persönlichen Zuneigung und Hilfsbereitschaft, also der Beziehung. Als nahezu religiöse Lebenskonzepte müssen sie daher jeden einzelnen immer neu überzeugen, institutionalisieren aber lassen sie sich nicht. Die Hoffnung eines Marcel Mauss, daß der eigentliche Sinn eines Geschenkes, die ganzheitliche Verbundenheit von Geber, Gabe und Empfänger, zur liebevollen Erneuerung des menschlichen Miteinanders führt, bleibt davon unberührt. Ideale gehören zur Welt des Schenkens dazu.

Es wäre ein Trugschluß zu glauben, daß nicht auch die noch unvollendete moderne Geschenkkultur einen hohen Grad an Bewußtheit verlangt. So wie ein Einwohner von Papua-Neu-Guinea durch die Verletzung eines ungeschriebenen Gebotes seinem Nachbarn beim Schenken ungewollt den Krieg erklären konnte, erfordert auch in Europa jedes Geben Aufmerksamkeit und Sorgfalt. Glücklicherweise kann man die Feinheiten erlernen,

und vielleicht entsteht dann allmählich die »Geschenk-
gesellschaft«, die sich Marcel Mauss erträumte.

Von der Kunst,
das richtige Geschenk zu finden
Der Knigge des Schenkens

Die hohe Schule des Schenkens ist eine charmant quälende und dennoch wundervolle Herausforderung, die den Überbringer erwählter Kostbarkeiten zum hingebungsvollen Künstler macht und seiner ausschmückenden Phantasie eine grenzenlose Spielwiese bietet. Denn: Einfallsreichtum allein macht noch keinen Meister! Überall lauern farbenfroh verpackte Fettnäpfchen, die gute Ideen in eine Katastrophe verwandeln können und die erhoffte Reaktion leicht zum Fauxpas des Abends werden lassen. Geschenke sind nun einmal keine leblosen Gegenstände, sondern Träger einer äußerst persönlichen Botschaft, deren Vermittlung einiger Diplomatie bedarf.

Wer mit seinen Gaben erfolgreich zur Freude beitragen und sich in Gesellschaft bewähren will, braucht deshalb Unterricht in vielen Fächern: Kreativität, Anstand, Kultur, Menschenkenntnis, Kommunikation, Aberglaube, Recht und Erfahrung verbinden sich zu einem Studium generale des dargebotenen Lebens, dessen verhüllte Feinheiten hier offengelegt werden sollen. Selbst der zum Urvater der Sittsamkeit erhobene Reformer Freiherr von Knigge hielt die Kunst des Schenkens in allen Ehren, obwohl er ihr aufgrund ihres verpflichtenden Charakters eigentlich sehr kritisch gegenüberstand:

> Die Art, wie man Wohltaten erzeigt, ist oft mehr wert als die Handlung selbst. Man kann durch dieselbe den Preis jeder Gabe erhöhn, sowie von der andern Seite ihr alles Verdienst rauben.

Schenken erfordert Feingefühl und Verstand – Qualitäten, die letztendlich den Erfolg der Geschenke ausmachen und die man sehr ernst nehmen sollte, weil sie nun
einmal auf den weiteren Verlauf einer Beziehung überraschenden Einfluß haben können: Die richtige Gabe
zur richtigen Zeit ruft Hochachtung, Freundschaft, Genuß oder einfach dankbare Freude hervor, ein unüberlegter Fehlgriff löst peinliche Stille, Angst oder im Höchst-
fall sogar (Familien-)Kriege aus, die alle guten Vorsätze
zunichte machen. Im konzentrierten Augenblick der
Übergabe und des Auspackens enthüllen sich eben
menschliche Stärken und Schwächen wie auf einem Präsentierteller, und selbst ein Hobby-Psychologe kann sofort von den Mitbringseln auf die Eigenschaften des Gebers schließen – an ihren Gaben sollt ihr sie erkennen!
Die Form der Darbietung zeigt, ob einer ein Geizhals
oder ein Verschwender, ein Pedant oder ein Freigeist,
ein Freund oder ein Feind, ein ehrlicher oder ein gedan-
kenloser Gast, ein gefühlvoller oder tumber Geber ist.
Deshalb soll diese Gebrauchsanleitung zum besseren
Schenken kleine Hinweise geben, die es ermöglichen,
den verpackten Inhalt mit der richtigen Form zu verbinden – natürlich dürfen die einzelnen Aspekte nicht zu
Gesetzen werden, aber sie öffnen den Horizont für die
vielen versteckten Hürden, die es beim kunstvollen Geben zu überwinden gilt. Eigentlich kann man beim
Schenken alles falsch machen, und ein Virtuose wird
nicht nur unermüdlich nach dem richtigen Gegenstand
seiner und hoffentlich auch des anderen Begierde suchen,
er wird sich genauso fragen, wie er seine entdeckten Gaben am besten übergibt, selber stilvoll welche annimmt
und am höflichsten für die Freundlichkeit dankt. Die
fast überfordernde Vielzahl gefährlicher Begebenheiten

– Besuche, Hochzeiten, Weihnachtsfeste, Geburtstage, Taufen und Dutzende anderer einladender Veranstaltungen – stellt höchste Ansprüche, und mancher braucht etwas Übung, bis aus hilflosen Gesten persönliche Gaben werden. Aber es lohnt sich! Die hohe Schule des Schenkens ist nämlich in ihren Grundzügen nichts anderes als eine hohe Schule der Höflichkeit und des menschlichen Miteinanders; ein Vademecum der Freundlichkeit.

Die aufgeführten Spielregeln wollen nicht nur bei der Qual der Wahl hilfreich sein, sondern auch viel Mut machen. Denn bei allen Schwierigkeiten, die sich beim Aussuchen, Einpacken und Überreichen der Geschenke immer wieder ergeben, macht Schenken einfach Spaß. Einsame Zeitgenossen sind froh, wenn sie überhaupt schenken dürfen, und viele kleine Alltagsphilosophen haben das Hingeben zu ihrem Lebensinhalt gemacht. Sogar der oft recht trockene Freiherr von Knigge, der sich um konkrete Hilfen und Anweisungen geschickt herumdrückte, pries die hohe Schule des Gebens fast poetisch:

Wenig Menschen verstehen diese Kunst; es ist aber wichtig, sie zu studieren; auf edle Weise Gutes zu tun. Gib gern! Es ist seliger Genuß, es ist Wohltat, geben, zur Freude andrer etwas beitragen zu dürfen.

Ein Virtuose des Schenkens, der in die tiefsten Geheimnisse der hingebenden Kultur eingeweiht ist, weiß ohnehin, daß mit der richtigen Einstellung die größte Freude der Schenkende selbst empfindet.

Die Qual der Wahl

Leider bekommen viele Geber gar nicht erst die Chance, die höheren Weihen des Schenkens zu erlangen, weil sie bereits bei der allerersten Hürde scheitern: Was soll ich schenken? Hilflos und verzweifelt grübeln die Unglücklichen tage- und nächtelang, weil sie einfach keine Ideen für ein wirklich persönliches Geschenk haben. Leider besitzen Freunde und Bekannte nämlich immer schon alles, was sie brauchen. Und noch viel mehr: denn auch das, was sie nicht brauchen, und selbst das, was sie überhaupt nie bekommen wollten, haben sie längst. Jede nützliche oder unnütze Sache ziert ihre überfüllte Wohnung, und fast schämt man sich, diese oft grauenhafte Sammlung noch zu vergrößern. Schon Ralph Waldo Emerson, der hintergründige, transzendentalistische Denker Amerikas, gestand offen:

> Das Problem liegt immer in der Wahl. Jedesmal wenn es mir in den Kopf kommt, daß ich jemandem ein Präsent besorgen sollte, bin ich so lange unentschlossen, was ich geben soll, bis die Gelegenheit vorüber ist.

Auf der anderen Seite soll es aber eben doch keine Standard-Gabe sein, die man mitbringt, und da es nicht jedem geschenkt ist, ein innovativer Geber zu sein, wird aus der angeblich freiwilligen Idee der freundlichen Aufmerksamkeiten allzuoft der grauenhafte Zwang des Schenkenmüssens. Selbst Heinrich Heine schrieb bei einer selbstzerfleischenden und doch erfolglosen Suche nach einem passenden Mitbringsel frustriert: »Sie macht mich rasend – ich werd toll – Sprich, Weib, was ich dir schenken soll.«

Eine grauenvolle Angst, die sorgfältig erdachten Geschenke könnten nicht die geistreichsten, schönsten und herausragendsten für den betreffenden Anlaß sein, lastet nun einmal wie ein Fluch auf allen, die mit Freunden gesegnet sind. Und gerade wenn es um Liebesgaben geht, zeigt sich die erotisch-dialektische Spannung des Gebens und Nehmens besonders deutlich: Wird die Angebetete freudig überrascht sein? Wird sie beim Entblättern des lustvoll Verhüllten verheißungsvoll juchzen? Wird sie die in einsamen Stunden erträumten und erhofften Reaktionen auf das Mitgebrachte zeigen? Oder reagiert sie auf die Gaben mit dezenter Distanz, die nichts anderes sagt als »Jetzt bitte nicht«? Um solcher Kritik an der eigenen Originalität zu entgehen, leidet die empfindsame Menschheit bei der Suche nach immer geistreicheren Geschenken, seit sie den ersten verzierten Mammutknochen überreichte. Dabei ist die Fähigkeit auszuwählen selbst eines der herrlichsten Geschenke, und die Tatsache, daß zu viele aufgeklärte Menschen die ihnen gegebenen Chancen nicht nutzen, eines der traurigsten Phänomene aller Zeiten. Beim Schenken wird das Individuum deshalb auch mit seinen Möglichkeiten und Fähigkeiten konfrontiert, und vielleicht tun sich einige Geber nur deshalb so schwer, weil sie sich der entlarvenden Aufgabe des Auswählens grundsätzlich nur ungern stellen. So spiegelt die Furcht vor dem Versagen bei der Auswahl eines Geschenkes wohl immer auch ein wenig von der Hilflosigkeit, Entscheidungen zu fällen, zu ihnen zu stehen und die Konsequenzen zu tragen.

Die Angst, ein Geschenk könne nur Enttäuschung hervorrufen, hat aber in den letzten Jahren unglücklicherweise zu einem Originalitätswahn geführt, der zwar so mancher Großmutter einen Freisprung bei der nächsten Bungee-Jumping-Veranstaltung beschert, dafür aber traditionelle und allerorts übliche Gaben in Mißkredit gebracht hat (Pralinen, Blumen, Krawatten, Bücher, CDs, Cognac usw.). Dabei ist gegen konventionelle Geschenke überhaupt nichts einzuwenden. Auch der obligatorische Blumenstrauß, die Weinflasche oder ein Schlips bleiben erfolgreiche Gaben, wenn sie etwas vom Interesse und dem Einsatz des Gebers widerspiegeln. Bei allen Geschenken gilt zuerst: »Wer etwas Persönliches schenken will, muß sich selbst Gedanken machen.« Möglicherweise lag in der Mißachtung dieses Grundsatzes das ganze Elend des Dr. Faust. Der nämlich suchte gar nicht erst lange nach einem betörenden Geschenk für seine angebetete Margarete, er verkaufte seine Seele ein weiteres Mal und befahl dem um Ideen nie verlegenen Mephisto: »Sorg du mir für ein Geschenk für sie!« Goethe läßt den teuflischen Knaben listig antworten: »Gleich schenken? Das ist brav! Da wird er reüssieren!« Wohin diese Einfallslosigkeit geführt hat, ist bekannt: Entehrung, Wahnsinn und Tod. Schlimmer noch als das unüberlegte Geschenk aber war des Doktors Unkenntnis der herrschenden Sitten, denn Grete mußte sich von einer Freundin die Meinung über allzu empfängliche Damen sagen lassen: »War doch so ehrlos, sich nicht zu schämen, Geschenke von ihm anzunehmen.« Wer also wirklich eine Freude schenken will, der sollte diese Aufgabe nicht schnöde delegieren und seinen Ehepartner mit einem freundlichen »Laß dir doch mal was für den Herbert einfallen!« in das Labyrinth der Grübeleien schicken. Ein geübter Geschenke-Empfänger freut sich über einen passenden Veilchenstrauß ohnehin mehr als über eine der Armbanduhren, die Sie einmal günstig im Zehnerpack erstanden haben und nun jedem Geschäftskollegen andrehen.

Grundregeln für das Ersinnen schöner und einfallsreicher Gaben gibt es natürlich nur begrenzt, schließlich

kommt es immer auf den Charakter der beiden Beteiligten an. Trotzdem lassen sich glücklicherweise ein paar
bewährte Maximen aufstellen, die die Suche nach dem
richtigen Geschenk ungemein erleichtern. Bevor nun
aber verschiedene Standardgaben exemplarisch betrachtet und praktische Hilfen angeboten werden, muß noch
betont werden, daß allzuoft sogar die einfachsten, für
jeden halbwegs ernstzunehmenden Menschen selbstver-
ständlichen Grundregeln beim Schenken mißachtet werden. Daß man einem Blinden keinen riesigen Fernseher
schenken sollte, scheint auf den ersten Blick logisch,
und doch ist es offensichtlich notwendig, gedankenlosen
Schenkern auch solche elementaren Gesetze immer wieder einzutrichtern. Daß viele Dinge einfach unpassend
und verfehlt sind, hat übrigens schon Seneca festgestellt.
Es sei vor allem wichtig, »nicht überflüssige Geschenke
zu machen, wie einer Frau oder einem alten Mann Jagd-
waffen, wie einem Bauern Bücher, wie einem Forscher
und Wissenschaftler Jagdnetze«. Außerdem solle man
es vermeiden, Menschen das zu schicken, was ihnen
ihre eigene Krankheit vorhält, »wie einem Alkoholiker
Wein und einem Kränkelnden Medikamente«. Gleichzeitig wies der geistvolle Philosoph geschickt darauf hin,
daß die Angemessenheit einer Gabe oft auch eine Frage
des Zeitpunkts sei:

> Niemand ist so dumm, daß man ihn ermahnen müßte,
> er möge einem nicht Gladiatoren schicken oder Tiere
> für eine Hetze, wenn die Spiele bereits beendet sind,
> und Sommerkleider im tiefen Winter, Winterkleidung
> im Hochsommer. Bei einem Geschenk komme zur
> Geltung der gesunde Menschenverstand.

Normalerweise darf man aber davon ausgehen, daß Geber es ernst meinen und auch über die notwendige Ein-

sicht verfügen, daß man nur dann Freude bereiten kann, wenn man den zu Beschenkenden in seiner Person achtet. Und das bedeutet in erster Linie, daß ein Geber, was eigentlich selbstverständlich sein sollte, nicht von den eigenen Wünschen und Bedürfnissen ausgeht, sondern von denen des auserwählten Empfängers. Natürlich kann es manchmal passend sein, dem Freund gerade einen Luxusartikel zu schenken, den man sich selbst nicht gönnt, aber auch das funktioniert nur, wenn die Interessengebiete einigermaßen übereinstimmen. Was nützt es meinem Bekannten, der stockunmusikalisch ist, wenn ich ihm eine mir ungeheuer begehrenswert erscheinende Mundharmonika schenke. Ganz gewitzte, aber eben doch sich selbst entlarvende Geber überreichen ja schon immer gern die Dinge, die sie sich nachher leicht ausleihen können. Auch ein Ehemann, der seiner Frau liebevoll ein Autopflegemittel, Lötzinn oder einen automatischen Flaschenöffner präsentiert, denkt offensichtlich nicht nur an ihr Vergnügen.

Echte Hochachtung für den zu Beglückenden zeigt sich darin, seine Träume und Phantasien zu entdecken und ihm dann genau das zu schenken, was sein Herz begehrt. Nichts ist gelungener als ein Geschenk, das dem Charakter des Empfängers wirklich entspricht: Wer beim Auspacken merkt, daß der andere reiflich überlegt hat, welche Gabe wohl zu ihm passe, ist schon durch diese Erkenntnis reich beschenkt. Als der leidgeplagte junge Werther zu seinem Geburtstag einen heiß und innig ersehnten Homer-Band von seinen Freunden geschenkt bekommt, jubelt er zutiefst berührt: »Sieh! So kommen sie meinen Wünschen zuvor, so suchen sie alle die kleinen Gefälligkeiten der Freundschaft auf, die tausendmal werter sind als jene blendenden Geschenke, wodurch uns die Eitelkeit des Gebers erniedrigt.«

Vielleicht ist das »Sich-Gedanken-Machen« tatsächlich der wichtigste Teil eines Schenk-Prozesses, zeigt es doch, daß zwischen den beiden Beteiligten eine persönliche Beziehung besteht und gefördert wird. Sokrates mahnt einmal seine Jünger behutsam: »Ich hätte mir einen Mantel gekauft, wenn ich Geld hätte«; nicht um baldmöglichst ein wärmendes Kleidungsstück zu erhalten, sondern um ihnen zu sagen, wie unachtsam der eine oft gegenüber den Bedürfnissen des anderen ist. Vielleicht hat deshalb Emerson die »Bedürftigkeit« eines Menschen in den Mittelpunkt seiner Tips gestellt:

Die Notwendigkeit regelt alles ... Wenn der Mann an deiner Tür keine Schuhe hat, mußt du auch nicht darüber nachdenken, ob du ihm nicht einen Farbkasten schenken könntest ... Es ist immer eine wunderbare Befriedigung, Grundbedürfnisse zu erfüllen.

Meistens denken Geschenksuchende auf der Ebene von Kultur, Unterhaltung und Lifestyle, anstatt sich Gedanken zu machen, welche Dinge dem anderen vielleicht ganz grundlegend fehlen. Natürlich ist es in einer Gesellschaft, in der die meisten Menschen ausreichend Geld haben, um ihre Existenz bequem zu gestalten, schwierig, von Grundbedürfnissen zu sprechen. Aber auch einen Menschen sanft und freundlich auf von ihm vernachlässigte Lebensbereiche hinzuweisen, kann vielleicht einiges in Bewegung bringen: Einem Dauerschreibtischarbeiter ein Platz-Abonnement für ein Squash-Center zu schenken, ist sicher keine Beleidigung, sondern eine liebevolle Ermutigung.

Ein würdiger Empfänger wird ein wertvolles Geschenk zwar nicht verachten, aber er entnimmt ihm hoffentlich zuerst die Mühe, die der Verehrer eingesetzt hat. Aller Wahrscheinlichkeit nach wird auch die Freude über

ein sorgfältig erdachtes und dann mißlungenes Geschenk
größer sein als über ein schnell erstandenes Sicherheits-
geschenk, mit dem man nichts falsch machen kann. Joachim Ringelnatz hat die Bedeutung der ernsthaften und
vielleicht doch scheiternden Mühe aller Geber in einem
nachdenklichen Gedicht angepriesen, das die einzigartige Anstrengung des Dichters zum schönsten Geschenk
überhaupt macht:

Zu einem Geschenk

Ich wollte dir was dezidieren,
Nein schenken; was nicht zuviel kostet.
Aber was aus Blech ist, rostet,
Und die Messinggegenstände oxydieren.
Und was kosten soll es eben doch.
Denn aus Mühe mach ich extra noch
Was hinzu, auch kleine Witze.
Wär' bei dem, was ich besitze,
Etwas Altertümliches dabei –
Doch was nützt dir eine Lanzenspitze!
An dem Bierkrug sind die beiden
Löwenköpfe schon entzwei.
Und den Buddha mag ich selber leiden.
Und du sammelst keine Schmetterlinge,
Die mein Freund aus China mitgebracht.
Nein – das Sofa und die großen Dinge
Kommen überhaupt nicht in Betracht.
Außerdem gehören sie nicht mir.
Ach, ich hab' die ganze Nacht
Rumgegrübelt, was ich dir
Geben könnte. Schlief deshalb nur eine,
Allerhöchstens zwei von sieben Stunden,

Und zum Schluß hab' ich doch nur dies kleine
Lumpige beschißne Ding gefunden.
Aber gern hab' ich für dich gewacht.
Was ich nicht vermochte, tu du's: Drücke du
Nun ein Auge zu.
Und bedenke,
Daß ich dir fünf Stunden Wache schenke.
Laß mich auch in Zukunft nicht in Ruh.

Wer voller Hingabe denkt und schenkt, der packt seine
Liebe, seine Freundschaft und seine eigenen Qualitäten
mit in die Umhüllung ein. Und da zählen fünf Stunden
Wachliegen und über und für den zu Beschenkenden
Nachgrübeln sicher mehr als der eigentliche Wert einer
Gabe. Wenn die verborgene Kommunikation deutlich
wird, dann hat der Geber sein eigentliches Ziel erreicht.

Gerade weil Geschenke immer eine eigene Sprache
sprechen, sollte ein guter Schenker aber auch stets darauf
achten, was er mit seinen Gaben sagt. Wenn Geschenke
eine Vertrautheit vortäuschen, die nicht existiert, kann
es schnell zu unerwünschten Mißverständnissen kommen. Und was nützt die schönste Mühe, wenn ich, möglicherweise unbewußt, Grenzen meiner Freunde über-
schreite. Zur Tabuzone eines Menschen zählt zumindest
die Intimsphäre, die manchmal viel früher beginnt, als der
interessierte Wohltäter meint. Reizwäsche, Deo, Horror-
videos und Haarfärbemittel gehören jedenfalls nicht in
die Geschenkpalette einer normalen Bekanntschaft;
schon gar nicht auf einen für alle sichtbaren Platz. Oft
beginnt der kritische Bereich gerade bei den Dingen,
die zum rein persönlichen Gebrauch gedacht sind: Klei-
dungsstücken, Toilettengegenständen oder Schlafanzü-
gen. Das Taktgefühl hängt dabei natürlich vom Grad

der Freundschaft oder Verwandtschaft ab, es sollte aber bei einer solchen vertraulichen Gabe lieber zu vorsichtig als zu voreilig vorgegangen werden.

Trotz fortgeschrittener Emanzipation ist auch die Frage: Was darf sich eine Dame von einem Herren schenken lassen? immer noch von Bedeutung. Schließlich kann das Annehmen kostspieliger Mitbringsel bereits als grundsätzliches Entgegenkommen gedeutet werden, das auch Bereitschaft zu weitergehender gegenseitiger Erkundigung signalisiert. Margaret Mitchell beschreibt das charmante Problem ausführlich in ihrem Roman »Vom Winde verweht«. Die hübsche Scarlett kann sich nämlich einfach nicht entscheiden, ob sie den teuren und eleganten Pariser Modellhut annehmen soll, den ihr Verehrer Rhett Butler mitgebracht hat. Während sie noch unschlüssig mit sich kämpft, fällt ihr ein Leitsatz ihrer Mutter ein:

Bonbons und Blumen, Kind, und vielleicht noch einen Band Gedichte, ein Stammbuch oder ein Fläschchen Florida-Wasser, das ist das einzige, was eine Dame von einem Herrn annehmen darf. Nie und nimmer aber kostspielige Geschenke, auch nicht von deinem Verlobten. Und nie Juwelen oder etwas zum Anziehen, nicht einmal Handschuhe oder Taschentücher. Sobald du solche Geschenke annimmst, bist du keine Dame mehr, und die Männer wissen es und nehmen sich Freiheiten heraus.

Wie wahr dieser Satz zumindest damals war, zeigt die Tatsache, daß Scarlett, die sich nicht daran hielt, dementsprechend tief fiel. Wäre sie nur auf der Hut gewesen. Ein freundliches Benimmbuch der sechziger Jahre faßt die Problematik übrigens folgendermaßen zusammen: »Eine Dame nimmt von Männern, die ihr nicht ganz nahestehen, nur Aufmerksamkeiten, aber keine Geschenke an.« So, jetzt wissen alle Bescheid. Ergänzend bleibt zu sagen, daß traditionellerweise die Frau auch nicht die erste sein sollte, die ihrerseits Aufmerksamkeiten verschenkt. Als Dame wartet sie, zumindest nach klassischem Verständnis, bis sie die erste Gabe erhält, und übt Zurückhaltung. Ab welcher intimen Nähe dem Partner ein Foto von sich geschenkt werden sollte, bleibt Geschmacksache, so ganz unzweideutig ist es, bei näherem Hinsehen, sicher nicht.

Zum Taktgefühl gehört, das sei hier nebenbei bemerkt, natürlich auch eine gewisse Verhältnismäßigkeit. Ein Vater, der seinem Sohn für jede gute Note einen CD-Player schenkt, macht diesen vor seinen Klassenkameraden möglicherweise sogar lächerlich. Genauso unpassend verhält sich der Chef, der seiner Sekretärin einen Pelzmantel zu Weihnachten schenkt; unfeine Assoziationen werden da sofort wach. Umgekehrt sollte allerdings die Vorzimmerdame auch nicht versuchen, ihren noch so freundlichen Geschäftsführer beim Schenken zu übertrumpfen. Überhaupt können unangemessen teure Geschenke zu einer kostspieligen Inflation der Werte führen, die den eigentlich gut gemeinten Tausch dinglicher Freundlichkeiten ad absurdum führt. Auch wenn die Möglichkeit einer Revanche für den Bedachten völlig ausgeschlossen ist, weil das Erst-Geschenk unmäßig teuer war, ist etwas falsch gelaufen. Eine Gabe darf niemals beschämen oder überfordern. Wer als Angeber überdies glaubt, mit seinen Gaben protzen zu müssen, hat offensichtlich den Sinn dieser eigentlich erfreulichen Prozedur überhaupt noch nicht begriffen.

Nicht zuletzt ist es auch wichtig, sich immer zu fragen, ob denn überhaupt der richtige Anlaß für ein bestimmtes

Geschenk gegeben ist. In einer gesunden Beziehung kann
es zwar niemals falsch sein, dem Partner überraschend
ein paar Rosen mitzubringen, und bei der Einladung zu
einer Feier ist es ohnehin fast zur Selbstverständlichkeit
geworden, im Rahmen einer lockeren Bekanntschaft
aber wirkt das scheinbar unmotivierte Überreichen kost-
barer Mitbringsel manchmal sogar befremdlich. So wie es
passende Momente für eine Gabe gibt, gibt es eben auch
unpassende. Und wer einer Kollegin täglich irgendwel-
che Kleinigkeiten verehrt, bringt sie vor allem in Verlegenheit. Geschenke sollten immer einen logischen Anlaß haben, und sei es nur ein spontanes Gefühl. Selbst
Goethe zeigte sich in bezug auf die innere Schlüssigkeit
seiner literarischen Zuwendungen hin und wieder etwas
zu freigebig. Zum Beispiel ließ er eine Gräfin seinem Helden Wilhelm Meister in einer frühen Textfassung einen
Geldbeutel zustecken, ohne daß es dafür einen Grund gegeben hätte. Schiller, dem der Weimarer Dichter den Ent-
wurf des Entwicklungsromans zur Prüfung zugeschickt
hatte, bemerkte deshalb auch sofort:

> Eine etwas wichtigere Bemerkung muß ich bei Gele-
> genheit des Geldgeschenkes machen, das Wilhelm
> von der Gräfin durch die Hände des Barons erhält
> und annimmt. Mir deucht – und so schien es auch
> Humboldten –, daß nach dem zarten Verhältnisse
> zwischen ihm und der Gräfin diese ihm ein solches Ge-
> schenk und durch eine fremde Hand nicht anbieten
> und er nicht annehmen dürfe ... So, wie es dasteht,
> stutzt der Leser und wird verlegen.

Schiller empfahl dem Freund, die Gabe der Gräfin lieber
diplomatisch als Entschädigung für gehabte Unkosten zu
deklarieren, um so das Zartgefühl des Helden und der
Leser zu schützen. Goethe war die freundliche Kritik

eine meisterliche Lehre, er nahm den Vorschlag gerne auf, und nun konnte Wilhelm unbedarft den klingelnden Beutel entgegennehmen.

Das Schönste am Schenken ist natürlich nicht die Suche nach einer Begründung, sondern das erhebende Gefühl des Wollens. Wer heftig von der Sehnsucht getrieben wird, anderen wirklich eine Freude zu machen, der genießt die Suche, das Einpacken und die kribbelnde Übergabe in ganz besonderem Maße. Vor allem dann, wenn sich hinter den Emotionen die unerschütterliche Erkenntnis verbirgt, daß ein Gegenstand, ja selbst ein Leben manchmal nicht ausreicht, um die eigentlichen Empfindungen auszudrücken. In Schillers »Wechselgesang« klagt Delia ebensolches ihrem Leontes – denn es sind fast immer die Liebenden, die in ihrer Verzückung den anderen mit Geschenken überhäufen wollen:

> Ach nur ein einziges Leben,
> Teuerer Leontes, ist mein.
> Tausende, könnt ich sie geben,
> Tausende wollt ich dir weihn.
> Einmal nur kann ich mich schenken,
> Einmal durchschauert von Lust,
> Einmal auf ewig nur sinken,
> Sinken an deine hochschlagende Brust.

Praktische Tips

Das Nachdenken über die schönste aller Gaben nimmt einem leider – oder glücklicherweise – niemand ab. Wer ein passendes und originelles Geschenk sucht, muß selbst aktiv werden: in sich gehen, das potentielle Opfer studieren und seine Phantasie spielen lassen. Vielleicht liegt

gerade in dieser vielseitigen kommunikativen Grund-
struktur des Schenkens die reizvollste Aufgabe, und
keine konkrete Empfehlung bestimmter Gegenstände
darf ein solches Vergnügen untergraben. Trotzdem können nützliche Hinweise manchmal helfen, sich besser
im Labyrinth der Aufmerksamkeiten zurechtzufinden.
Die unterhaltsame Mühe, sie zu befolgen, macht auf die
Dauer das Schenken auch zu einem bereichernden Spiel
voller Überraschungen.

An den Anfang aller Überlegungen gehört immer die
Frage, zu welchem Anlaß eigentlich ein Geschenk gesucht wird. Zu einer Taufe gehören nun einmal andere
Gaben als in die Altherrenrunde oder die Liebesbe-
ziehung. Natürlich haben bei verschiedenen Gelegenheiten traditionelle Standardgeschenke ihren Platz erobert
(Bibeln zur Kommunion, Wein zur Einladung, Blumen
zum Rendezvous), und meist traut man sich auch nur
zu einer Hochzeit, eine Goethe-Gesamtausgabe zu kredenzen. Ein Virtuose des Schenkens aber wird von vornherein viel inniger und persönlicher vorgehen.

Aushorchen

Die große Kunst eines Gebers besteht darin, den Geschmack und die Wünsche des zu Beschenkenden herauszufinden; aus Erzählungen, flüchtigen Andeutungen
und anderen versteckten Hinweisen mit kriminalisti-
scher Neugier die entscheidenden Schlüsse zu ziehen
und sie in verpackte Gaben umzusetzen. Noch artisti-
scher geht natürlich derjenige vor, dem es, ohne Verdacht
zu erwecken, gelingt, sein Gegenüber charmant auszu-
horchen. Niemand ist erfreuter über seine Geschenke

als einer, der entdeckt, daß er exakt das bekommt, was er schon immer haben wollte.

Das versteckte Erkundigen nach den verborgenen Wünschen bringt auf jeden Fall die Beteiligten einander näher, denn oft ist es erstaunlich, manchmal schon erschreckend, sich eingestehen zu müssen, wie wenig man eigentlich über einen bestimmten Menschen weiß, den man möglicherweise schon seit Jahren kennt. Deshalb ist die Beschäftigung mit seinen Interessen und Vorlieben, Charakterzügen, Tugenden, Bedürfnissen, Stärken und Schwächen viel mehr als nur die Basis für ein geistreiches Geschenk.

Die liebevolle Auseinandersetzung mit dem zu Beschenkenden schließt übrigens auch Familie und Bekannte mit ein. Es ist keine Schande, gemeinsame Freunde anzurufen, um sich nach genaueren Eigenschaften und Hobbys der betreffenden Person zu erkundigen oder auch nachzufragen, ob es nicht zu einem früher überreichten Geschenk eine Ergänzung gebe.

So grundlegend die Vertrautheit mit dem zu Beschenkenden auch sein mag, es gibt bei allen Vorlieben auch Grenzen, die man dringend beachten sollte. Häufig empfindet es ein Mensch nur noch als nervenaufreibend, wenn alles, was er bekommt, in die gleiche Richtung tendiert: wenn der Musiker keine Gebrauchsgegenstände mehr besitzt, die nicht mit Noten übersät sind, wenn der Hobbypilot nun sogar ein Faxgerät in Flugzeugform erhält, wenn der Freizeitkoch das siebzehnte Spargelbuch verdauen muß oder der Musikliebhaber einen Weinkrampf bekommt, weil wirklich alle Geschenke das Format einer CD haben. Ein Virtuose des Schenkens kennt nicht nur seine Pappenheimer, er weiß auch, wovon sie irgendwann genug haben.

Gemeinschaftsgeschenke

Manchmal entdeckt einer beim Suchen genau das Geschenk, das zu dem Glücklichen paßt, dem er eines verpassen will – aber es ist viel zu teuer. Dann bietet es sich immer an, mit anderen Freunden ein Gemeinschaftsgeschenk zu vereinbaren. Auch ohne konkrete Idee lohnt sich so eine Verabredung, weil ein höheres Budget natürlich auch die mögliche Auswahl an potentiellen Gaben stark vergrößert. Bevor ein frischvermähltes Ehepaar fünf verschiedene Gedecke oder acht Nachtischschalensets à zwei Personen bekommt, die es dann getrost zum nächsten Polterabend mitnehmen kann, sollten sich alle geschirrfreudigen Geber zusammentun und eine umfassende Ausstattung ermöglichen, die dann auch wirklich genutzt werden kann. Beliebte Großgeschenke wie Tandems, Teppiche, Reisen oder Waschmaschinen sind meist für eine Person ohnehin zu teuer, im Kollektiv aber gut finanzierbar.

Ein Gemeinschaftsgeschenk braucht nicht viel mehr als einen guten Organisator, der die benötigten Personen zusammensucht, die einzelnen Beiträge errechnet und einsammelt und natürlich die Karte gestaltet, auf der dann alle Beteiligten unterschreiben sollten. Gehören die edlen Spender einer gemeinsamen Freundesgruppe an (Sportverein, Kirchenchor, Ikebana-Gruppe), dann liegt es natürlich nahe, auch ein zum gemeinsamen Hintergrund passendes Geschenk auszusuchen. Der Beglückte jedenfalls ist sicher angetan, wenn die Gruppe ihm einen Wunsch erfüllt, der ihm einfach zu teuer oder luxuriös erschien.

Planung und Kalender

Nicht nur für Gemeinschaftsgeschenke, auch für alle anderen Anlässe gilt die banale Weisheit: Am Vormittag des Heiligen Abend ist es nun einmal zu spät, um in Ruhe eine adäquate Aufmerksamkeit zu finden. Streßkäufer machen fast immer nur Verlegenheitskäufe, und die heißen wohl so, weil sie Geber und Empfänger gleichermaßen in Verlegenheit bringen. Bei Engpässen wirken selbst die sogenannten S. O. S.-Geschenke – Socken, Oberhemden, Schlipse – letztlich äußerst unangebracht. Gute Ideen brauchen Geduld, und wer ein bißchen vorausplant und mitdenkt, hat vielleicht schon im November den Einfall, den er im Dezember braucht.

Noch mitfühlender zeigt sich ein Mensch, der beim gelegentlichen Schaufensterbummel Dinge erspäht, die ihn sofort an bestimmte Personen denken lassen, ohne daß ein aktueller Geschenkanlaß vorläge. Unabhängig von der natürlich ehrenwerten Möglichkeit, das so freudig Erspähte ohne bestimmten Grund einfach sofort zu überreichen, lohnt sich der Erwerb auch dann, wenn der Glücksgriff noch einige Wochen oder Monate im Schrank ruhen muß. Ein kleiner Vorrat an originellen Kleinigkeiten kann sogar eine Spontaneinladung noch bereichern, selbst wenn der persönliche Bezug dann nicht mehr gegeben ist; immerhin hat man an das Schenken gedacht.

Besonders sorgfältige Geber sollten sich einen kleinen Kalender anlegen, in den sie nicht nur die wichtigen und erinnerungswürdigen Daten, sondern auch Geschenkideen, Hinweise und bereits überreichte Gaben notieren sollten. Damit besteht sogar die Möglichkeit, über Jahre

hinweg nach einem bestimmten System Geschenke aneinander anknüpfen und sich von eingetragenen Ideen inspirieren zu lassen. Nebenbei ist ein schusseliger Schenker auf diese Weise dagegen gefeit, einem Freund zum
vierten Mal die gleiche Krawatte zu schenken, die so
gut zu ihm paßt.

Liste

Um verzweifelte Verwandte vor dem Chaos zu retten,
hat sich zumindest bei Hochzeiten inzwischen der
Brauch eingebürgert, der Brautmutter eine Liste gewünschter Dinge zu überlassen, die diese dann Hilfesuchenden weiterempfiehlt. Dadurch werden nicht nur
Doppelungen vermieden, es ist auch sichergestellt, daß
das Paar tatsächlich die Dinge erhält, die es braucht.

Wie weit die genaue Beschreibung der Gegenstände
geht, müssen die beiden Partner selbst entscheiden, ob
es sich allerdings wirklich noch um ein Geschenk handelt, wenn die Liste neben Bezeichnung und Art auch
noch Farbe, Firma und Artikelnummer des jeweiligen
Objektes nennt, sei dahingestellt. Eine im Haushaltswarenladen eingerichtete Vitrine vernichtet jedenfalls den
letzten Rest von Kreativität und persönlichem Engagement, denn sie bedeutet nur eines: Man sollte sich gleich
Geld schenken lassen, das wäre für alle Seiten einfacher.
Mit den erhaltenen Scheinen könnte das junge Eheglück
einmal zum Einkaufen gehen und dann alle erworbenen
Geräte und Bestecke mit nach Hause nehmen. So aber
wird einmal ausgesucht, dann muß jeder, der etwas
schenken will, den gleichen Weg machen und später
schaut das Paar dann, was übrig geblieben ist. Wenn

schon nicht aus Pietät gegenüber dem Geist des Schenkens, dann doch wenigstens aus ökologischen Gründen
sollte man auf diese demonstrative Mißachtung aller Regeln verzichten.

Gutscheine

Bei einfallslosen Schenkern hat in letzter Zeit der Gutschein verheißungsvoll an Ansehen gewonnen: Kino-,
Einkaufs-, Essens- oder Freizeitparkgutscheine bieten
die jeweiligen Institutionen marktschreierisch an; und
manchmal ist es wirklich nicht das schlechteste, mit der
Auswahl einen bestimmten Bereich einzuschränken und
dann dem Beschenkten die letzte Wahl zu überlassen.
Ein bißchen gedrückt hat man sich natürlich trotzdem,
so daß ein Virtuose des Schenkens nur voll dezenter Verachtung auf dieses flache Angebot schauen wird.

Etwas ganz anderes sind natürlich kreative Gut-
scheine, die nur den Zeitpunkt einer persönlich erdachten Veranstaltung verschieben, da es nun einmal
schlechterdings nicht möglich ist, am Abend der Ge-
burtstagsfeier gleichzeitig die Rheinfahrt zu machen,
und nicht sicher vorausgesetzt werden kann, daß der
Gastgeber genau zwei Wochen später dafür Zeit hat.
Das süße Versprechen eines fünfgängigen Abendessens
zu zweit, eines langen Wochenendes in Klein-Oberen-
singen, eines gemeinsamen Besuches im »Phantom der
Oper« oder einer Heißluftballonfahrt über dem Schwarz-
wald birgt ja nicht nur die Überraschung, es liefert auch
die Vorfreude auf das Ereignis mit – eine nicht zu unterschätzende Langzeitwirkung, die dem möglichst
selbstgestalteten Kreativgutschein viel Erfolg verspricht.

Dabei ist ein großer Spielraum für nichtmaterielle Geschenke gegeben, denn oftmals freut sich jemand über die Zusicherung seines Partners, er werde in Zukunft allein abwaschen, mehr als über zehn Gegenstände. Verschenken Sie doch einfach einmal etwas Zeit, eine wohlige Rückenmassage, einen freien Abend ohne die Kinder oder das Versprechen, endlich zum Friseur zu gehen. In Verbindung mit einer symbolisch beigelegten Aufmerksamkeit, die den Empfänger sogar zum Erraten der eigentlichen Idee anstiften darf, ist ein Gutschein unschlagbar.

Peinlich wird es allerdings, wenn voreilige Papiertiger ihre vollmundigen Ankündigungen nicht einlösen können oder einfach vergessen, daß sie noch viermal »Heckenschneiden« schuldig sind. Ist der Beschenkte nach zweieinhalb Jahren trotz erst vorsichtigem und dann immer drängenderem Nachfragen nicht in den Genuß der Rheinkreuzfahrt gekommen, dann wird ihn der vielversprechende Umschlag zu Hause wenigstens immer an die Schäbigkeit des Gebers erinnern. Zum Gutschein-Verschenken braucht man also nicht nur Originalität und Ideen, sondern auch die passende Reife, etwas Pflichtbewußtsein und ein zuverlässiges Gedächtnis.

Kinder

Zum rechten Fingerspitzengefühl wohlerzogener Gäste gehört es, den Kindern der gastgebenden Familie etwas mitzubringen, ja manchmal kann man sich damit sogar um das Hauptgeschenk herummogeln. Allerdings sollten die Gäste vorher auskundschaften, ob nicht durch bestimmte Comics, Süßigkeiten oder militantes Plastikspielzeug der gesamte Erziehungsplan der Eltern durcheinandergebracht wird. Es lohnt auch, sich über das Alter der lieben Kleinen zu informieren, damit nicht der fünfzehnjährige halbstarke Sproß der Familie verwirrt auf das niedliche Kinderbuch starrt oder der Säugling genußvoll in den Karl-May-Roman beißt.

Da man Kinder immer ganz gerecht beschenken soll, muß man auch aufpassen, daß sich nicht eines benachteiligt fühlt und ein Riesenkrach entsteht. Außerdem besteht natürlich die Gefahr, daß die Kinder bereits schlafen, wenn die Gäste eintreffen, so daß diese Idee vielleicht doch nicht so gut ist – es war ja nur ein Vorschlag.

Standard-Geschenke

Glücklicherweise gibt es Geschenke, mit denen man kaum etwas falsch machen kann. Entweder haben sie sich so etabliert, daß kein Empfänger böse sein kann, wenn sich die Originalität des Gebers diesmal nicht überschlagen hat, oder sie kommen so urmenschlichen Begierden und Wünschen entgegen, daß sie immer etwas Persönliches haben. Wer als Müsli-Freak zum Geburtstag einen ostasiatischen Frischkornbrei erhält, der freut sich einfach und spürt eine innige Wertschätzung, ohne lang über die doch sehr beschränkte Haltbarkeit dieser Gabe zu grübeln. Wollen Sie auf jeden Fall besonders geistreich und individuell sein, dann dürfen Sie dieses Unterkapitel getrost überspringen. Ach nein, lesen Sie es doch! Nur wer das Grund-Handwerk des Schenkens beherrscht, kann meisterlich die Grenzen überschreiten.

Blumen und Früchte

Emerson schrieb erfreut und hintergründig:
Blumen und Obst sind als Präsente immer stimmig.
Blumen, weil sie zeigen, daß ein Strauß Schönheit alles
Nützliche übertrifft. Es heißt ja, daß wir für Schmeicheleien empfänglich sind, denn sie zeigen uns, daß
wir wichtig genug sind, umworben zu werden – auch
wenn sie uns eigentlich nicht täuschen können.
Früchte sind gut, weil sie unter den Gebrauchsgegenständen den Charakter der Blumen haben ... Sollte
mich jemand einladen, hundert Meilen zu ihm zu fahren, und dafür einen Korb feiner Sommerfrüchte vor
mich stellen, ich würde sagen, das sei ein gutes Verhältnis zwischen Aufwand und Entschädigung.
Blumen sind zwar kein besonders persönliches Geschenk, aber sie erfreuen immer. Allerdings sollte man
ein wenig die Blumensprache beherrschen, bevor man
blütenüberladen zu seinem Gastgeber stürzt. Rote Rosen
gebühren ausschließlich der eigenen Freundin oder Frau,
weil sie immer noch ein allzu eindeutiges Symbol der
Liebe sind. Einer verheirateten Frau rote Rosen zu schenken, ist ein Fauxpas erster Güte. Manchmal sind sogar
rote Nelken oder roter Mohn verdächtig feurig. Ein ungeschriebenes Gesetz besagt, daß in einem gemischten
Strauß eine von drei Blumen rot sein darf, mehr als die
Hälfte sollten es nie sein.
Vorsicht ist auch bei weißen Blumen geboten, da sie
vielerorts als Symbole für Friedhof und Tod gelten.
Ausgenommen davon sind allerdings typische Sommerblumen wie Margeriten. Auch für Braut-, Konfirmations- oder Erstkommunionssträuße sind weiße Blüten

als Zeichen der Reinheit jederzeit willkommen. Meist sind die Vorbehalte gegenüber bestimmten weißen Blumen (Chrysanthemen, Astern oder Hortensien) regional begrenzt, so daß man sich am einfachsten vor Ort erkundigt.

Nach altem Brauch werden Blumen immer nur in ungerader Zahl verschenkt; dafür gibt es wohl keine magische, sondern nur eine ästhetische Erklärung: Sträuße mit ungeraden Blumenzahlen lassen sich wesentlich schöner gestalten. Da seit längerem beim Binden viel füllendes Grünzeug eingearbeitet wird, hat diese Regel allerdings ihre Bedeutung vielerorts wieder verloren; bei ganz großen Sträußen galt sie auch früher nicht. Ins Krankenhaus sollte ein fürsorglicher Spender keine stark duftenden Blumen mitbringen, weil nicht jeder, der im gleichen Zimmer liegt, auch die gleichen nasalen Vorlieben hat. In Zeiten zunehmender Allergien ist es darüber hinaus ratsam, vorher zu klären, ob die mitgebrachten Pflanzen wirklich nur Freude oder möglicherweise auch Ausschlag verursachen. Da Topfpflanzen wunderbare Bakterienherde sind, werden sie nie ins Krankenhaus mitgebracht; auch deshalb nicht, weil sie einen langen Aufenthalt andeuten könnten.

Daß sich Liebende gern lebensfrohe, zum Erblühen bringende Blumen kredenzen hat auch mit der Sage vom heiligen Valentin zu tun. Der soll nämlich als Betreuer eines Klostergartens so viel Freude an den vorbeiträumenden Liebespaaren gehabt haben, daß er sie an den Gartenzaun winkte, um ihnen ein Sträußchen zu überreichen. Ihm zu Ehren wurde dann auch der passende Tag geschaffen, der es allen Verliebten ermöglicht, die Karten auf den Tisch zu legen.

Selbstverständlich wird ein Blumenstrauß immer vor

dem Übergeben ausgepackt; eine Ausnahme bilden nur die Orchideen, die wegen ihrer Empfindlichkeit in der Plastikfolie gelassen werden. In den meisten Blumenläden gilt eine Kunststoffumhüllung inzwischen schon aus ökologischen Gründen als unfein. Wohin die Verpackung entsorgt wird, bleibt dem Überbringer selbst überlassen; es ist jedoch keine Schande, sie diskret hinter dem Rücken zu verbergen und bei Gelegenheit in den erstbesten Mülleimer zu werfen. Ein wohlerzogener Gastgeber wird Ihnen das Papier selbst aus der Hand nehmen, so daß es keinesfalls in der Manteltasche verstaut werden muß.

Aus Tradition werden die Blumen immer der Gastgeberin überreicht, bei einem Besucherpaar übernimmt für gewöhnlich der Mann diese Aufgabe; es sei denn, das Paar besucht gemeinsam einen alleinstehenden Freund. Besonders fein benimmt sich ein Gentleman, wenn er erst an der Garderobe Mantel und Schal ablegt, sich sozusagen eintrittsfähig macht, und dann sich und die Blütenpracht unverpackt darbietet. Jeder Strauß wird aus verständlichen Gründen von der Empfängerin sofort versorgt und sichtbar im Raum aufgestellt – aber bitte: nie auf dem Eßtisch. Für den Tafelschmuck wurde natürlich von den Gastgebern selbst gesorgt. Damit bei Großveranstaltungen das mitgebrachte Bouquet nicht im Blumenmeer untergeht, empfiehlt es sich, eine Karte mitzugeben, die noch einmal mit freundlichen Grüßen auf den Geber aufmerksam macht. Sehr rücksichtsvoll kann man sich verhalten, indem man bei großen Anlässen seine Blumen bereits am Nachmittag per Boten schickt und somit dem Gastgeber hilft, jegliche Hektik beim Suchen passender Vasen zu vermeiden.

Ob es wirklich immer zur allgemeinen Freude beiträgt,

wenn ein Besucher bei einer Party den zehnten Strauß
strahlend überreicht, sei dahingestellt, garantiert keine
Blumen bringt man ins Restaurant, zu Empfängen,
Cocktailparties oder Kondolenzbesuchen mit. Und wer
als Ehrengast eingeladen ist, wird von der blühenden
Pflicht auch entbunden. Ansonsten kann sich ein Blu-
menfetischist auch freuen, daß er normalerweise sogar
sonntags seine floraphilen Gelüste beim Friedhofsgärt-
ner jederzeit befriedigen kann. Emerson befand abschließend, Blumen brächten nicht nur die Natur ins Haus, sie
seien wie Musik.

Bücher und Bilder

Es ist ein lesenswerter Grundsatz, nur solche Bücher zu
verschenken, die man selbst verschlungen oder von einem Fachmann vertrauensvoll beschrieben bekommen
hat. Ein guter Titel verleitet im Buchladen oft zum vorei-
ligen und scheinbar erfolgreichen Kauf, mit dem man
zwar selbst sehr zufrieden ist, der aber für den späteren
Leser möglicherweise zu einer Katastrophe wird. Man-
ches Philosophiebuch wirbt mit einem lockeren Slogan,
während auch einem Heftchenroman-Dichter ab und
an etwas Geistreiches für die Titelseite einfällt. Wer also
keine Zeit hat, seine ins Auge gefaßte Geschenkliteratur
selbst zu testen, sollte zumindest die Buchhändler fragen.
Um niemanden zu enttäuschen, empfiehlt es sich, ein
Buch eher über dem betreffenden geistigen Niveau zu
verschenken als darunter. Vielleicht kann ein hintergrün-
diger Denker seine Freunde ja auch mit einem guten
Buch zum Lesen verführen und sie auf den richtigen Geschmack bringen.

Obwohl es nicht mehr allgemein üblich ist, wird ein Buch eigentlich erst durch eine Widmung zu einem persönlichen Geschenk; selbstverständlich gehören dabei Name und Datum mit dazu. Wie tiefgründig und originell ein auf den sogenannten Schmutztitel geschriebener Spruch sein muß, bleibt Geschmacksache. Auf keinen Fall aber darf das literarische Werk in seinem Plastik-Schutz-Umschlag gelassen werden, selbst dann nicht, wenn es darüber noch einmal farbenfroh verpackt wurde. Unpersönlicher geht es eigentlich nicht mehr.

Bei Bildern ist die Auswahl vielleicht am allerschwierigsten, weil eine mißglückte Wahl für beide Seiten sehr unangenehme Folgen hat: Entweder sucht der Geber in den darauffolgenden Jahren an den Wänden vergeblich nach seinem Kunstwerk, oder der Beschenkte muß vor jedem Besuch die Wohnung umräumen, um irgendwo Platz für den Mißgriff zu bekommen und nicht als schlechter Freund dazustehen. Wer sich mit dem künstlerischen Geschmack des Empfängers intensiv auseinandergesetzt hat, kann natürlich sehr viel Freude bereiten, wer aber einen Impressionismusfan mit Ikonen zur wahren Kunst bekehren will, darf sich nicht wundern, wenn das Geschenk hinter dem Schrank aufgehängt wird.

Pralinen und Spirituosen

Süße Spezialitäten und gehaltvolle Flaschen haben sich seit einiger Zeit einen festen Platz im Kanon beliebter Geschenke gesichert; dagegen läßt sich nicht viel sagen. Dafür allerdings auch nicht. Die inflationäre Verbreitung dieser nahrhaften Gaben nimmt ihnen nämlich fast schon den Status eines Geschenks. Sie sind nur mehr die vollautomatische Eintrittskarte zu einem Abendessen oder einem kleinen Treffen geworden. Weil jeder sie überreicht, fehlt ihnen ein wenig die Persönlichkeit, und kein Empfänger käme auf die Idee, beim Anblick einer Pralinenschachtel laut die Originalität des Gebers zu preisen. Andererseits kann man natürlich – außer bei Diäthaltenden oder Alkoholikern – mit edlen Weinen oder Cognac-Bohnen nicht viel falsch machen, was dazu geführt hat, daß diese mit zu den beliebtesten Werbegeschenken gehören. Besonders geistreich sind sie deshalb noch lange nicht. Wer also Pralinen oder Spirituosen verschenken will, der sollte sich etwas einfallen lassen.

Hochprozentige Gaben kreativ zu gestalten ist allerdings nicht so einfach. Gerade bei Pralinen kann meist nur der Gang zum Konditor offenbaren, ob es möglicherweise bestimmte Sorten oder Formen gibt, die irgendeinen Bezug zum Empfänger haben. Gänzlich frei von solchen Assoziationshilfen sind natürlich selbstgemachte Pralinen, die schon ob ihrer langwierigen Herstellung das ernsthafte Bemühen des Gebers schmecken lassen. Daß dabei die mit verführerischen Kreationen gefüllten Schachteln nicht im Hochsommer beim Gartenfest überreicht werden sollten, bedarf wohl keiner Erklärung – andererseits, probieren Sie es einfach mal aus: Auch die nicht sofort verzehrten Pralinen schmelzen vor Begeisterung dahin.

Einen größeren Spielraum gibt es bei flüssigen Geschenken: Einige Weingüter bieten zum Beispiel Sonderabfüllungen an, für die eigene Etiketten entworfen werfen können. Schenken Sie zu einer goldenen Hochzeit einen Kasten Burgunder-Spätlese »Inge und Holger« oder »Jubiläumsglück«, dann werden sie unter Garantie große Begeisterung ernten. Weniger flüssigen Gebern nimmt es dabei auch keiner übel, wenn er die Etiketten selbst gemalt und über die eigentlichen geklebt hat. In ähnlicher Weise können auch die Jahrgänge der Weine dazu beitragen, daß aus einer gewöhnlichen Flasche ein ganz persönliches Geschenk wird. Wer freut sich nicht über einen Weißwein, der in seinem Geburtsjahr oder im Jahr seiner Hochzeit abgefüllt wurde. Spätestens ab der Pensionierung wird das zwar ein sehr teures Vergnügen, aber darüber nachzudenken, lohnt sich allemal. Wenn der Händler eine Weinsorte empfehlen kann, die sich lange lagern läßt, dann darf man damit sogar eine Taufe beglücken – mit dem diskreten Hinweis, man wolle doch bitte zur Abiturfeier des Säuglings eingeladen werden, um dann gemeinsam mit ihm die überlebenden Flaschen zu leeren. Wer achtzehn Jahre lang an die Weinkiste im Keller erinnert wird, der vergißt sie nicht.

Unter Kennern Wein zu verschenken erfordert Fachkenntnisse, kann aber dann sofort zu einem süffigen Abend führen. Üblicherweise wird zwar die mitgebrachte Spirituose nicht sofort geöffnet, für Getränke hat schließlich der Gastgeber gesorgt, aber bisweilen sind alle Versammelten so auf die Blume des Weines gespannt, daß sie sich nicht beherrschen können. Na dann. Wohl bekomm's!

Geld

Eigentlich hat Jacob Grimm zum Verschenken barer Münze, die sich gern als Schein-Geschenk verkleidet, alles gesagt:

> Bis auf heute hat es etwas widerstrebendes, geld zu geben oder als gabe zu empfangen, es werde denn gebet-

telt. Der wahren gabe soll immer noch ein eigner bezug auf die absicht und neigung des gebenden oder empfangenden einwohnen.

Der weise Sprachforscher sah den Ursprung der monetären Hemmung gerade darin, daß das edle Verschenken von Geld und der profane, geschäftsmäßige Tausch sich überhaupt nicht mehr unterscheiden ließen und darum solche Gaben an sich abgewertet würden. Wo Geld als Ausrede für Einfallsreichtum gilt, ist es auf jeden Fall fehl am Platz. Wirkliche Aufmerksamkeit bedeutet, selbst eifrig herauszufinden, wofür denn der Beschenkte den angedachten Betrag wohl ausgeben würde, und ihm gerade das dann zu schenken.

Genauso verglich ja Cicero die zwei Arten von Wohltaten – persönliches Engagement und das Verschenken von Geld: »Zwar liegt beiden die edle Absicht der Willfährigkeit zu Grunde; aber die eine nimmt ihre Mittel aus dem Geldkasten, die andere aus geistiger Tüchtigkeit und Thätigkeit.«

Oft ist es einfach peinlich, wenn man lieblos in einen Umschlag gesteckten Scheinen ansieht, daß sie durch ihre papierene Werthaftigkeit bestechen und überdecken sollen, daß der Geber einfach kurz vor dem Besuch in die Geldbörse gegriffen hat, um seine Schuldigkeit zu tun. Dennoch kann es natürlich Momente geben, in denen Geldgeschenke passend sind:

- wenn die zu beschenkende Person und ihr Geschmack völlig unbekannt oder so extravagant sind, daß man sicher sein kann, daß jedes selbst erdachte Geschenk auf offene Ablehnung stoßen würde;

- wenn man weiß, daß man durch seine Scheine dem Empfänger die Verwirklichung eines großen Traumes ermöglicht, der nur durch viele kleine Spenden möglich wird;

- wenn der Beschenkte tatsächlich Geld und keinen Luxus braucht, der ihm möglicherweise seine Armut nur noch schmerzhafter vor Augen führt;

- wenn man gern etwas Bestimmtes kaufen möchte, sich aber nicht genau auskennt oder befürchten muß, daß der andere gerade diesen Chemiebaukasten schon besitzt;

- wenn es um den Briefträger, den Müllmann oder den Gärtner geht, die sich natürlich auch über eine Flasche Wein freuen würden, dem Geber aber eigentlich fremd sind.

Wenn schon Geld geschenkt wird, dann sollte wenigstens die Form stimmen. Keinem Menschen mit Taktgefühl kann es recht sein, einfach Geldscheine in die Hand gedrückt zu bekommen, und die größte Freigebigkeit entehrt sich selbst, wenn sie plötzlich zur Kränkung wird. Darüber hinaus ist es nur wenig Arbeit, einen möglicherweise verzierten Umschlag auf eine Schachtel Pralinen, eine Packung Kekse oder ein kleines Taschenbuch zu kleben und ein paar freundliche Zeilen zu schreiben. Ob dabei ein Vorschlag zur Verwendung gemacht wird oder nicht (Hier ein kleiner Beitrag für Euren nächsten Urlaub! Euer Horst), wird dann fast gleichgültig; wichtig ist, daß der Empfänger erkennt, daß hinter dem äußeren Wert auch ein persönlicher Gedanke steckt. Ebenso Geschmackssache, aber zumindest sehr kreativ, kann es sein, große Geldbeträge in kleine Scheine einzutauschen und aus dem Papier eine Collage (natürlich nicht mit zerschnittenen Banknoten), eine Blume oder sonst etwas Anschauliches nach Origami-Art zu basteln. Wer seinen finanziellen Beitrag zum neuen Auto in Form eines aus Geldscheinen zusammengesetzten Fahrzeugs gestaltet, hat jede mögliche Mißstimmung garantiert vermieden.

Etwas umständlicher gestaltete ein spendabler mittelalterlicher Fürst seine Gabe, der einen Untergebenen nicht mit einem Geldgeschenk beschämen wollte und ihm deshalb ein wertvolles Horn überreichte – das er ihm kurz darauf für ein angemessenes Entgelt wieder abkaufte.

Selbstgemachtes

Handarbeiten, Bastelergebnisse und andere kreative Arbeiten sind die persönlichsten Geschenke, die es gibt, und sie sollten eigentlich das Gros der Gaben ausmachen – hätten sie nicht traurigerweise einen häßlichen Nachteil: Nicht jeder Geber ist ein begnadeter Künstler, so daß ein handgeschnitztes Wurzelmännchen und der erst auf den dritten Blick als Aschenbecher identifizierbare Tonklumpen nicht immer garantierte Erfolge sind. Ein guter Freund kann mir noch so lieb sein, wenn er sein Handwerk nicht beherrscht und ich jedem Besucher erklären muß, warum in meinem Wohnzimmer ein undefinierbares Kunstwerk aus Pappmatsch und Abfall steht, kann das meine Freude wesentlich beeinträchtigen. Der naturverbundene Emerson allerdings lobte Selbstgemachtes über alle Maßen:

> Es ist doch eine kalte, unlebendige Tätigkeit, wenn du in einen Laden gehst und mir etwas kaufst, das nicht dein Talent und dein Leben zeigt, sondern das des Goldschmieds ... Ringe und Edelsteine sind überhaupt keine Geschenke, sondern Entschuldigungen für Geschenke. Das einzig wahre Geschenk ist ein Stück von dir selbst. Du mußt ein bißchen für mich bluten. Darum bringt der Poet sein Gedicht, der Hirte sein

Lamm, der Farmer Korn, der Bergmann Edelsteine,
der Seemann Korallen und Muscheln, der Maler sein
Bild und das Mädchen ein selbstgenähtes Taschentuch.
Es ist richtig und erfreulich, wenn sich in einem Geschenk eines Menschen seine Biographie widerspie-
gelt; so wie es in frühen Gesellschaften üblich war.
Wer davon überzeugt ist, daß seine persönlichen Mach-
werke nicht nur aus Liebe, sondern auch aus ästhetischen
oder praktischen Gründen Gefallen finden werden, der
sollte die eigenen Entwürfe allen anderen Geschenken
vorziehen.

Ein gelungener selbstgestrickter Pullover, der seinen
neuen Träger ein Leben lang liebevoll umhüllt, ist praktisch und gleichzeitig ein Zeichen wirklicher Zuneigung,
denn niemand würde sich so viel Mühe für einen Fremden machen. So denkt übrigens auch der unglückliche
Reisende, der in Goethes »Wahlverwandtschaften«
beim Scheiden einen wärmenden Trost erhält:

Zu großer Erheiterung dieser halb traurigen Gefühle
machten ihm die Damen beim Abschiede noch ein Geschenk mit einer Weste, an der er sie beide lange Zeit
hatte stricken sehen, mit einem stillen Neid über den
unbekannten Glücklichen, dem sie dereinst werden
könnte. Eine solche Gabe ist die angenehmste, die
ein liebender, verehrender Mann erhalten mag; denn
wenn er dabei des unvermühten Spiels der schönen
Finger gedenkt, so kann er nicht umhin, sich zu
schmeicheln, das Herz werde bei einer so anhaltenden
Arbeit doch auch nicht ganz ohne Teilnahme geblieben
sein.

Vor allem aber sind selbstgemachte Dinge Originale, was
sie ganz besonders wertvoll macht. Zwar heißt es dabei
für Eltern oft, gute Miene zum kindlichen Spiel zu ma-

chen, wenn sie von ihren jüngsten Sprößlingen das vierunddreißigste selbstgemalte Bild eines vorbeifahrenden Autos bekommen, das man allerdings auch als springende Apfelsine interpretieren könnte, doch der gute Wille macht alles wieder wett. Wer die in der Gabe versteckte Freundschaft spürt, der ärgert sich auch nicht, wenn sie den eigenen ästhetischen Vorstellungen nicht genügt. Seneca erzählt amüsiert eine Anekdote von Alexander dem Großen, der eines Tages von der Stadt Korinth mit dem Bürgerrecht beschenkt wurde und sich über diese merkwürdige Art der Ehrenbezeugung schier totlachen wollte, bis der Gesandte trocken bemerkte: »Niemand anderem haben wir jemals das Bürgerrecht verliehen außer dir und Herakles.« Der große Heerführer aber war bis auf die Knochen blamiert. Die Seltenheit wertet viele Dinge ungemein auf – schließlich ist auch die blaue Mauritius nicht besonders schön! Der eigentliche Materialwert und die Qualität einer Gabe können manchmal gänzlich uninteressant sein. Von Bedeutung ist, von wem und für wen eine Sache ist, und was sich der Geber dabei gedacht hat. Mit dieser erfreulichen Sicherheit im Hinterkopf darf eigentlich jeder seiner Schöpferkraft freien Lauf lassen. Mühe wird immer belohnt! Und vielleicht ist es bei neuerlernten Fähigkeiten ab und an trotzdem ein Zeichen größerer Liebe, das Selbstgemachte für sich zu behalten, anstatt es weiterzugeben. Auf der sicheren Seite ist man zum Beispiel, wenn man T-Shirts bedrucken läßt. Zum Beschenkten passende Motive oder Fotos finden sich immer, das Geschenk bleibt ein Unikat, und trotzdem ist das Risiko, eine qualitative Fehlentscheidung zu treffen, relativ gering.

Reinhard Mey hat in einem seiner Lieder die wunderbaren weitergehenden Möglichkeiten eigenhändig ange-

fertigter Gaben beschrieben: Wenn es für alle Geschenke
zu spät scheint, bleibt immer noch die Möglichkeit, aus
vorhandenen Dingen des Hausrats etwas Originelles
selbst zu bauen oder sich kreativ zu betätigen. Denn so
mancher Freund, der auf einem Fest wegen seines Apfel-
männchens, seines Drachens, eines Gedichts, einer Steg-
reiftorte oder eines einzigartigen gebastelten Huts zum
König der Geschenke erklärt wurde, gestand zu nacht-
schlafender angeheiterter Stunde, daß es sich bei diesem
Knüller eigentlich um eine kurzfristige Notlösung gehandelt habe, die sich einfach so ergeben habe.

Längst geschlossen sind die Läden

Längst geschlossen sind die Läden,
es ist spät nach Mitternacht,
dabei hätt' ich Dir um jeden
Preis noch ein Geschenk gemacht.
Ich könnt', um Dich zu erfreuen,
Wasserhähne repariern
oder könnte einen neuen
Zwiebelschneider konstruiern.
Ich könnte im Bügeleisen
den Wackelkontakt aufspürn
oder sehn, woher die leisen
Knacker unterm Kühlschrank rührn.
Ich könnte auch ganz verwegen,
noch bevor es Morgen ist,
ein paar Ziegel aufs Dach legen,
wo es etwas undicht ist.
Meine Handwerksfähigkeiten
kennst du ja nur zu genau,
und all diese Werksarbeiten
machen einen Mordsradau.

Eine Möglichkeit gibt es doch,
wie ich Dir was schenken kann:
Notenblätter hab ich ja noch,
und ich fang zu schreiben an.
Und sing' Dir mein Lied ganz leise
noch heut Nacht, bevor es tagt.
Es sagt dir auf seine Weise,
was ein Liebeslied so sagt.

Ein improvisiertes Geschenk ist zumindest besser als das peinliche Eingeständnis, daß man einen wichtigen Festtermin völlig vergessen hat. Unzuverlässige Ehemänner, die sich an ihrem Hochzeitstag zum Angeln verabreden, sind ja nicht zufällig ungeheuer beliebte Witzfiguren, die den maskulinen Teil der Bevölkerung an sich diskreditieren und eine enttäuschende Gedankenlosigkeit sichtbar werden lassen. Hin und wieder schleicht sich dabei der Verdacht ein, diesen leichtsinnigen Kerlen sei nicht Lieblosigkeit, sondern die Angst vor mangelnden Geschenkideen so zu Kopf gestiegen, daß sie jedes Jubiläum verdrängen. Zugegebenermaßen: Wirkliche Geschenkvirtuosen sind selten. Eines allerdings dürfen alle mehr oder minder verzweifelten Schenker als herrlichen Trost behalten: Der Akt des Schenkens selber macht jeden Gegenstand wertvoller. Daher ist auch nie zu befürchten, daß ein echter Freund sich über das, was er bekommen hat, beschwert. Ein lettisches Sprichwort beruhigt in dieser Hinsicht ungemein: »Der geschenkte saure Apfel gilt für süß!«

Das Überreichen

Das schönste, teuerste und einfallsreichste Geschenk ist verloren, wenn ein Geber die diplomatische Fertigkeit des Präsentierens, des Darbietens und des Überreichens nicht beherrscht. Der Moment, in dem jede erdenkliche Mühe ihren Lohn findet, muß ausgekostet werden, und schnell kann die falsche Gestik oder Mimik alles zerstören. Auch ein Empfänger ahnt unbewußt, daß »eine Wohltat nicht in dem besteht, was gegeben wird, sondern in des Gebenden seelischer Haltung an sich«. Seneca befaßt sich ausführlich mit der hinhaltenden Kunst der Übergabe, weil er grundsätzlich die Meinung vertritt, daß es die Gesinnung ist, »die Geringes erhöht, Unansehnliches verschönt, Großes und für wertvoll Gehaltenes entehrt.« Wer dem anderen wortlos sein Päckchen in die Hand drückt, weil es ihm im tiefsten Herzen peinlich ist, Geschenke zu verehren, muß noch viel lernen.

Riesige Wohltaten mancher Menschen macht deren Schweigen oder schleppende Sprechweise – sie gibt sich den Anschein von Feierlichkeit und Ernst – wertlos, weil sie eine Zusage mit dem Gesichtsausdruck der Ablehnung gaben; wieviel besser ist es, gute Worte hinzuzufügen und mit einer einfühlsamen, verständnisvollen Formulierung das zu übergeben, was du gewährst.

Nichts ist entwürdigender als der traurige Versuch hilfloser Zeitgenossen, ihr eigenes Geschenk schon vor dem Auspacken schlechtzumachen: »Es ist wirklich nur eine Kleinigkeit«, »Also, seien Sie nicht enttäuscht, es handelt sich nur um eine winzige Aufmerksamkeit«, »Ich bin ja nicht ganz sicher, ob ich Ihren Geschmack getroffen habe«. Eine solch unanständige Koketterie ist nicht nur für den Geber peinlich, sie zwingt auch den Empfänger zu unsinnigen Beteuerungen des Gegenteils und läßt beiden Seiten keinen Raum für echte Freude. Selbst wenn es sich bei einem Geschenk tatsächlich nur um eine Verlegenheitslösung handelt, wird der Beschenkte immer den guten Willen und nicht den Wert beachten. Wer eine Kleinigkeit gern und hochherzig schenkt, sollte eigentlich immer größeren Dank ernten als ein kalter Geber, der imponierende Statussymbole überreicht. Natürlich gehört es sich auch nicht, im Gegenzug sein Geschenk immer wieder penetrant in den Mittelpunkt zu stellen, um Aufmerksamkeit zu erregen.

Das mittelalterliche Buch des Dichters Sebastian Brant, »Das Narrenschiff«, beschreibt das stilsichere Geben so: »Wer mit Ehren Schenken will, der lach und sei ein gut gesell und sprech nicht, zwar tu ich es ungern.« Und der Freiherr Knigge ergänzt taktvoll: »Der gibt doppelt, der mit Freuden gibt.« Zusätzlich empfiehlt er, so zu schenken, daß der Empfänger sich nicht in irgendeiner Weise beschämt fühlt, geschweige denn beleidigt oder übervorteilt. Um keinesfalls den Eindruck zu erwecken, man wolle den Empfänger zu einer Gegenleistung verpflichten, bieten sich zwei philosophische Maximen an:

1. Man schenke so, als würde man nicht gewähren, sondern erwidern.

2. Man vergesse den Gegenstand in dem Augenblick, in dem man ihn überreicht hat, und widme sich ausschließlich der dadurch entstandenen Beziehung.

Als niemals überholter Leitspruch gilt natürlich: Wir sollten Geschenke so erweisen, wie wir sie empfangen wollen; gern, mitfühlend, fröhlich und persönlich.

Aber die Höflichkeit geht noch weiter: Ein Familien-

vater etwa, der am Weihnachtsabend nach und nach alle
Mitglieder der Verwandtschaft beschenkt, steht vor der
besonderen Aufgabe, daß er jede Gabe so überreichen
sollte, daß der oder die jeweilige Beschenkte sich besonders angesprochen fühlt. Niemand darf das Gefühl bekommen, daß er abgefertigt wird, im Gegenteil, er muß
sich in besonderem Maße geehrt fühlen, weil eine bestimmte Gabe eben nur für ihn erdacht und besorgt
wurde. Bei Gruppenprozessen wie diesem wird auch
am schnellsten deutlich, warum es keinen Wert hat, zu
verschwenderisch zu sein und Menschen so mit Gaben
zu überhäufen, daß sie die einzelne gar nicht mehr würdigen können. Ein Berg von Geschenken begräbt jede gute
Absicht unter sich. Thomas von Aquin, der große Scho-
lastiker, bemerkte dazu listig: »Die Verschwendung ist
stets eine Sünde, nicht hauptsächlich der Menge dessen
wegen, was man gibt, sondern wegen der Unordnung
bei der Handlung des Gebens.«

Wie Blumen überreicht man Geschenke gleich nach
der Begrüßung, wenn man die Garderobe abgelegt hat,
allerdings mit Umhüllung. Für gewöhnlich wird der Beschenkte die bunt verpackte Überraschung gleich auspacken, es sei denn er ist gerade als Bräutigam ander-
weitig mit Begrüßen beschäftigt. Bei solchen Anlässen
hat es sich eingebürgert, einen Tisch für die Geschenke
aufzustellen, der am besten hochachtungsvoll von einem
Freund des Paares betreut wird. Dadurch wird sichergestellt, daß jedes Geschenk mit einem Hinweis auf den
Geber versehen ist und die dazugehörigen Karten nicht
verlorengehen.

Preisschilder auf den Geschenken werden selbstverständlich von den Gebern vorher entfernt. Sie »zu vergessen« ist ungehobelt und kleingeistig. Denen, die sich

beim Schenken gern selbst hochloben, rät der Humorist
Loriot in seinem Handbuch »Der gute Ton«: »Preisschilder neben den Gaben aufzustellen, gilt in gebildeten
Kreisen als unfein. Man hat die Zahlen im Kopf, um sie
gelegentlich ins Gespräch einzuflechten!« Bei Klei-
dungsstücken, die unpassend sein könnten, bei möglicherweise schon vorhandenen Gegenständen oder allzu
gewagten Überraschungen, kann der unsichere Schenkende diskret darauf hinweisen, daß er den Kassenzettel
im Blick auf einen möglichen Umtausch noch besitzt;
ihn beizulegen gehört sich aber nicht.

Als Krönung eines gelungenen Geschenkes glänzt immer die Verpackung, und manch unansehnliches Stück
kann mit der richtigen Umhüllung alle Konkurrenten
überstrahlen. Die Geschenkindustrie ist seit einiger Zeit
selbst auf die einschlägigsten Gedanken gekommen, so
daß die Auswahl origineller Geschenk-Garderoben
stetig zunimmt: ob im Luftballon, in der Konserven-
dose, in der Sahnetorte oder im Jackett – Verpackung
macht Geschenke. Eine endlose Auswahl vielseitiger
Geschenkpapiere, farbenfroher Zeitungen, Stoffe, Na-
turprodukte und Schachteln bieten der Phantasie ein fas-
zinierendes Spielfeld, auf dem einige Geber viel persönlicher sein können als bei der vorhergehenden Suche
nach den Innereien. Ergänzt man die neuerfundenen
Hüllen noch durch eine überbordende Schleifenkreation
und kleine Toppings, wie Blumen, Figuren oder Süßigkeiten, läßt sich garantiert jeder einwickeln. Vielleicht
ist es gar keine Schande, sein Geschenk in Schale zu werfen, um es so zu überhöhen – die Reichstagverhüllung
Christos zeigt ja, daß es Verpackungen manchmal sogar
alleine tun.

Fontane schickte einmal einem Freund die eigene Frau

als Geschenk verpackt. Freunde reizvoller Wäsche wissen den hebenden Aspekt abwechslungsreicher Umhüllungen ohnehin zu schätzen. Wenn es beim Auspacken dann etwas länger dauert, ist das nur anregend. Wer dann auch noch eine Verpackung benutzt, die selbst zum Geschenk wird, der schont nicht nur die Umwelt, er gehört zu den hoffnungsvollsten Kandidaten auf die Meisterklasse: Im Halstuch, im Kissenbezug oder im Tausendmarkschein läßt sich manche Kleinigkeit stilecht verbergen. Extravagante Künstler des Schenkens gehen in der Frage der Übergabe natürlich noch viel, viel weiter: Gekonnt inszenieren sie um ihre Gabe ein außergewöhnliches Spektakel, bei dem gleichzeitig ein Männerquartett singt, ein Bote per Hubschrauber landet, hundert Freunde überraschend aus einem Versteck im Gebüsch hervorstürmen und ein halbes Dutzend Pantomimen kleine Hinweise auf die zu erwartende Freude geben. Mit verbundenen Augen muß das Opfer sich dann durch einen Irrgarten fühlen, das Geschenk am Geruch erkennen und es am Ende noch aus zweihundertvierzehn aufeinanderfolgenden Schichten weißer Watte wühlen. Für die Anwesenden sicher ein großes Vergnügen, für den Beschenkten nicht immer nur erfreulich, sind auch solche Schauspiele der sich überschlagenden Originalität jedes einzelnen überlassen. Sicher aber kann leise Musik oder ein einleitendes Glas Champagner einer Gabe viel mehr Würde und Bedeutung verleihen. Sie schüren die Spannung und lassen den dazugehörigen Emotionen auch Zeit, sich zu entfalten.

Wer sich so rechtzeitig überlegt, wie er sein Geschenk stilvoll übergibt, der wird mit Sicherheit glücklichere Menschen zurücklassen; ganz unabhängig von der Größe und dem Wert des Geschenkes. Seneca beschreibt das zufriedene Gefühl eines Beschenkten so:

Einen großen Gewinn habe ich heute gemacht; es ist viel besser, daß ich meinen Freund in dieser Stimmung angetroffen habe, als wenn ein Mehrfaches dessen, worüber ich mich jetzt freue, auf einem anderen Wege in meine Hände gekommen wäre.

Das Annehmen

Der Alptraum eines munteren Überbringers froher Geschenke sieht so aus: Mit einem nüchternen »Dankeschön« reißt ihm der Bedachte das Paket aus der Hand, legt es unausgepackt auf die nächstbeste Ablagefläche und wendet sich jäh dem nächsten Gast zu. Ein so schneidendes Erlebnis verdirbt jeden Spaß und läßt den Abgefertigten mit einem Ignoranztrauma zurück. Ein altes Sprichwort mahnt daher munter: »Niemals wirst du dankbar sein, wenn nicht sofort.«

Nicht nur zur guten Erziehung, sondern auch zum gesitteten Leben an sich gehört die Fähigkeit, sich richtig freuen zu können, um den anderen nicht zu verletzen und um selber den Wert aller Gaben zu erkennen. Natürlich hat Seneca auch dazu etwas zu vermelden:

Wenn wir eine Wohltat anzunehmen für nötig gehalten haben, wollen wir sie heiter annehmen und unsere Freude offen bekunden, für den Schenkenden sei sie wahrnehmbar, damit er für den Augenblick einen Gewinn erhalte. Und wer eine Wohltat dankbar annimmt, der zahlt bereits die erste Rückzahlungsrate für sie.

Wer eine Aufmerksamkeit kommentarlos einsteckt, entwertet sie und zeigt dem Geber, daß ihm Person und Gegenstand eigentlich gleichgültig sind. Deshalb gehört es sich auch nicht, schon vor dem Auspacken den guten

Willen des anderen zu erniedrigen. Solche Unhöflich-
keiten lauten etwa: »Nein, das kann ich doch gar nicht
annehmen«, »Also, das wäre ja nun wirklich nicht nötig
gewesen«, »Soviel Aufwand hätten Sie für mich wirklich
nicht machen müssen« oder der vieldeutige Satz »Was ist
das denn?« Nicht jeder Geber verfügt gleichzeitig über
die Gabe artikulierter und wohlmodulierter Rede, so
daß einige dieser Bemerkungen schnell mißverständlich
und beleidigend wirken können. Manchmal erfordert
das strahlende Entgegennehmen ausgefallener Gaben
viel Selbstbeherrschung, wenn etwa das Kleid zu popel-
grün oder der mit Brennpeter in ein Frühstücksbrett ge-
brannte Spruch zu niveaulos ist, aber natürlich darf ein
wohlerzogener Mensch auch bei der größten Enttäuschung nicht mit der Wimper zucken! Vielleicht empfiehlt es sich in einem solchen Fall diplomatisch zu reagieren: »Wie nett, daß Sie an mich gedacht haben« oder
»Kleine Geschenke erhalten die Freundschaft«. Zugegebenermaßen ist das nicht besonders geistreich, aber es
hilft, den ersten Schock anständig zu überspielen. Wahre
Benimm-Künstler bewahren immer Fassung, anspruchs-
losere Gemüter sollten zumindest in einer Form reagieren, die der des entarteten Gebers angemessen oder
überlegen ist.

Bei gelungenen Geschenken zeugt es von viel Aufmerksamkeit, wenn der Beschenkte das Bild schon einmal probeweise an die Wand, die Bluse vor den Ober-
körper oder sich über die neue Balkonbrüstung hängt.
Auch wenn Sie sofort erkennen, daß Ihnen der in der
Schachtel noch recht passabel erschienene Hut überhaupt nicht steht, sollten Sie Tapferkeit und Humor beweisen, indem Sie Ihre Erkenntnis für sich behalten.
Oft zeugt es von Takt, wenn ein Gastgeber generell

darauf achtet, daß seine Kommentare nicht zu laut durch
den Raum schallen. Schließlich könnte auch ein zu über-
schwengliches Lob des Erhaltenen andere Gäste kränken, die gar nichts mitgebracht haben oder für ihre
Gabe nur ein freundliches Dankeschön ernten konnten.
Wohin die ungerechte Behandlung gebefreudiger Ver-
wandter führen kann, zeigt die Tragödie von Kain und
Abel, die ja nur deshalb stattfand, weil Gott Abels Flei-
schopfer den Öko-Gaben Kains vorzog. Aus Ehrfurcht
wollen wir annehmen, daß der Herr damit den Menschen
nur auf die Probe stellen wollte.

Niemals darf in unserer Gesellschaft ein taktvoller
Zeitgenosse ein Geschenk ablehnen, es sei denn, es
handle sich dabei um eine absolute Zumutung: ein Tier
für den Allergiker, eine allzu eindeutige Einladung ins
Hotel oder eine Gabe, von der man von vornherein
weiß, daß sie einem die nächsten zwanzig Jahre als mah-
nendes und verpflichtendes Beispiel vorgehalten wird.
Sollte es zu einem solchen Fall kommen, wird das Geschenk diskret abgewiesen oder kurz nach der Übergabe
mit einer kurzen Erklärung zurückgesandt. Alexander
der Große schenkte einmal einem Mann eine ganze Stadt,
die dieser zu Recht zurückwies, weil der offensichtliche
Reichtum seinem Ansehen schade. Da gerade bei Fami-
lienmitgliedern oft der Drang besteht, sich andere Menschen zu verpflichten, lohnt es sich manchmal, genau
zu überlegen, ob ein Geschenk nicht doch einen trojani-
schen Pferdefuß hat. Im Gegenzug kann es für viele
Geber schon ein Geschenk sein, daß ihre Gabe überhaupt
angenommen wird. Daß man die häßliche Uhr oder den
mit fetttriefenden Merkwürdigkeiten gefüllten Freßkorb
des Chefs nicht ablehnen sollte, bedarf wohl keiner Erklärung. Allerdings muß man sich leider gerade über die-

sen unpersönlichen Kram besonders theatralisch freuen. Betrachten Sie das als Ihr kleines Gegengeschenk an die Menschlichkeit.

Das Bedanken

Zum stilvollen Annehmen eines Geschenkes gehört insbesondere die Kunst des Dankens. So wie ein Geber sich bemüht, mit seinen Gaben dem Empfänger gerecht zu werden, gehört es sich auch für einen Beschenkten, seinen Dank in adäquater Weise abzustatten. Der mit Ratschlägen sehr freigebige Freiherr von Knigge bewertet das Danken sogar als besonders notwendig:

> Die Dankbarkeit ist eine der heiligsten Tugenden; wer Dir Gutes getan hat, den ehre! Danke ihm nicht nur mit Worten, die ihm die Wärme Deiner Erkenntlichkeit zeigen, sondern suche auch jede Gelegenheit auf, wo Du ihm wieder dienen und nützlich werden kannst. Fehlt Dir aber dazu die Veranlassung, so entfalte ihm wenigstens durch ein unterscheidend liebreiches äußeres Betragen Dein dankbares Herz. Miß dies Betragen nicht pünktlich nach der Größe der Wohltat ab, die Du empfangen hast, sondern nach dem Grade des guten Willens, den Dein Wohltäter Dir gezeigt hat. Höre auch dann nicht auf, dankbar gegen ihn zu sein, wenn Du seiner nicht mehr bedarfst oder wenn Unglücksfälle ihn von seiner Höhe herabgestürzt, ihn seines äußern Glanzes beraubt haben.

Dankbarkeit erschöpft sich in Knigges Lehren nicht in ein paar freundlichen Worten, sondern in einer Lebenseinstellung, die sich der Gaben erinnert und dem Geber dauerhaft freundlich gesonnen ist. Deshalb geht die ganz-

heitliche Erkenntlichkeit immer über die einmalige Erwiderung. Natürlich ist es erfreulich für einen Freund,
wenn er nicht nur verteilt, sondern auch etwas zurückbe-
kommt – das aber muß nicht unbedingt in materieller
Form erfolgen. Fast an eine Beleidigung grenzt es,
wenn ein gerade Beschenkter, dem irgendein vielleicht
belangloses Geschenk überbracht wurde, es für nötig
hält, sofort eines zurückzuschicken; mit dem Hintergedanken, dann nichts schuldig zu sein. Nicht nur daß
eine solche lieblose Reaktion eine deutliche Zurückweisung darstellt, sie macht im Grunde das erste, vorausge-
hende Geschenk gegenstandslos. Seneca bringt es auf
den Punkt: »Wer sich beeilt, in jedem Fall eine Wohltat
zu erwidern, hat nicht die Gesinnung eines dankbaren
Menschen, sondern eines Schuldners.« Schlimmer sind
nur noch die Danker, die nur deshalb überschwenglich
zu Füßen ihres Wohltäters liegen, weil sie schon an das
nächste Geschenk denken, das sie auf diese Weise provo-
zieren wollen.

Seneca, der sittliche Vollkommenheit als Voraussetzung für die Abstattung von Dank ansah, haßte Heuch-
ler, vor allem aber hielt es für eines der schlimmsten
Übel, eine Wohltat einfach zu vergessen. Schimpfliche
Menschen, denen so etwas unterlaufe, seien von Grund
auf verdorben, so daß man die Menschheit in Gruppen
teilen müsse, die Dankbaren und die Mißgünstigen:
»Nicht kann aber irgend jemand sowohl mißgünstig
sein als auch Dank abstatten, weil mißgünstig zu sein
die Haltung eines quengeligen und unzufriedenen Menschen ist, Dank abstatten die eines heiteren.« Vielleicht
ist die Fähigkeit zum Danken tatsächlich ein deutlicher
Hinweis auf die Humanität und die Wahrhaftigkeit eines
Menschen. Dazu gehört dann auch die Größe, selbst hin-

ter Ekelhaftigkeiten den guten Willen zu sehen, Gebern auch dann noch dankbar zu sein, wenn diese inzwischen zu Gegnern mutiert sind, und selbst bösartige Geschenke mit einem so freundlichen Dank entgegenzunehmen, daß der andere blamiert ist.

Um noch einmal den Spieß herumzudrehen, sei ergänzt, daß natürlich der Überbringer den Dank auch gekonnt entgegennehmen sollte. Zerstören Sie nicht am Ende alles mit einem albernen »Das war doch selbstverständlich«, einem »Ach, das hatte ich glücklicherweise noch zu Hause« oder einem »Ja, dieses Geschenk ist immer ein Volltreffer«. Wenn Sie nicht nur bescheiden lächeln wollen, erzählen Sie, wie Sie darauf kamen, gerade dieses persönliche Mitbringsel zu besorgen. Fällt ihnen dazu nichts ein, behaupten Sie wenigstens, es habe Ihnen viel Freude bereitet, etwas mitzubringen. Wenn auch das nicht stimmt, gehen Sie am besten wieder.

Bei festlichen Gelegenheiten, die für die Ehrengäste erst in der Nacht oder am nächsten Tag mit einer gewaltigen Auspackorgie beschlossen werden, kann man sich natürlich nicht persönlich für die einzelnen Gaben bedanken. In diesem Fall wird der Dank in schriftlicher Form abgestattet, am besten natürlich auch mit einem direkten Bezug auf das Geschenk. Höflich ist es, seine Dankkarten oder Briefe innerhalb von zwei Wochen zu versenden, Flitterwöchner erhalten eine Schonfrist.

Aberglaube

Vorsicht! Geschenke sind tiefgründiger, als man denkt: sie können verzaubern, sie haben eine magisch verbindende Kraft, machen Menschen glücklich oder enttäuschen sie und bringen geschickt, hingebungsvoll oder auf wundersame Weise Beziehungen zustande, die einiges enthüllen. Kein Wunder, daß es im ängstlich die Welt verehrenden Volk immer häufiger sorgsam versteckte Spekulationen gab, welches geisterhafte Wesen göttlicher Herkunft denn eigentlich für die schöne Bescherung verantwortlich sei und woher letztendlich die eingewikkelten und einwickelnden Gaben stammten: vom Hasen, vom Weihnachtsmann, vom Christkind, von der guten Fee oder vom Storch? Etwas Geheimnisvolles umgibt die Geschenke, und die rast- und ratlose Panik, die einen einfallslosen Schenker bisweilen überfällt, weist vielleicht auf die zauberhafte Transzendenz der unbeherrschbaren und inhaltsreichen Welt des Schenkens hin.

Vorsicht! Mit Geschenken spaßt man nicht, und um die Macht der übertragbaren Kräfte nicht herauszufordern, geistern im Volksmund seit langem Verhaltenskodices herum, die einen wohlwollenden Geber vor den Risiken und Nebenwirkungen seiner Gaben schützen sollen. Fragen Sie sich selbst oder Ihren Verkäufer: Wissen Sie eigentlich, was Ihnen alles beim Verschenken passieren kann, oder sind Sie einer dieser gedanken- und verantwortungslosen Allesschenker, deren Lustprinzip über Zeichen geht.

Aufgepaßt, Anhänger des Aberglaubens: die Volksbücher der Vergangenheit und die Lexika der Gegenwart verraten, worauf man achten muß, wenn man beim Schenken sich und andere nicht ins Unglück stürzen will. Es geht los:

Niesen und das flüssige Einschenken von Wein sind angeblich unschlagbare Hinweise auf kommende Gaben, auf die man sich mit Hilfe dieser Kennzeichen nun wenigstens etwas vorbereiten kann. Doppelt gesegnet

dürfte dann logischerweise der sein, der beim Gießen
niest – die eigenen Erfahrungen mit diesen fast verschüt-
teten Phänomenen könnten allerdings darauf hindeuten,
daß es sich dabei, wie auch bei fast allen anderen Bräuchen, um regional beschränkte Zusammenhänge handelt,
die leider nicht immer verallgemeinert werden können.
Beachten Sie zum Beispiel folgende Regeln, die immer
wieder gern zitiert werden: Diejenige, die morgens in
der rechten Hand ein Zucken verspürt, wird an diesem
Tag etwas wegschenken müssen, während derjenige, der
sich morgens an einen Traum erinnert, in dem er armen
Leuten mit Goldstücken geholfen hat, großes materielles
Glück erwarten darf. Es bleibt also Hoffnung, daß nicht
nur Unheil droht, wenn einer in seinen schönsten Phantasien überall Gaben sieht.

Dem Schenker drohen insofern Gefahren, als seine
Gabe einen unkontrollierbaren Kontakt nach außen darstellt. Im Moment des Weitergebens findet ein Austausch
verschiedener Sphären statt, und beide Seiten, Geber und
Empfänger, verändern etwas in ihrem gewohnten Le-
bensraum. Diese grenzüberschreitende Bewegung löste
offensichtlich zu allen Zeiten große Ängste aus. In vielen
Gegenden besteht die Sorge, dem Empfänger oder gar der
ganzen Außenwelt würde mit einem bloßen Geschenk
Macht und Einfluß über das eigene Haus gegeben. Vor
allem aber fürchtet man, mit der Gabe auch das Glück
des Hauses zu verschenken. Das macht nicht nur insgesamt vorsichtig, es führt auch zu erstaunlichen Ritualen:
So empfiehlt es sich, seine Geschenke vor dem Forttragen
kurz auf die Stubendiele zu legen, damit der Segen zu
Hause bleibt. Aus dem gleichen Grund soll auch einer,
der Backwaren verschenkt oder seinen Freunden zum
Einzug in eine neue Bleibe Brot und Salz mitbringt, da-

mit diese auch zukünftig reichlich vorhanden seien, immer vorher ein Stück abschneiden und essen bzw. aufheben. Der Knust darf genausowenig weggegeben werden wie die erste Milch einer jungen Kuh – als Alternative besteht beim Brot, wenn man den alten Weissagungen trauen kann, immerhin die Möglichkeit, den Laib zum Schutz der Beteiligten einzuwickeln.

Das Trauma, man könne beim Schenken alles verlieren, sitzt in verschiedenen Berufsgruppen sehr tief. Zum Beispiel darf ein Jäger niemals Pulver und Blei verschenken, weil er sonst nicht mehr trifft. Der Sämann darf während des Säens keinen Samen verschenken, und, darauf sollte man besonders achten: Hilfreiche Zwerge werden grundsätzlich nicht beschenkt, weil sie sich sonst als ausgelöhnt betrachten. Heinzelmännchen darf man nicht einmal bei der Arbeit beobachten, sie wollen die einzigen Zeugen ihrer Wohltaten sein.

In einigen Landstrichen hat sich aus Angst vor dem Segensverlust der alte germanische Brauch des Angelds gehalten: Wer sein Glück behalten will, muß für seine Gabe wenigstens irgendeine Kleinigkeit, und sei es nur eine Wurstpelle, fordern. In der Gegenseitigkeit wird der Gedanke des Verlustes entwaffnend überwunden.

Doch auch der Empfänger lebt gefährlich. Gerade weil böse Feen das Unheil gern in Form von Geschenken übertragen, ist besondere Vorsicht geboten: Von jedem erhaltenen Brot muß man drei Brosamen auf den Boden fallen lassen, geschenkte Kuchenstücke darf man nicht von der Spitze, sondern nur vom Rand aus essen, und vom Tabak ist auch ein Opfer für den Wind zu bringen. Verschiedentlich bekommt der Schenker die Pflicht auferlegt, für die Sicherheit seiner Gabe zu sorgen. Bei den Kleinrussen etwa wickelt sich der Vater der Braut ein

Tuch um die rechte Hand, damit er ja nicht das Brannt-
weinglas berührt, das er seiner dahingegebenen Tochter
dann reicht. In Westfalen erhält die glückliche junge
Dame dazu noch ein Stück Brot in den Mund gesteckt,
das sie, ohne es mit der Hand zu berühren, ebenfalls in
ein Tuch wickelt, um es aufzubewahren. Die Gaben,
die ein Hirt am Georgstag erhält, läßt der Überbringer
erst dreimal um seinen Kopf kreisen und legt sie dann
auf den Misthaufen, damit es zu keiner direkten Berührung mit dem Beschenkten kommt. Der Zauber, der
dem Gegenstand innewohnt, offenbart seine Gefahr
dann, wenn er eine Brücke des Bösen zwischen den Beteiligten herstellt. So wird das Geschenk fast zu einem
aussätzigen Stück, das möglichst unerkannt die Seiten
wechseln soll.

Besondere Aufmerksamkeit verdient natürlich die
Eheschließung, bei der sich nicht nur die Brautleute einander hingeben, sondern auch sonst viele Dinge den
Besitzer wechseln. Schon früh wurden Hochzeitsge-
schenke mit der Aura symbolischer Orakelkräfte umgeben, die das Schicksal der gerade Vereinten voraussagen
können. Geschenke lügen nicht: Um die Liebe keinesfalls
zu gefährden, darf ein Freund dem Paar grundsätzlich
keine spitzen Gegenstände schenken: Scheren, Messer,
Gabeln und selbst Löffel gefährden die Ehe. Auch zer-
brechliche Dinge wie Kaffeetassen, Gläser oder Spiegel
verkünden eine wenig haltbare Lebensgemeinschaft.
Wenn überhaupt, darf man einen solchen Gegenstand
nicht von Hand zu Hand überreichen, sondern nur
über den Tisch schieben. Alternativ können die Ange-
trauten ein den Fluch lösendes Pfand für die Gabe zahlen
oder versuchen, ihn durch gemeinsames Lachen zu ent-
schärfen.

Äußerst positiv allerdings wirkt es sich aus, wenn die Brautleute einander gegenseitig beschenken, weil diese Liebesbeweise noch fester zusammenschweißen. Vor allem Kleidungsstücke sollten getauscht werden, weil man dadurch auch einen Teil der anderen Persönlichkeit überstreift. Trägt der Bräutigam Schuhe und Kleid aus den Händen seiner Angebeteten, dann kann eine glückliche Ehe erwartet werden. Nur in der Mark Brandenburg sah der Volksglaube im letzten geschenkten Hemd der Verlobten einen Versuch, sich ihre Herrschaft über den Mann zu sichern. Bringt die Braut auch noch Eier mit ins Haus, folgt unabdinglich viel Streit. Segensgarantie hat der Bräutigam angeblich, wenn er seiner Braut die Hochzeitsschuhe schenkt, übernimmt er aber auch das Kleid, so ist Vorsicht geboten: Wenn es nicht paßt, gilt das als übles Vorzeichen von Zank und Hader. Für beide Beteiligten gilt der Rat, einander nichts aus Haaren zu schenken, damit sich die Liebe nicht ebenso leicht auflöst. Einen ganz praktischen Tip erhalten Leichtgläubige, die für die rechte Fruchtbarkeit der jungen Gattin sorgen wollen, hier gern noch dazu: wahrer Kindersegen kann nur durch eines erreicht werden – heimlich gebratene Bärennieren unter das Brautbett legen. Waidmanns Heil!

Sollte das mit den Raubtierinnereien funktionieren, tritt die zweite Stufe ausführlicher Geschenktabus in Kraft: Neugeborene Kinder sind nämlich im Blick auf die Gefahren des Schenkens besonders empfindlich – meinte man jedenfalls lange Zeit. Alles, was die Wöchnerin an Eßbarem erhält, muß sie selbst verzehren, damit es dem Kind später an nichts mangelt. Warum? Das weiß eigentlich niemand mehr. Bringt eine Frau drei verschiedene Geschenke an das Kinderbett, darf man diese nicht annehmen, da sie Unheil verkünden. Von einzigartiger

Bedeutung ist selbstverständlich das erste Geschenk, das ein Kind in seinem Leben erhält. Es stellt nicht nur ein inniges Verhältnis zu den Taufpaten her, sondern wird auch als Anfangszauber empfunden, der Wesentliches über den Beruf, die Gaben oder den Reichtum des Kindes aussagt. Kauft der Pate einen Löffel, lernt das Kind angeblich früher gehen und sprechen, und wenn es dann zum ersten Mal zu einem Bekannten getragen wird, muß der ihm etwas schenken, damit kein Unglück ins Haus kommt und der Segen auf dem Neugeborenen bleibt. Besonders Eier scheinen für diese Erstlingsgabe geeignet, die, wenn man sie auf dem Dachboden versteckt, dafür sorgen, daß das Kind schwindelfrei bleibt. Vielleicht meidet es den Aufstieg dann aber auch nur wegen des Geruchs.

Vereint man die lokalen Einzelbräuche zu einem Gefahrenkatalog, dann bleibt kaum noch etwas übrig, was ohne Risiko oder große Zeremonien weitergegeben werden kann. Gegebenenfalls sollte sich jeder vor Ort erkundigen, was er denn im jeweiligen Kreis falsch machen kann, damit nicht die versammelte Verwandtschaft ob unbeabsichtigter Tabubrüche den Teufel an die Wand malt. Und wer weiß, vielleicht ist es ja ab und an ganz lehrreich, Geschenke in ihrer geheimnisvollen Würde ein wenig ernster zu nehmen – sie haben eben doch eine unergründliche, magische Macht. Wer's glaubt, wird selig.

Brauchtum

Damit Geschenke wirklich nur Freude und keine schlechten Überraschungen bringen, ist es in fremden Ländern meist angebracht, sich nach den dortigen Gebräuchen zu erkundigen. Manchmal hat schon ein kleiner Ort in einem anderen Bundesland ganz eigene Sitten, und für niemanden ist es erfreulich, wenn sich ein sorgfältig erdachtes Präsent als böses Omen enthüllt. In vielen Ländern gelten alle weißen Blumen als Friedhofsblumen. In Japan werden angeblich überhaupt nur unpersönliche Aufmerksamkeiten verehrt, die dann, ohne daß das eine Schande wäre, bei der nächsten Gelegenheit unausgepackt weitergegeben werden, so daß irgendwann weder Geber noch Empfänger eigentlich wissen, was das bunte Papier enthält. Seien Sie also nicht enttäuscht, wenn fremde Gastgeber nicht so auf Ihre Gaben reagieren, wie Sie es gewohnt sind. Möglicherweise wäre dort gerade eine Aufforderung Ihrerseits, das Geschenk doch gleich zu öffnen, ein Fauxpas.

Daß andere Kulturen überhaupt völlig andere Gewohnheiten haben, lesen Sie nicht nur im Kapitel »Die Ethnologie des Schenkens«, sondern auch in der Autobiographie von Doris Lessing, »Unter der Haut«:

Beim Tanzabend für die Rugbyspieler saß ich in der Nähe einer jungen Portugiesin und bewunderte plaudernd ihr Abendtäschchen, einen Beutel aus goldenen und roten Pailletten. Sie schenkte ihn mir sofort. Ich war bestürzt, weil ich wußte, daß sie arm war. Aber es gab kein Zurück. Man erklärte mir, es gebe Gesellschaften, in denen man demjenigen, der etwas bewundert, auf jeden Fall ein Geschenk macht, so daß man vorsichtig sein müsse, wofür man Bewunderung äußere. Portugal sei von den Mauren kolonialisiert worden, und diese hätten dort die ritterlichen Sitten Arabiens eingeführt. Ich behielt das Täschchen jahrelang wie einen Talisman, und wenn ich es an seinem Platz unten in einer Schublade fand, dachte ich jedesmal daran, daß es Orte auf der Welt gibt, wo die Großmut des Herzens regiert.

Mit etwas Feingefühl findet aber jeder wohlwollende Geber bald heraus, womit er im jeweiligen Land eine besondere Freude machen kann.

Rechtliche Aspekte

Der Dichter Mathesius schrieb optimistisch: »Ehrliche geschencke bringen liebnusz und machen guten willen.« Was aber ist, wenn einmal wegen unschöner Trennungen, seelischer Grausamkeit oder ähnlich zartfühlender Entwicklungen geklärt werden muß, wie es denn nun mit den während der guten alten Zeiten gemachten Geschenken steht? Was bedeutet denn nun »Geschenkt ist geschenkt, Wiederholen ist gestohlen« in der Realität? Und wo liegt eigentlich der Unterschied zwischen lang geborgt und geschenkt? Bevor Sie sich vor Gericht die umstrittenen Bleikristallvasen an den Kopf werfen, seien hier laienhaft einige grundsätzliche Aspekte dargelegt:

Die Handschenkung (§516 BGB): Eine Schenkung entspricht immer einem Vertrag, das heißt, sie ist nicht einseitig, sondern betrifft beide Personen und muß zwischen ihnen vereinbart werden. Der gebräuchliche Begriff der »Handschenkung« meint, daß einer einen anderen aus seinem Vermögen unentgeltlich bereichert. Rechtlich muß also die Minderung auf der einen Seite exakt der Vermehrung auf der anderen entsprechen. Warum einer etwas schenkt, ist ganz gleichgültig, er darf nur keine Gegenleistung bekommen. Es muß übrigens dafür kein Wertgegenstand den Besitzer wechseln, auch der Erlaß eines Darlehens oder das bewußte Verjährenlassen

einer Forderung ist natürlich eine Schenkung. Wenn Sie
allerdings eine Erbschaft ausschlagen, haben Sie zwar
dem Staat oder ihren Verwandten indirekt eine Schenkung gemacht, nennen dürfen Sie das aber so nicht.
Weil die Schenkung ein imaginärer Vertrag ist, haftet
der Geber bei Vorsatz oder Fahrlässigkeit auch für die
Schäden, die sein Geschenk anrichtet. Haben Sie zum
Beispiel verschwiegen, daß der Gorilla, den Sie Ihrer
Tante aus Afrika mitgebracht haben, gefährlich ist, und
er wirft fünf Kinder vom örtlichen Fernsehturm, dann
sind Sie schuld.

Im übrigen gilt: Eine Handschenkung ist formlos, deshalb sollten Sie immer ein paar Zeugen im Ärmel haben,
wenn es denn einmal ernst wird.

Die gemischte Schenkung: Häufig werden freundliche
Gaben mit gewöhnlichen Geschäften gekoppelt. Etwa
dann, wenn Sie Ihrem Kollegen den alten Wagen für einen Freundschaftspreis überlassen oder dem Großab-
nehmer statt zwölf bezahlter Albino-Mäuse vierzehn
liefern. Hier kommt es vor allem darauf an, den entgelt-
lichen vom unentgeltlichen Teil des Transfers zu trennen.

Auflagen (§525 BGB): Natürlich können Sie, auch
wenn Sie sich damit nicht als Kavalier der alten Schule
aufführen, Ihre Zuwendungen an bestimmte Bedingungen knüpfen – »Max bekommt meine Briefmarkensamm-
lung nur, wenn er zeit meines Lebens für mich einkauft«.
Weigert sich Max, Ihnen Ihre Sardellenpizza zu bringen,
dann löst er sozusagen von seiner Seite den Vertrag und
Sie können klagen – in jeder Beziehung.

Schenkungsversprechen (§518 BGB): Wollen Sie eine
Leistung erst für die Zukunft prophezeien, bedürfen Sie
dafür einer notariellen Beurkundung, die sich dann erle-
digt, wenn das Geschenk überreicht wird. Soll der Enkel,

wenn er seinen achtzehnten Geburtstag feiert und im Abitur einen Notendurchschnitt von 0,8 hat, ein Porsche Cabriolet erhalten, empfiehlt es sich, diese Absicht festzuhalten – zumindest für den Enkel. Verfolgt ein Schenker aber mit seinem Versprechen böse Absichten, kann er natürlich dafür belangt und gleichzeitig trotz aller offenkundiger Häme zur Erfüllung seiner Zusicherungen gezwungen werden. Hat also Onkel Ede fest damit gerechnet, daß er für die Stiftung eines Swimming-Pools in Ihrem Garten das Nachbargrundstück bebauen darf, dann muß er das Becken auf jeden Fall liefern – unabhängig von Ihrer Entscheidung.

Notbedarf (§ 519 BGB): So, jetzt wird es spannend – es geht nämlich doch! Sie können ein Geschenk zurückverlangen! Jawohl! Und zwar mit mehreren Ausreden:

1. Wenn Sie nachweisen können, daß Sie nicht mehr in der Lage sind, Ihren Lebensunterhalt angemessen zu bestreiten oder gesetzlichen Unterhaltspflichten nachzukommen.

2. Wenn sich der Beschenkte gegen Sie oder einen Ihrer nahen Verwandten schwer verfehlt oder sich des »groben Unfugs«, was immer das heißen soll, schuldig gemacht hat.

Ein Widerruf des Geschenkes ist allerdings ausgeschlossen, wenn es sich dabei um eine »sittliche Pflicht oder eine auf den Anstand zu nehmende Rücksicht« gehandelt hat. Das heißt, Sie dürfen weder Weihnachtsgeschenke (Sittliche Pflicht!) noch das Nachthemd von Ihrer Mutter (Anstand!) zurückfordern.

Hat einer Ihrer Gläubiger kurz vor dem Bankrott noch schnell alle beweglichen Teile seiner Frau geschenkt, dann dürfen Sie ausnahmsweise auch einmal eine Schenkung anfechten, an der Sie nur sehr indirekt beteiligt sind.

Die Frage, welche Steuern für üppige Geschenke gezahlt werden müssen, ist wahrlich zu kompliziert, um sie hier abzuhandeln; außerdem fällt sie unter das Erbrecht. In einer kleinen »Kulturgeschichte des Erbens« werden Sie sicher den entsprechenden Absatz finden.

Den Austausch von Geschenken mit rechtlichen Mitteln in Frage zu stellen bedeutet natürlich, den Grundgedanken der Wohltaten nicht ganz ernst zu nehmen. Ein Charmeur des Schenkens wird sich deshalb immer bewußt machen, daß er sich mit einem solchen Verfahren selbst ad absurdum führt.

Fazit

Übung macht auch den Geschenk-Meister; und wer am Schenken wirklich Spaß bekommt und an den eigentlichen Sinn der erfreulichen Aufmerksamkeiten denkt, der wird weder seine Freunde beim Umtauschen überraschen, noch die langüberlegten Gaben auf dem nächsten Weihnachtsbasar wiederentdecken.

Ein guter Wille macht all die komplizierten Verhaltensregeln ohnehin überflüssig. Im Zweifelsfall wird es schon schief gehen, weil der Beschenkte den freundlichen Willen sicher zu schätzen weiß. Wer sich Mühe gegeben hat, der braucht eben kein schlechtes Gewissen zu haben. Und er kann auch lernen, sich im Gegenzug über das immaterielle und experimentelle Blockflötenspiel der Kinder zu Weihnachten und die sinnlosen Reiseandenken der Nachbarn zu freuen. In diesem Fall ist gut gemeint tatsächlich gut genug. Plötzlich wird Schenken zu einem lebensstiftenden Hobby, das für alle Beteiligten Genüsse bereit hält.

Der bereits zitierte Joachim Ringelnatz hat die hohe Schule des Schenkens in einem kleinen, feinen Gedicht so zusammengefaßt, daß nun eigentlich fast alles gesagt ist:

Schenken

Schenke groß oder klein,
Aber immer gediegen.
Wenn die Bedachten
Die Gaben wiegen,
Sei dein Gewissen rein.

Schenke herzlich und frei.
Schenke dabei
Was in dir wohnt
An Meinung, Geschmack und Humor,
So daß die eigene Freude zuvor
Dich reichlich belohrt.

Schenke mit Geist ohne List.
Sei eingedenk,
Daß Dein Geschenk
Du selber bist.

Von der Kunst, Präsent zu sein
Das Finale des Schenkens

Vollendetes Schenken ist etwas Göttliches, zumindest in dem Sinn, daß es die Erfahrung von etwas einzigartig Lebensveränderndem darstellt, das sich zwar in greifbaren Gefühlen, den Geschenken, manifestiert, als Phänomen aber unfaßbar bleibt. Das Eigentliche der Gaben, der dahinterstehende Geist, bleibt verborgen. Nur ab und an läßt sich etwas von dieser freundlichen Welt der Geschenke erfassen, in der nur ein einziger Grundsatz herrscht: Derjenige ist ein wahrer Künstler der Geschenke, der anderen etwas Gutes zukommen lassen will, weil er erkannt hat, daß dabei die für alle Menschen notwendigen Beziehungen entstehen. Wer sich auf die farbenfrohen Phantasien dieser Welt einläßt, der wird, das hat Marcel Mauss ganz richtig erkannt, eine Umwertung aller Werte und den Weg zu einem gelungenen Leben entdecken.

Jedes Geschenk ist ein Bote des Gabenreiches, der mit Absichten beladen zu uns kommt, sei es mit guten oder bösen. Er bringt jedenfalls die Zeit, die Gedanken, die Bemühungen und die Visionen des Gebers zu uns, die dieser aufgewendet hat, um uns zu beglücken. Deshalb hat jedes Geschenk eine Geschichte hinter sich, die es erst wertvoll macht, eine Geschichte, die ihm eine eigene Persönlichkeit verleiht und dadurch nichts anderes ist als sichtbar gemachte Kommunikation, verdinglichte Zuneigung. Idealistisch betrachtet trägt jede Gabe alle Hoffnung auf ein menschliches Miteinander in sich, sonst wären Geber und Empfänger nach vollzogener Geschenkhandlung nicht gleichermaßen beglückt.

Da sich Philosophen, Ethnologen und Psychologen immerhin so weit einig sind, daß das Schenken zu einer angeborenen Erfolgserfahrung gehört, deren Kultivierung das wahre Menschsein offenbart, ist es auch erlaubt, sich eine Zeit vorzustellen, in der der Bezug zur visionären Welt der Gaben spürbar intensiver ist; in der nicht mehr Rituale oder ungeschriebene Gesetze das Verschenken bestimmen, sondern einzig und allein der gute Wille. Ansätze dazu gab es viele, sie alle haben aber immer nur einen kurzen Augenblick das Ideal durchschimmern lassen, bevor sie in neue Verpflichtungen mündeten. Das trifft auf die von Mauss beobachteten Völker genauso zu wie auf die Germanen, die Minnesänger oder die antizyklische Bewegung zur materiellen Neuorientierung der Gesellschaft. Dennoch bleibt es ein gutes Zeichen, daß immer dann, wenn eine Kultur in der rohen Sachlichkeit zu versinken drohte, plötzlich das Schenken dort in die Bresche sprang, wo die Mängel des Systems durch Liebe und Uneigennützigkeit ausgeglichen werden mußten.

Die vielen Formen, in denen sich das Schenken im Lauf der Jahrtausende etablierte, haben die ganze Bandbreite der damit verbundenen Wünsche deutlich gemacht, vor allem aber konnten sie eines verdeutlichen: Keine Wohltat ist vergeblich. Ein Mensch, der mit der richtigen Einstellung schenkt, kann nicht verlieren, er hat teil an der lebensstiftenden Freundlichkeit und am Sein seiner Freunde und Bekannten. In diesem Sinne wird er mindestens zu einem König der Menschlichkeit. Der Besitzerwechsel eines Gegenstandes ist völlig unwichtig, weil der Genuß die Bedeutung und den Wert der Gabe bestimmt. Daher kann jeder schenken, darf jeder schenken, ja sollte jeder schenken, wenn er nicht das Wichtigste versäumen will. Rückert schreibt in seinen poetischen Werken: »Wehe dem, der zu sterben geht und keinem Liebe geschenkt hat.«

Für den Schenker im Weihnachtsstreß haben diese hochtrabenden Gedanken für gewöhnlich nur bedingte Bedeutung; er fühlt sich in erster Linie in die Pflicht genommen. Trotzdem bleibt es dabei: Ausschließlich das Bewußtsein für die eigentliche Bedeutung des Schenkens kann die Gaben auch zu wirklichen solchen machen. Pflichtgeschenke, die nur aus Gewohnheit dargebracht werden, sind nicht weniger gefährlich als solche, die Liebesersatz sein oder den anderen verpflichten wollen.

Als abschließende literarische Verzierung dieser kleinen Kulturgeschichte des Schenkens und zur innigen Verdeutlichung alles Gesagten darf natürlich eine poetische Zusammenfassung der schönsten aller belletristischen Geschenkgeschichten, nämlich »Das Geschenk der Weisen« von O'Henry, nicht fehlen:

Am Tag vor Weihnachten stellt Della Dillingham-Young fest, daß sie auch durch dreimaliges Zählen ihr kleines Geldhäufchen nicht vermehren kann. Von allem Erspartem bleiben ihr aufgrund des schlechten Einkommens ihres Mannes nur ein Dollar und siebenundachtzig Cent übrig, um ein Weihnachtsgeschenk zu kaufen. Dabei liebt sie ihren Jim so sehr, daß sie ihm am liebsten die ganze Welt zu Füßen legen möchte. So fällt Della schließlich weinend eine schwere, aber unendlich anrührende Entscheidung: Sie beschließt, ihren ganzen Stolz, ihr knielanges braunes Haar zu verkaufen, um genügend Geld für eine würdige Gabe zusammenzuraufen. Mit den zwanzig Dollar, die sie für ihre Haarpracht erhält, macht sie sich auf eine kleine Schaufensterreise der Glückseligkeit. Und sie weiß genau, was sie will: Jim soll für seine geliebte Taschenuhr eine Kette bekommen, um das Prachtstück endlich einmal der ganzen Welt präsentieren zu können. Zu Hause angekommen, bereitet sie alles für den Empfang ihres Geliebten vor und betet dabei nur noch: »Bitte, lieber Gott, mach, daß er mich immer noch hübsch findet.« Doch als Jim nach Hause kommt, bleibt er wie ein Jagdhund versteinert an der Tür stehen. Della wird ganz unsicher und gibt sich alle Mühe, zu erklären, warum sie sich zu diesem Schritt entschlossen hat und warum der Wert ihrer Liebe unendlich größer ist als der ihrer Haare.

Doch Jim hat sich inzwischen wieder gefaßt und überreicht seiner Frau sein Geschenk, das diese zitternd auspackt: Es ist der Satz wunderschöner Kämme aus echtem Schildpatt mit juwelenbesetzter Einfassung, den sie sich schon lange glühend gewünscht hatte. Um ihren Mann zu trösten, überreicht Della jetzt ihre Gabe: »Ist sie nicht hochelegant, Jim? Die ganze Stadt habe ich danach abgegrast. Jetzt mußt du hundertmal am Tag nachschauen, wie spät es ist. Gib mir deine Uhr. Ich möchte sehen, wie sie mit der Kette wirkt.«

Jim aber setzt sich lächelnd aufs Sofa: »Della, wir wollen unsere Weihnachtsgeschenke weglegen und eine Zeitlang aufbewahren. Sie sind zu schön, um jetzt benutzt zu werden. Ich habe die Uhr verkauft, um das Geld für deine Kämme zu beschaffen ...«

O'Henry braucht keine Moral der Geschichte mehr anzufügen, er hat sie bereits in der Überschrift verkündet: Auch wenn der Abend der beiden Verliebten scheinbar traurig ausging, so haben beide doch die tiefe Weisheit und den Sinn des Schenkens verstanden. Objektiv gesehen waren ihre Gaben unbrauchbar geworden, doch weil beide das ihnen Wichtigste aus Liebe geopfert hatten, um überhaupt etwas kaufen zu können, besaßen ihre Geschenke an diesem Abend den höchsten Wert, den ein Geschenk haben kann, den des eigenen Lebens.

Ein letztes Mal sei nun der unermüdliche Seneca zitiert, der als Krönung seiner Ausführungen einen heiligen Segen für jeden wahren Geber formulierte, der die bereichernde Kunst des Schenkens immer weiter entwickeln will:

Ich wünsche, er sei in der Lage, immer Wohltaten zu verteilen; von selbst ergebe sich ihm der Stoff – dessen er sich so gütig bedient – zum Schenken und Helfen: Niemals erlebe er im Erweisen von Wohltaten Mangel, nach dem Erweisen Reue; sein Wesen, das an sich geneigt ist zu Mitleid, Verständnis und Milde sei eine Anregung und Herausforderung für die Schar der Dankbaren; in gleichmäßiger Gunst verharre das Glück ihm gegenüber.

So sei es!

Anhang

Literaturhinweise
(Sekundärwerke
und nichtbelletristische Quellen in Auswahl)

Hartmut Apel, »Verwandtschaft, Gott und Geld«, Frankfurt, New York 1982

Aristoteles, »Nikomachische Ethik«, auf der Grundlage der Übersetzung von Eugen Rolfes herausgegeben von Günther Bien, Hamburg 1972

Hermann Avenarius, »Kleines Rechtswörterbuch«, Freiburg 1985

Helmuth Bertking, »Schenken. Zur Anthropologie des Schenkens«, Frankfurt 1996

Cicero, »De officiis«, übersetzt und erklärt von Dr. Raphael Kühner, Stuttgart 1873

Jacques Derrida, »Falschgeld. Zeit geben I«, München 1993

Hannsferdinand Döbler, »Kultur- und Sittengeschichte der Welt«, München o. J.

Ralph Waldo Emerson, »Gifts« in: The collected Works of Ralph Waldo Emerson, Volume III Essays: Second Series, Cambridge 1983

Enzyklopädie des Märchens, Artikel »Gabe«, herausgegeben von Rolf Wilhelm Brednich, Berlin, New York 1987

Fachausschuß für Umgangsformen, »Umgangsformen heute«, Niedernhausen 1970

Sigmund Freud, »Aus der Geschichte einer infantilen Neurose«, in: Gesammelte Werke, XII, 27-157, Frankfurt o. J.

Jacob und Wilhelm Grimm, »Deutsches Wörterbuch« Berlin o. J.

Jacob Grimm, »Über Schenken und Geben« in: Kleinere Schriften, Abhandlungen zur Mythologie und Sittenkunde, Berlin 1865

Walter Grönbach, »Kultur und Religion der Germanen«, o. O. 1937

J. Hannig, »Ars donandi. Zur Ökonomie des Schenkens im frühen Mittelalter«, in: R. van Dülmen (Hg.), »Armut, Liebe, Ehre. Studien zur historischen Kulturforschung«, S. 11-37, Frankfurt 1988

Andrea Hurton, »Man benimmt sich wieder. Wege zu gesell-schaftlichem Erfolg«, Frankfurt 1993

Utz Jeggle, »Vom Schenken. Überlegungen eines Volkskund-lers«, in: J. Gutwinski-Jeggle und J. Rotmann (Hg.), »Die klugen Sinne pflegend. Psychoanalytische und kulturkriti-sche Beiträge. Hermann Beland zu Ehren«, Tübingen 1993

Gerhard Köbler, »Bilder aus der deutschen Rechtsgeschichte«, München 1988

H. Kuhn, »Das Schenken in unserem Altertum«, in: Zeitschrift für Deutsches Altertum 109 (1980), 180-192

Claude Lévi-Strauss, »Die elementaren Strukturen der Ver-wandtschaft«, Frankfurt 1981

M. Lüthi, »Die Gabe im Märchen und in der Sage«, Diss., Bern 1943

Marcel Mauss, »Die Gabe«, Frankfurt 1984

Rechtswörterbuch, herausgegeben von Lutz Meyer-Gossner, München 1990, Artikel »Schenkung«

Richard Meyer, »Zur Geschichte des Schenkens«, in: Zeitschrift für deutsche Kulturgeschichte V

Gertrud Oheim, »1 x 1 des guten Tons«, Gütersloh 1964

P. Sartorius, Artikel »Geschenk«, in: Handwörterbuch des deutschen Aberglaubens, herausgegeben von Hanns Bäch-told-Stäubli, Berlin, New York 1987

Schwab und Kramer, Artikel »Gabe«, in: Handwörterbuch der deutschen Rechtsgeschichte, o. O. u. J.

Nora und Diether Schäfer-Elmayer, »Der Elmayer«, Wien, Hamburg 1982

Gerhard Schmied, »Schenken. Über eine Form sozialen Han-delns«, Opladen 1996

Eberhard Schmidt (Hg.), »Dokumente zur Geschichte der eu-ropäischen Expansion«, München 1988

Seneca, »Von den Wohltaten«, in: Seneca, »Philosophische Schriften«, übersetzt, eingeleitet und mit Anmerkungen ver-sehen von Manfred Rosenbach, Darmstadt 1989

Jean Starobinski, »Gute Gaben, schlimme Gaben«, Frankfurt 1994

Gisela Tautz-Wießner, »Lebensart. Erfolgreich und beliebt durch gute Umgangsformen«, Frankfurt, Berlin 1994

Ingeborg Weber-Kellermann, »Über den Brauch des Schenkens«, in: Volksüberlieferung. Festschrift für Kurt Ranke zur Vollendung des 60. Lebensjahres, herausgegeben von Fritz Harkort, Karel Peeters und Robert Wildhaber, Göttingen 1968

Erik Graf Wickenburg, »Der gute Ton nach alter Schule«, Wien 1978

Inge Wolff, »Abc der modernen Umgangsformen«, Niedernhausen 1994

Irmgard Wolter, »Der gute Ton. Ein moderner Knigge«, Niedernhausen 1978

W. Wunderlich, Artikel »Gabe«, in: Enzyklopädie des Märchens, herausgegeben von Rolf Brednich, Berlin, New York 1987

334

Personenregister